심리학자의 마음을 빌려드립니다

성숙한 삶을 향한 열여섯 번의 만남

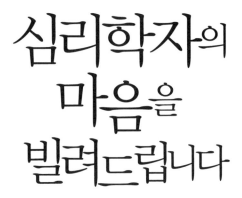

# 심리학자의 마음을 빌려드립니다

한성열 지음

21세기북스

이 작은 정성을
아버지 한승호 님과
어머니 김진옥 님에게
바칩니다.

# 마음, 정말 괜찮으세요?

우리 모두는 행복하게 살기를 바랍니다. 그렇다면 제일 필요한 것이 건강이겠지요. 아프면 행복해지기 어려울 테니까요. 그런데 '건강' 하면 우리는 보통 몸의 건강을 떠올립니다. 당연하지요. 몸이 건강하지 못하면 아무리 훌륭한 뜻과 뛰어난 재능이 있다 한들 그 뜻과 재능을 마음껏 펼칠 수 없을 테니까요.

하지만 몸만 건강하다고 행복해질 수 있을까요? 우리 주위에는 몸은 건강하지만 불행한 사람들이 많이 있어요. 이는 행복해지기 위해서는 몸의 건강뿐만 아니라 마음의 건강도 중요함을 간과했기 때문일 것입니다.

사실 우리 주위에는 비록 그 수는 적을지라도 몸은 아프지만 마음만은 건강한 사람들이 있습니다. 오히려 이들은 우리에게 많은 교훈과 감동을 주기도 합니다. 그렇다면 '몸은 건강하지만 마음이 병든 사람'과 '몸은 병들었지만 마음이 건강한 사람' 중에서 누가 더 행복할까요? 몸이 건강한 사람이 마음까지 건강하기는 힘든 일일까요?

"당신은 마음이 건강해지기 위해 지금까지 무엇을 했나요?"

"사랑하는 가족의 마음이 건강해지기 위해 무엇을 했나요?"

지금까지 많은 분들에게 이 질문을 해보았습니다. 그런데 놀랍게도 많은 분들이 선뜻 대답을 못하시는 거예요. 적잖이 당황스러워하다가 이내 조그마한 목소리로 "지금까지 마음의 건강에 대해서는 진지하게 생각해본 적이 없네요"라고 솔직하게 대답하시는 겁니다.

어떠세요? 아마도 지금 이 순간 처음으로 마음의 건강에 대한 질문을 받으신 분도 있을 거예요. 그렇다고 해서 너무 당황해하실 필요는 없어요. 생각을 안 했다고 우리가 지금까지 마음이 병든 상태로 살았다는 것은 아니니까요. 하지만 이제부터 관심을 가지고 보다 적극적으로 건강한 마음으로 살려고 노력한다면 더 행복해질 수 있겠지요?


## 마음의 건강, 건강할 때 지켜야 합니다

이 책에서 다루는 주제가 바로 '마음의 건강'입니다. 그런데 이 책을 포함해서 시중에 범람하고 있는 심리학 책 한 권 정도를 읽는다고 과연 마음이 건강해질까요? 어쩌면 이 책을 읽으면서 '마음의 건강'이 쉽게 얻을 수 있는 것이 아니라는 사실을 깨달을 수 있다면 정말 다행일 겁니다. 마음의 건강이 책 한 권 읽어서 얻을 수 있을 만큼 쉬운 것이라면 이미 다들 건강한 마음으로 살고 있을 테니 이 책을 읽을 필요조차 없겠지요.

그러니 지금 우리가 새겨야 할 것은 건강한 마음으로 산다는 것은 몸이 건강하게 사는 것만큼 많은 노력을 해야 한다는 점입니다. 어쩌면 더 많은 노력이 필요할지도 모릅니다. 우리는 건강한 몸을 위해 평소에 운동도 하고 영양가 높은 음식도 먹고 정기적으로 건강검진도 받습니다. 그리고 이런 것들을 하기 위해 경제적 부담도 기꺼이 집니다. 마찬가지로 마음이 건강하기 위해서도 평소에 노력을 해야 합니다. 그리고 필요하면 당연히 시간과 돈을 들여야 합니다. 왜냐하면 마음이 건강해야 행복하게 살 수 있으니까요.

그리고 '건강은 건강할 때 지켜라'라는 교훈처럼 운동은 건강을 유지하기 위해 하는 것이지 회복하기 위해 하는 것이 아니라는 사실을 기억하세요. 잃어버린 건강을 회복하기 위해 하는 활동을 보통 '재활'이라고 부릅니다. 학생들이 체육 시간에 왜 열심히 운동을 하나요? 재활하기 위해서가 아닙니다. 건강을 지키기 위해서지요.

마찬가지입니다. 마음의 건강도 건강할 때 지키려고 노력해야 합니다. 이미 마음이 병들었다면 다시 건강해지기 위해서는 더 많은 시간과 노력이 필요할 테니까요.

그렇다면 마음이 건강하기 위해서는 무엇을 어떻게 해야 할까요? 구체적인 방법을 배우기 전에 먼저 '마음의 건강'이란 무엇인지, 마음이 건강한 사람은 '어떤 모습'으로 살아가는지, 그렇게 살기 위해서는

'어떤 노력'을 해야 하는지를 알아야겠습니다.

　마음의 건강과 같이 사용되는 용어 중에 '성숙한 삶'이 있습니다. 사실 이 두 가지는 정확히 구별하기 어렵습니다. 마음이 건강한 사람이 성숙한 삶을 사는 것인지 아니면 성숙하게 사는 것을 마음이 건강하게 산다고 하는 것인지 판단하기가 쉽지 않습니다. 그리고 꼭 구별할 필요가 있는지도 분명하지 않습니다. 앞으로 이 책에서는 '마음이 건강한 삶'과 '성숙한 삶'을 같은 개념으로 취급하도록 하겠습니다.

　여기서 '성숙하다'는 것은 인지적인 측면보다는 마음의 측면을 말하는 겁니다. 그런데 우리가 일상생활에서 마음이란 말을 많이 이야기하는데, 마음이 실제로 있기는 한가요? 있다면 어디에 있나요? 자기 마음이 어디 있는지 본 사람 있나요? 아니면 남의 마음을 본 적이 있나요? 어떤 사람을 평할 때 "그 사람 마음이 참 착하다" 또는 "그 사람 참 마음이 급하네"라고 하잖아요. 하지만 그 사람 마음을 본 적이 있나요? 또 "너는 내 마음에 들어"라고 하는데 내 마음이 어디 있어서 그가 들어오는 걸까요?

　마음이란 건 사실 눈에 보이지 않잖아요. 보이지 않지만 우리는 그것이 있을 것이라고 모두 가정하고 살아가고 있어요. 있다고 가정하고 그것을 통해서 우리의 삶을 이해하려고 하니까 만만치 않을겁니다. 그래서 조상들은 '열 길 물속은 알아도 한 길 사람 속은 모른다'고 하면서 마음을 아는 것이 어렵다는 걸 표현했습니다. 거기다 그 마음이 성숙하기까지 해야 하니 참 쉬운 일이 아니지요.

## 삶을 긍정할 줄 안다는 것

요즘 마음을 연구하는 심리학에는 두 가지 큰 방향이 있어요. 하나는, 인간은 '자문화'의 영향을 받는다는 것입니다. 한국 사람과 미국 사람의 마음이 같을까요, 다를까요? 물론 같은 인간이니까 같은 면이 많겠지요. 하지만 똑같지는 않을 겁니다. 그러면 왜 한국 사람의 마음과 미국 사람의 마음이 다를까요? 그것은 한국 문화와 미국 문화가 서로 다르기 때문이지요. 그렇다면 '마음의 건강' 즉 '성숙한 삶'이 어떤 것인지도 서로 다르게 생각하지 않을까요? 다르다고 생각한다면 우리의 삶은 문화에 영향을 많이 받을 것이라는 점을 인정하는 겁니다.

그러니까 어떤 삶이 성숙한 삶이냐 미성숙한 삶이냐 하는 것을 규정해주는 것 자체가 바로 문화입니다. 예를 들어, 미국에서 정한 알코올중독 척도로 한국 남자들을 측정하면 술을 즐긴다는 남자들 중 상당수가 알코올중독자일 겁니다. 그런데 과연 그런가요? 똑같은 양을 먹어도 미국에서는 알코올중독인데 한국에서는 사교적인 사람이 됩니다. 같은 문화 속에서도 서로 생각하는 것이 다른데 어떻게 각기 다른 나라 사람들이 생각하는 성숙한 삶이 같겠어요?

같다고 생각하든 다르다고 생각하든 문화의 영향을 받아서 그렇습니다. 어떤 것이 옳다 그르다 생각하는 것도 결국은 문화의 영향을 받아서 그런 것이지요. 그런데 지금까지 심리학은 '과학'적인 것을 추구하면서 문화적인 측면을 등한시해온 면이 있습니다.

또 하나, '긍정심리'라는 것이 요즘 중요시되고 있습니다. 긍정심리학은 지금까지의 심리학이 부정적인 면을 많이 다루어왔다는 반성에서 나온 것입니다. 우리 모두에게는 긍정적인 면과 부정적인 면이 같이 있어요. 그런데 과거에는 부정적인 면을 없애는 쪽으로 치중했습니다. 예를 들면 자녀 교육에서도 부정적인 면을 지적하고 고치게 했지요. 일기를 쓸 때도 대개는 오늘 하루 생활하면서 아쉬웠던 점, 그래서 내일은 하지 말아야 할 것을 쓰지 않았나요? 일기는 그렇게 쓰는 것이라고 배웠거든요.

전통적으로 우리는 그렇게 못난 점을 고쳐나가는 것이 옳은 삶이라고 생각해왔어요. 그런데 못하는 건 놓아두고, 잘하는 것을 더 잘하게 살아가는 방법이 더 좋은 것 아닐까요? 어떤 남편이 부인에게 자꾸 이것저것 고치라고 하니까 부인이 참다가 "내가 그렇게 훌륭한 사람이면 왜 당신처럼 부족한 사람하고 결혼했겠냐?"라고 했답니다. 자꾸 고쳐라, 바꿔라 하면 끝이 없는 것이지요. 하지만 부족한 면을 고치려고 하기보다 잘하는 것을 칭찬하면 점점 더 잘하게 될 것입니다.

못하는 것을 잘하게 하는 것과 잘하는 것을 더 잘하게 하는 것 중 어느 쪽이 더 쉬울까요? 긍정적인 면을 놓아두고 부정적인 면을 고쳐가는 것과 부정적인 면을 놓아두고 긍정적인 면을 더 키우는 것, 어느 쪽이 더 행복해지는 길일까요?

## 다만 '더' 행복해지기 위해서

마음의 건강 즉 정신건강에 관한 서적이나 강의를 보면 '불안' 또는 '우울' 등의 용어가 많이 나옵니다. 이 감정은 분명 부정적인 감정입니다. 지금껏 이런 감정에 관심을 많이 가져왔다는 것이 부정적 심리학을 해왔다는 증거이지요. 불안과 우울 같은 감정을 없애면 행복할 것이라고 쉽게 생각한 거예요. 그리고 당연히 이런 감정을 없애거나 줄여주는 것이 상담의 목표라고 생각해온 것이지요.

하지만 불안이나 우울의 감정을 줄여주면 과연 그만큼 행복해질까요? 지금까지의 노력을 통해 제가 깨달은 것은 불안이나 우울을 줄여주면 그 사람은 덜 불안한 사람이 되는 것이지 행복한 사람이 되는 건 아니라는 사실입니다. 불안이나 우울과 행복 사이에는 상관관계가 거의 없습니다. 즉 불안이나 우울과 같은 부정적 감정의 감소와 행복과 같은 긍정적 감정의 증진은 별 관계가 없다는 뜻이지요.

그렇다면 불안과 우울의 원인을 밝히고 이를 없애려고 노력하기보다 적극적으로 행복을 느끼는 원인과 상황을 알고 그것을 증진시키는 방법을 찾아가는 것이 더 바람직하지 않을까요? 이렇게 생각을 전환해 연구하는 것이 긍정심리학입니다. 그리고 그렇게 되기 위해서는 상담을 대하는 자세 자체가 바뀌어야 합니다.

누군가에게 상담을 권유받는다면, 기분이 좋을까요 아니면 나쁠까요? 아마도 거의 대부분 기분이 언짢을 거예요. 왜냐하면 상담은 뭔가 문제가 있는 사람이 받는 것이라는 편견을 가지고 있기 때문이지요. 그게 전부 다 부정적인 심리학에 기초한 상담의 이미지를 머리에 담고 있기 때문입니다. 최근까지 상담은 문제 있는 사람을 대상으로 했기 때문에 당연하다고 할 수 있어요.

하지만 우리들 중에 "나는 지금보다 더 행복할 수는 없다"고 생각하는 사람 있나요? 대부분의 사람은 현재 삶에 만족하지 못하고 '나는 더 행복하게 살고 싶다'는 느낌을 가지고 있습니다.

사실 우리는 스스로 더 행복하게 살 권리와 의무를 동시에 가지고 있어요. 그런데 우리들이 더 행복하게 살아가지 못하도록 막고 있는 것이 무엇인가요? 그것만 해결할 수 있다면 우리는 더 행복하게 살 수 있을 겁니다.

이제부터는 상담은 문제 있는 사람들이 받는 것이 아니라 더 행복해지기 위해 필요한 것이라고 보다 적극적이고 긍정적으로 생각할 필요가 있어요. 앞으로 이 책에서 다루려고 하는 내용도 바로 그런 생각이 바탕이 된 것입니다. 마음이 건강한 삶을 사는 것, 즉 성숙한 삶을 사는 것은 결코 쉬운 일이 아닙니다. 상당히 많은 노력을 해야 하는 것이지 저절로 되는 게 아니란 말이지요.

## 우리 삶에 요술방망이는 없다

많은 사람들이 자신에게 어떤 조건만 갖추어지면 행복해질 것이라고 생각해요. 나는 그대로 있으면서 내게 없는 것을 얻기만 하면 행복해질 것이라고 생각하는 것이죠. 하지만 절대 그렇지 않습니다. 그건 어린아이와 같은 생각이지요.

아이들은 '밥 나와라, 뚝딱' 하면 밥이 나오고 '옷 나와라, 뚝딱' 하면 옷이 나오는 요술방망이를 갖기를 원해요. 하지만 우리 삶에서 그런 요술방망이는 절대 없습니다. 아마도 이 슬픈 현실을 깨닫는 것이 성숙한 삶을 사는 지름길일지도 모르겠습니다.

아쉬운 건 우리들이 말로는 행복하게 살기 원한다고 하면서도 실제로는 노력을 안 한다는 점이에요. 좋은 이성친구를 사귀면 행복할 거라고 생각하지만 실제로 좋은 이성친구를 사귀려고 노력하지 않을 뿐만 아니라, 자신이 좋은 이성친구가 되려는 노력은 더 안 하지요. 현재 이성친구가 없어서 외롭다는 생각만 하는 것입니다. 자신은 가만히 있으면서 필요한 것이 저절로 주어지기만을 바라는 것이지요. 마치 사과나무 아래서 입을 벌리고 사과가 떨어지기를 기다리는 것처럼 말입니다.

자, 그럼 이제부터 마음이 건강한 삶, 성숙한 삶을 향한 여정을 떠나보도록 할까요? 이미 말했지만 이 길이 결코 쉽고 평탄한 길은 아닙니다. 하지만 행복하게 살기 위해 언젠가는 한번 부딪히고 감내해야 하는 여정이지요. 이 길에서 우리가 믿을 것은 다만 '고진감래苦盡甘來', 즉 '좋은 약은 입에 쓰다'는 교훈뿐입니다.

contents

우리는 우리의 마음을 얼마나 알고 사는 걸까요?
기쁘고 즐거운 일이야 이유가 분명하지만 왠지 슬프고 불행한 기분이 들 때
그 이유를 명확히 설명할 수 있는 사람이 얼마나 될까요?
오히려 내 곁에 있는 누군가가 나를 더 잘 알지는 않던가요?
정작 알아야 할 내가 가장 모르는 것이 내 마음입니다.
그러니 우선 나도 모르는 내 마음의 진실을 찾아 떠나보는
첫 발걸음이 소중한 것입니다.

PART 01

억눌린 마음,
모든 불행의 이유

나는 늘 내 바깥에서 힘과 자신감을 찾았지만
그건 언제나 내 안에 있었다.

**안나 프로이트**

# 마음은 당신을
# 지키기 위해 분주해요

## 인간의 삶, 운명인가 성격인가

행복하게 살 것인지 불행하게 살 것인지를 결정하는 가장 중요한 원인은 무엇일까요? 심리학에서는 '모든 행동은 개인적인 변인과 환경적인 변인의 상호작용에 달려 있다'고 봅니다. 결국 우리들의 행복과 불행도 자신과 환경에 달려 있다는 것이지요. 그렇다면 이 두 요인 중 어느 쪽이 더 중요할까요? 어느 쪽을 더 중요하게 보느냐에 따라 우리의 살아가는 자세나 가치관은 크게 달라집니다.

윌리엄 셰익스피어는 서구에서 문화사적으로 특별히 중요한 인물입니다. 영국인들은 그를 너무도 존경한 나머지 그들의 모든 식민지와도 바꾸지 않겠다고 했지요. 그 이유는 우리의 행복과 불행을 결정하는 가장 중요한 원인이 무엇인지를 보는 기준이 셰익스피어 전과 후로 확연히 달라졌기 때문입니다. 셰익스피어 이전 사람들은 사람의 운명이 개인을 초월한 초자연적인 힘에 의해 결정된다고 생각했거든요.

셰익스피어 이전의 대표적인 극작가는 고대 그리스의 소포클레스입니다. 대표적인 비극 작품으로 지금도 많이 회자되고 있는 작품이 〈오이디푸스 왕〉입니다. 이 작품의 줄거리를 간략하게 소개하겠습니다.

대를 이을 후사가 없어 고민하던 테베의 왕에게 아들 오이디푸스가 태어났습니다. 왕은 매우 기뻐하면서 신하에게 신전에 가서 아들의 운명에 대한 신탁을 받아오도록 합니다. 하지만 막상 신탁 내용을 본 왕은 소스라치게 놀랍니다. 신탁에는 "아버지를 죽이고 어머니와 결혼할 운명"이라고 나와 있었기 때문이지요. 고민하던 왕은 결국 아들을 죽이기로 결심하고 믿을 만한 신하를 조용히 불러 숲에 가서 아기를 죽이고 그 증표로 피 묻은 옷을 가져오도록 명령합니다.

하지만 그 신하는 차마 아기를 죽이지는 못하고 숲에 그냥 두고 거짓 증표를 가지고 옵니다. 그 후 여러 우여곡절 끝에 결국 오이디푸스는 친아버지를 죽입니다. 그리고 테베의 왕이 되어 어머니와 결혼하고 자녀를 낳는 패륜을 저지릅니다. 물론 본인은 자신이 친아버지를 죽였다는 사실을 모른 채로 말입니다.

이 비극의 핵심은 오이디푸스 왕의 운명은 태어날 때 이미 신탁에 정해져 있고, 그 운명을 바꾸기 위해 아무리 애를 써도 소용이 없다는 것입니다. 참 무서운 일 아닌가요? 하지만 우리 주위에는 지금도 사주팔자를 보는 사람들이 있는 것을 보면 이해하기 어려운 현상도 아닙니다. 결혼할 때 궁합을 본다든지, 이사할 때 택일을 한다든지 하는 것도 다 같은 현상으로 볼 수 있으니까요.

이런 행위의 심리적 핵심은 물론 우리 삶이 우리 노력에 달려 있기보다 제3의 외부적 힘에 의해 결정된다는 것입니다. 그 힘의 존재가 팔자인지 하늘의 뜻인지만 다를 뿐이지요. 하지만 셰익스피어의 비극을 보면 주인공의 삶이 운명이 아니라 마음, 즉 내부 요인에 의해 결정되는 것으로 변합니다. 이 변화는 사실 엄청난 것이지요. 예를 들면, 셰익스피어의 4대 비극 중 가장 널리 알려진 〈햄릿〉이 그렇잖아요? 이 작품도 매우 잘 알려진 것이니 간단히 살펴보겠습니다.

햄릿은 갑자기 아버지가 죽고 어머니는 숙부와 결혼하는 비극을 겪습니다. 그리고 숙부가 아버지를 독살한 것이라는 엄청난 사실을 알게 됩니다. 당연히 햄릿은 복수를 하려고 마음먹지요. 하지만 정작 복수할 수 있는 절호의 기회가 왔을 때 머뭇거리며 결행하지 못하고 맙니다. 널리 회자되는 "사느냐, 죽느냐, 이것이 문제로다!"라는 말은 햄릿의 우유부단한 성격을 극명히 보여주는 명대사지요.

다른 비극들도 간단히 살펴볼까요? 〈오셀로〉는 질투심에 눈이 멀어 아내를 믿지 못하는 의처증적인 성격 때문에 아내를 죽이는 무어인의 비극을 다룬 것이고, 〈리어왕〉은 가식과 진실을 구별하지 못해 결국 딸들에게 배반당하는 지혜가 부족한 아버지의 비극을 다룬 것입니다. 그리고 〈맥베스〉는 왕을 죽이고 왕위를 찬탈하지만 양심의 가책으로 괴로워하다가 신하의 반란으로 무참히 최후를 맞는 한 인간의 비극을 다룬 것입니다.

이 희곡들에서 비극의 원인이 되는 '우유부단함', '질투심', '지혜의 부족', '과도한 권력욕과 양심의 가책' 등은 모두 주인공의 마음속에서 일어나는 현상들입니다. 셰익스피어는 이들 희곡을 통해 인간의 삶은 운명이 아니라 성격에서 오는 것이라는 점을 보여주었습니다. 이 점이 셰익스피어의 위대함입니다.

## 마음이란 대체 무엇인가

자, 그렇다면 우리의 삶은 운명에 의해 결정되는 걸까요? 아니면 마음에 의해 결정되는 걸까요? 확신을 가지고 대답하기 정말 어려운 질문입니다. 아마도 정답은 앞에서 이야기한 대로, 내부의 개인적 요인과 외부의 환경적 요인의 상호작용에 달려 있다는 것일 테지요. 아무리 성격이 좋아도 외부에서 끊임없이 어려움이 닥치면 행복하게 살기 어려울 테고, 반대로 어려움이 닥치더라도 성숙한 성격이라면 잘 대처할 수 있겠지요. 하지만 둘 중 하나를 선택해야만 한다면 어느 쪽을 택하겠어요?

이 책은 우리 삶이 '마음'에 의해 많은 영향을 받는다는 입장에서 출발합니다. 다시 말해서, 행복의 여부는 성숙한 마음에 달려 있다는 결론에서 출발합니다. 하지만 논의를 더 진행하기 전에 분명히 하고 싶은 것이 있습니다. 비록 우리 삶이 성격에 크게 달려 있다고는 하지만 환경이 아무런 영향도 못 준다는 것을 의미하는 것은 아니라는 점입니다. 더 정확하게 말하면 성격과 환경이 다 영향을 미치지만 이 책에서는 마음을 중심으로 설명하겠다는 것입니다.

저는 야구를 좋아합니다. 미국 프로야구에서는 현역 시절에 뛰어난 활약을 한 선수가 은퇴한 후 엄정한 심사를 거쳐 명예의 전당에 헌액되지요. 쿠퍼스타운에 있는 명예의 전당에 헌액되는 것은 말 그대로 야구선수로서는 더할 수 없는 영광이 되는 것입니다.

이 선수들 중에서 1997년에 헌액된 필 니크로라는 투수가 있습니다. 2012년에 우리나라를 방문한 적도 있지요. 그의 메이저리거로서의 경력은 1964년부터 시작해 1987년 48세에 이르러서야 비로소 끝나는데, 그 기간 동안 통산 318승 29세이브라는 대기록을 남겼습니다. 24시즌 동안 매년 평균 13승 이상을 해야 달성할 수 있는 엄청난 기록입니다.

한 기자가 이 선수에게 어떻게 300승 이상을 올리는 투수가 될 수 있었냐고 물었습니다. 그는 이렇게 말했다고 해요. "경기장에서 일어나는 모든 일을 통제할 수는 없지만, 일어난 일에 대해 어떻게 반응하느냐는 내가 통제할 수 있다. 나는 그것을 통제할 수 있었기 때문에 300승 넘는 투수가 될 수 있었다."

모든 투수들이 심혈을 기울여서 공을 던집니다. 그리고 한 경기 동안 여러 번의 위기를 맞게 되지요. 대선수가 되느냐의 여부는 위기를 맞지 않는 것이 아니라 위기에 적절히 대응하는 능력이 있느냐에 달려 있다는 말입니다. 사회적으로 성공했다고 인정받는 사람들에게서도 동일한 현상을 볼 수 있습니다. 이들이 살아가면서 어려움이 없었던 건 아니라는 거예요. 거의 모든 사람들이 살아가면서 다양한 어려움을 겪게 되지요. 다만 그 어려움에 성숙하게 대처했느냐 혹은 미성숙하게 대처했느냐에 따라 성공 여부가 결정됩니다. 방금 소개한 대투수 니크로도 통산 274패를 경험했지 않습니까?

교도소에서 상담을 하면 대부분의 수형자들이 자신의 수형 이유를 "재수가 없어서", "운이 없어서", "부모를 잘못 만나서" 등이라고 말합니다. 하지만 동일한 상황에서 모두 범죄를 저지르는 것은 아닙니다.

예를 들어, 한 남자가 열렬히 사랑하던 애인에게서 느닷없이 배신을 당했다고 합시다. 정말 기가 막히고 절망스럽고 안타깝고 배신감에 몸서리칠 상황이지요. 하지만 이 상황에서 모든 남자들이 다 똑같은 반응을 할까요? 모두 똑같은 반응을 하지 않는다는 것을 우리는 알고 있습니다. 어떤 남자는 절망에 빠져 스스로 목숨을 버리기도 할 테지요. 또 어떤 남자는 그야말로 정신이 나가서 그 여성을 살해할 수도 있겠지요. 또는 한평생 분노를 되씹으며 자포자기 심정으로 허송세월하면서 살 수도 있겠고요. 또는 복수하는 마음으로 이를 악물고 열심히 노력해서 큰 사업을 일으킬 수도 있겠고, 또는 그 절망감을 예술로 승화시켜 후대에 길이 남을 문학작품을 쓸 수도 있겠지요. 이처럼 동일한 사건에도 사람에 따라 다양한 반응을 합니다.

## 마음의 두 부분, 의식과 무의식

동일한 사건에 대해 사람들이 다양한 반응을 하는 이유는 무엇일까요? '세상만사 마음먹기에 달려 있다'는 말이 있지요? 즉, 동일한 사건에 대해서도 마음먹기에 따라 얼마든지 대응방식이 달라질 수 있다는 뜻입니다. 그만큼 일상생활에서 마음이라는 말이 많이 사용됩니다.

예를 들면, "마음이 착하다", "마음이 급하다", "마음에 든다", "내 마음 나도 모르겠다" 등등 사람의 행동이나 태도를 설명하기 위해 마음이라는 말이 사용됩니다. 그렇다면 '마음'을 이해하는 것이 잘 살기 위해 제일 필요한 일 아닐까요? 존경받는 큰스님 중 한 분인 성철스님도 "팔만대장경을 한마디로 하면 '마음 심心'자 위에 놓인다"는 말씀을 하셨답니다.

잘 살기 위해서는 당연히 마음을 이해해야 합니다. 마음의 구조와 기능 그리고 발달에 대한 이해가 행복하고 건강하게 사는 데 필수적인 요인이 되겠지요. 하지만 눈에 보이지도 않는 사람의 마음을 이해한다는 것은 결코 쉬운 일이 아닙니다. 아무리 노력해도 결코 완전하게 이해할 수는 없을 것입니다. 하지만 잘 살기 위해서는 그것이 필수적인 것이기에 이해하려고 노력하는 것일 뿐이지요.

마음은 크게 두 부분으로 나눌 수 있습니다. 하나는 의식의 부분입니다. 의식은 문자 그대로 우리가 알고 있는 마음입니다. "어머니가 나를 사랑한다는 것을 알고 있어요", "네가 예쁘다는 것을 알고 있지?", "오늘 지각한 이유를 알고 있어?", "여자라는 것을 의식하지 말고 자연스럽게 행동해라" 등등. 이렇듯 우리는 행동에 영향을 미치는 여러 마음의 원인들을 알고 있어요.

그러나 행동에 영향을 미치는 원인 중에는 우리가 알지 못하는 것들도 많이 있습니다. 여기서 등장하는 마음의 또 다른 부분이 '무의식'입니다. 무의식은 문자 그대로 우리가 알지 못하는 마음입니다. "내 마음 나도 몰라", "그때 왜 그랬는지 나도 모르겠어"라는 표현에서도 나타나듯이 설사 우리가 한 행동이라도 그 진정한 원인을 모르는 경우도 많이 있습니다. 그리고 쉽게 원인을 알 수 있다고 생각하는 행동의 이면에는 우리가 모르는 다른 원인이 있는 경우도 종종 있어요. 즉 '아는 마음'과 '모르는 마음', 이 두 마음이 우리의 행동에 영향을 주지만 모르는 마음의 영향이 더 크다고 말할 수 있습니다.

프로이트는 비유적으로, 아는 마음은 단지 전체 마음에 비해 '빙산의 일각'에 불과할 뿐이라고 했습니다. 그리고 직접 볼 수 없는 우리의 무의식은 그 크기가 얼마나 될지 가늠할 수도 없이 무한한 넓이로 바다 밑에 잠긴 부분이지요. 그만큼 우리의 삶은 무의식에 더 많은 영향을 받는다는 것입니다.

그런데 무의식이라고 해서 그 행동의 이유를 설명하지 못한다는 것이 아닙니다. "왜 그랬는지 나도 몰라"라고 대답해야지만 무의식인 것이 아니라는 뜻입니다. 예를 들어, 무의식의 영향을 설명하기 위해 최면을 이용할 수도 있어요. 최면 상태에서는 다양한 현상들이 나타나는데, 그중에서도 '후 최면성 암시'라는 것이 있습니다. 이것은 최면 상태에서 받은 암시를 최면에서 깨어난 후에 그대로 실행에 옮기는 현상을 말합니다.

예를 들면, 한 학생에게 최면을 걸어 2분 후에 창문을 열라는 암시를 주고 깨우면, 그 학생은 2분 후에 문을 엽니다. "왜 문을 열었느냐"고 물어보면 뭐라고 대답할까요? 대부분의 경우 그 학생은 나름대로 그럴듯한 이유를 댑니다. '교실이 너무 덥다'라든지 또는 '교실 공기가 너무 나쁘다'라든지 이유를 대는데, 진짜 이유를 모르는 사람들이 들을 때는 타당한 것입니다. 하지만 최면을 걸었다는 것을 아는 우리는 그 진짜 이유를 압니다. 하지만 정작 본인은 정말 더워서 문을 열었다고 생각하지요. 거짓말이 아닌 것입니다.

그러니까 본인 입장에서는 진짜 이유가 무의식에 있더라도, 뭔가 이유를 댔기 때문에 자신이 무의식적으로 했다고 생각하지 않습니다. 우리 행동의 무의식적 근거를 알아야 하는 이유가 바로 여기에 있습니다.

## 자아의 '관계' 맺기

우리가 행복하게 살아가기 위해서는 네 가지 다른 원천에서 오는 과제를 잘 해결해야 합니다. 아마도 좋은 관계를 맺어야 한다고 이야기해도 크게 틀리지는 않을 겁니다.

제일 먼저 중요한 것은 '현실 세계와의 관계'입니다. 무엇보다 먼저,

살아가기 위해 꼭 필요한 기본적 욕구를 현실 속에서 잘 해결하는 것이지요. 배가 고프면 음식을 먹어야 하고, 목이 마르면 물을 마셔야 합니다. 졸리면 잠을 자야 하고 추우면 옷을 입어야 하고요. 물론 성적인 욕구를 잘 해결하는 것도 매우 중요한 일입니다. 이런 욕구가 잘 해결되지 않으면 생명이 위험할 뿐만 아니라 계속 욕구불만 상태에서 생활해야 하기 때문에 많은 문제를 일으킬 수 있어요.

두 번째는 '다른 사람과의 관계'입니다. 소위 대인관계를 잘 맺는 것이 중요하지요. 이것이 얼마나 중요한지는 자세히 설명하지 않아도 쉽게 이해할 수 있을 겁니다. 우리 주위에서도 자신에게 맡겨진 임무는 잘 해결하지만 동료와의 관계나 부부관계에서 어려움을 겪으면서 괴로워하는 사람을 많이 볼 수 있지 않습니까? 갈수록 이혼율이 증가한다든지 이직률이 높아지는 것도 이 과제를 해결하기가 쉽지 않다는 것을 잘 말해주고 있지요.

세 번째는 '양심과의 관계'입니다. 이는 사람답게 잘 살아가야 하는 과제를 말하는 것이지요. "그는 사람도 아니야"라는 말이 있듯이 단지 숨 쉬고 먹고 마신다고 다 살아가는 것이 아닙니다. 소위 '사람답게' 살아야 합니다. 다시 말하면, 사회와 문화가 우리에게 요구하는 '규범'에 따라 행동해야 하는 거지요. 이 규범이 마음속에 내재화된 것을 '양심'이라고 부릅니다.

우리는 양심에 거리낌 없이 살아야 합니다. 만약 양심에 가책을 느끼는 행동을 한다면 겉으로는 잘 사는 것처럼 보일지 모르지만 실제로는 아무도 모르는 고민과 갈등 속에서 생활하게 되겠지요. 우리 마음속에는 소위 다른 동물들에게는 없는 '빛나는 별', 즉 양심이 있기 때문에 그럴 수밖에 없습니다.

마지막 과제는 이 모든 관계를 잘 통합하는 것입니다. 현실 세계 속에서 욕구도 잘 해결하고 다른 사람과 좋은 대인 관계를 맺으며 양심에 거리낌 없이 살아가는 것이지요. 이렇게 살면 당연히 즐겁지 않겠어요? 우리는 이렇게 사는 것을 마음이 건강하게 사는 것이라고 이야기합니다. 물론 성숙하게 사는 것이라고 이야기해도 됩니다. 하지만 이렇게 다양한 관계를 잘 조화시켜 갈등 없이 살아간다는 것은 매우 힘든 일입니다. 어쩌면 불가능한 일인지도 모르겠습니다. 그래도 우리는 하루도 빠짐없이 이 어려운 과제를 풀어가면서 살아가야만 합니다.

마음속에서 이 어려운 과제를 담당하는 부분을 일컬어 일반적으로 '자아'라고 부릅니다. 자아는 우리 삶을 주도해나가는 '행정부' 기능을 담당하고 있지요. 자아가 제 기능을 잘하면 우리는 마음속에 큰 갈등이나 괴로움 없이 살아갈 수 있어요. 하지만 제 역할을 잘 감당하지 못하면, 현실과 대인관계 그리고 양심과 욕구 사이의 갈등 때문에 많은 어려움을 겪으며 살아가게 됩니다.

이처럼 어려운 과제를 효과적으로 수행하기 위해 자아는 다양한 책략들을 사용합니다. 사실상 자아가 얼마나 다양한 책략을 효과적으로 사용하느냐에 따라 우리 삶의 질이 달라진다고 할 수 있습니다. 마치 미숙한 목수와 숙련된 목수의 차이와 같은 것이지요. 숙련된 목수는 다양한 연장을 자유자재로 다룰 수 있기 때문에 처리해야 할 일의 종류에 따라 톱, 망치, 끌이나 대패 등을 효과적으로 사용할 수 있잖아요. 하지만 다양한 연장을 다룰 수 없는 미숙한 목수는 공연히 힘만 들이지 효과적으로 일을 잘 못하는 것과 같습니다.

## 마음속 자아의 책략, '방어기제'

자아가 임무를 효과적으로 해결하기 위해 사용하는 여러 가지 책략을 심리학에서는 '방어기제'라고 부릅니다. 방어기제는 지나친 불안과 두려움으로부터 우리 자신을 방어합니다. 위에서 말한 것처럼 우리는 다양한 과제들을 효과적으로 해결하면서 살아가야 하는데, 이과제들이란 게 다 그렇게 만만하지가 않아요. 그래서 그 과정에서 우리는 많은 어려움을 겪고 당연히 불안과 두려움에 빠지게 됩니다.

사실 적당한 정도의 불안과 두려움은 과제를 해결하는 데 오히려도움이 되기도 해요. 하지만 그 크기가 너무 커버리면 우리는 과제를해결하기보다는 도망가거나 얼어붙게 되지요. 따라서 불안의 수준을적당히 조절할 수 있는 장치가 필요한 겁니다. 이때 방어기제가 작동하는 것이지요.

따라서 방어기제는 '지나친 불안과 두려움으로부터 우리 자신을보호하기 위해 자아가 무의식적으로 사용하는 책략'을 의미합니다.그러니 자아가 효과적으로 기능한다면 우리는 크게 불안해하지 않고 맡겨진 과제를 수행하면서 살아갈 수 있게 되겠지요.

넘어져서 피가 나면 곧 응고가 되고 딱지가 생겨 더 이상 상처가 커지지 않도록 막는 것처럼 방어기제도 같은 방식으로 작용합니다. 그리고 응고가 자동적으로 되는 것처럼 방어기제도 자동적으로 작동하지요. 다시 말하면, 방어기제는 무의식적으로 기능하는 거예요. 우리 자신은 사실 내 마음이 어떤 방어기제를 사용하고 있는지 알지 못합니다. 그 이유는 무의식적으로 기능해야지만 방어기제의 목적을 효과적으로 달성할 수 있기 때문입니다. 이 부분은 앞으로 여러 방어기제를 알아가면서 저절로 이해가 될 것입니다.

그렇다면 자아가 사용하는 방어기제는 과연 몇 가지나 될까요? 이 질문은 무지개가 몇 가지 색으로 구성되어 있는지 묻는 것과 같아요. 우리는 보통 무지개는 일곱 가지 색으로 되어 있다고 하지만 사실 그것은 우리가 식별할 수조차 없는 미세한 차이를 가진 무수히 많은 색들로 구성되어 있습니다. 당연히 무지개가 몇 가지 색으로 되어 있는지 알 수 없지요. 다만 편의상 우리는 무지개가 일곱 가지 색으로 되어 있다고 말하는 것이고요.

방어기제도 마찬가지예요. 몇 가지나 있는지 아무도 알 수 없습니다. 아마도 무수히 많겠지요. 다만 편의상 비슷한 기능을 하는 것들끼리 묶어 종류를 나눌 수는 있어요. 하지만 이것도 학자에 따라 그리고 연구 목적에 따라 얼마든지 다르게 분류할 수 있습니다. 심리학 교재마다 방어기제 종류를 다르게 분류하고 설명하는 이유가 바로 이것입니다.

따라서 방어기제 수는 중요하지 않습니다. 다만 방어기제는 기능하는 목적이 무엇인지에 따라 분류하는 것이 유용합니다. 예를 들면, 현실에서 오는 불안을 감소시키는 기능을 하는지, 대인관계에서 오는 갈등과 불안을 감소시키기 위해 사용되는지, 양심과 욕구 사이의 갈등을 해결하기 위한 것인지, 그리고 이 모든 갈등의 원천들을 잘 아울러서 성숙한 삶을 살기 위해 사용하는 것인지 말이에요. 이렇게 그 목적에 따라 분류하는 것이 더 바람직합니다.

이런 기준으로 분류하면 방어기제는 크게 네 가지 묶음이 있고, 각 묶음마다 몇 가지 종류의 방어기제가 속하게 되지요. 각각의 묶음은 방어기제가 주로 다루는 관계가 무엇인가에 따라 분류할 수 있고, 마음이 성숙해지면서 이 묶음들이 다루는 과제들은 변해갑니다. 다시 말하면 똑같이 사용하는 방어기제들도 내가 성숙해짐에 따라 그 쓰임이 달라진다는 것이지요.


## 망상의 세계, 그 정신병적 방어기제

첫 번째 묶음은 주로 태어나면서부터 5세까지의 어린아이들이 매일 사용하는 방어기제들입니다. 이 방어기제들의 특징은 현실과 자신이 머릿속으로 만든 상상의 세계 즉 비현실을 구별하지 못하는 것입니다. 그래서 이 묶음은 '정신병적 방어기제'라고 불리기도 하지요. 성인이 되어서도 이런 방어기제를 사용해 현실과 관계를 맺을 때 우리는 그 상태를 '정신병'이라고 부르잖아요. 일상생활에서 흔하게 나타나는 정신병이 이런 상태를 일컫는 것이지요.

간단히 말하면 어른이 되어서도 5세 이전의 어린아이와 같은 마음을 가지고 살아가는 것입니다. 그러니까 이들은 현실과 비현실을 혼동하는 것이지요. 물론 5세 이전의 아이들에게는 지극히 정상적인 것입니다. 이 묶음에 속하는 대표적인 방어기제들이 '망상적 투사', '부정', '왜곡' 등입니다.

그런데 어린아이들은 왜 현실과 비현실을 혼동할까요? 갓난아기도 살아가기 위해서는 기본적인 욕구를 현실에서 해결해야 하지요. 우선 음식을 먹어야 살 수 있잖아요. 하지만 어린아이는 스스로 음식을 만들어 먹을 수가 없어요. 이런 과제는 자아가 수행해야 하는데, 아직 어린아이의 자아는 이런 것을 할 수 있는 능력이 없다는 말입니다. 그래서 어린아이들이 살아가기 위해서는 누군가 대신 이 과제를 수행해주어야 합니다. 즉 대리자아가 필요한 것이지요. 그리고 대부분의 경우 이 대리자아의 역할을 어머니가 하게 되는 겁니다. 때가 되면 어머니가 알아서 젖을 먹여주고 재워주잖아요.

하지만 배가 고픈 즉시 어머니가 젖을 주는 것은 아니지요. 그러면 어린아이들은 머릿속으로 음식을 먹는 것을 상상해요. 그리고 그것이 마치 현실인 것처럼 생각합니다. 그러니까 실제로 음식을 먹는 것과 머릿속으로 상상하는 것을 구별하지 못한다는 말입니다. 어린아이들의 세계는 '있는 것이 없는 세상'이기도 하고 동시에 '없는 것이 있는 세상'이기도 해요. 그래서 어린아이들처럼 생각하는 것을 '망상'이라고 부르는 겁니다.

가끔 믿기 어려운 일들이 매스미디어를 통해 알려집니다. 예를 들면, 한 청년이 이미 돌아가신 어머니의 시신과 함께 살고 있었더라는 기사 같은 것입니다. 이미 어머니의 시신은 부패되어 있는 상태였는데요. "왜 돌아가신 어머니와 함께 사느냐?"는 질문에 이 청년은 "어머니는 돌아가신 게 아니라 주무시는 것"이라고 대답했답니다. 이런 황당한 사건을 접하면 우리는 보통 "이 사람 미친 거 아니야?"라고 말합니다. 당연히 이 청년은 마음이 건강하지 않은 상태이지요.

이 청년은 왜 이런 행동을 할까요? 이 청년을 어른이라고 생각하면 이해가 안 돼요. 하지만 이 청년의 마음을 5세 이전의 어린아이 마음이라고 생각해보면 이해할 수 있어요. 실제 어린아이처럼 이 청년은 심리적으로 어머니에게 의존적이고 어머니 없는 세상을 홀로 살아갈 수 없는 것입니다. 그러니 어머니가 돌아가셔서 더 이상 함께 살 수 없다는 현실을 어떻게 받아들일 수 있겠어요? 당연히 받아들일 수 없지요. 만약 현실을 있는 그대로 받아들이면 너무 불안해서 살 수가 없는 거지요.

그렇다면 어떻게 해야 할까요? 이때 자아는 이 청년을 지켜주기 위해 책략을 사용합니다. 즉, 어머니가 죽었다는 현실을 왜곡해서 어머니는 살아 있고 다만 계속 주무시고 있다고 생각하는 거예요. 어쨌든 어머니는 살아 있기 때문에 이 청년은 살아갈 수 있는 것이지요. 어머니가 돌아가신 '현실' 대신에 어머니가 주무시는 '비현실'의 세계에서 살고 있는 것이지요. 즉 망상의 세계에 살고 있는 겁니다.

## 마음의 병도 그저 하나의 '질병'일 뿐

그런데 여기서 우리가 한 가지 짚고 넘어가야 할 중요한 게 있어요. 비현실의 세계가 모두 병적인 것은 아니라는 점입니다.

우리 삶은 크게 현실과 비현실로 나눌 수 있습니다. 현실은 현재 내가 살고 있는 세상이고, 비현실은 내가 머릿속으로 만들어놓은, 현실에는 없는 세상이지요. 우리 삶은 이 두 가지 세상이 혼합되어 있어요. 현실만 있는 삶도 없고 비현실만 있는 삶도 없는 겁니다. 예컨대 대학 진학을 위해 열심히 공부하는 학생의 경우라면, 좋건 싫건 관계없이 열심히 공부하는 현실이 있고, 원하는 대학에서 즐겁게 생활하는 자신의 미래 모습을 그려보는 비현실의 세계가 있겠지요.

이 경우에는 비현실의 세계가 현실 세계의 어려움을 이길 수 있는 힘을 주기도 해요. 하지만 현실과 비현실을 구별하지 못할 때는 문제가 되는 것이고요.

장례식에서 읽는 추도사는 거의 대부분 "이제는 고통 없는 세상에서 편히 잠드소서"라는 말로 끝맺지요. 그리고 '영면永眠'이라는 단어도 사용합니다. 문자 그대로 영원히 잠들었다는 뜻이지요. 하지만 우리는 말은 그렇게 해도 실제로는 잠든 것이 아니라 돌아가신 것이라는 사실을 압니다. 하지만 사랑하고 믿고 의지하는 사람이 없는 세상에서 살아갈 만큼 자아가 강하지 못한 사람은 현실을 견딜 수 있는 비현실의 세계를 파고들게 되지요. 이것이 자아가 사용하는 '왜곡'이라는 방어기제입니다.

어머니를 여의더라도 사람마다 다르게 반응합니다. 자아의 강도가 다르기 때문이지요. 정상과 비정상의 차이는 현실과 비현실을 구별해내는 자아의 강도의 차이일 뿐입니다. 정상적인 사람은 비현실의 세계에 들어가더라도 곧 현실의 세계로 돌아오지요. 그리고 마음 전체가 비현실의 세계에 머무는 것이 아니라 일부만 비현실의 세계에 머물다가 현실로 돌아옵니다. 비정상적인 사람은 그렇게 못하는 것뿐이고요.

일반적으로 '망상'이란 용어가 붙은 증상의 기저에는 동일한 방어 기제가 작용합니다. '피해망상'이란 말 아시지요? 어떤 사람이 아무 근거도 없이 자신이 끊임없이 괴롭힘을 당한다는 생각을 가지고 도망 다니기도 합니다. 이해하기가 어렵지요. 실제로 아무도 괴롭히는 사람이 없으니까요. 하지만 본인은 이것을 실제의 세계라고 느낍니다. 그러니 계속 도망 다닐 수밖에요.

이런 사람을 보면 참 안타까워요. 하지만 그에게 아무리 열심히 현실을 설명해도 별로 소용이 없습니다. 이 사람이 사는 세계는 피해를 받는 세계이니까요. 단지 그 세계를 자신의 마음이 만들었다는 사실을 모르는 것뿐이지요. 혹시 우리 주위에 이렇게 정신병적 방어기제를 가지고 살아가는 사람이 있다면 빨리 심리적 치료를 받게 하는 것이 좋습니다. 간혹 종교의 힘을 빌려 낫게 하려는 시도를 하는데, 고쳐주려는 안타까운 마음은 이해가 가지만 이 상태는 종교가 도움을 줄 수 있는 상태가 아니에요. 오히려 시간이 지나면서 증상이 더 심해질 뿐이지요.

마음이 병든 것은 몸이 병든 것과 마찬가지예요. 치료를 받아야지 숨기면 안 되는 거지요. "아플 때는 광고하고 다녀라"라는 말이 있듯이, 아프면 널리 알려서 적절한 치료를 받아야 합니다. 그리고 병원에도 가야 하고요. 마음이 아픈 것도 그렇습니다. 빨리 치료를 받으면 좋아지는데 안타깝게도 주위에는 가족 중에 마음이 병든 사람이 있으면 숨기려고 하는 경우가 종종 있어요.

분명 마음의 병은 몸의 병과 마찬가지로 도덕적이고 윤리적인 잣대로 판단해서 부끄러워할 일이 아니에요. 더 늦기 전에 치료를 받아야 할 '그저' 질병일 뿐이랍니다.

# 현실을 받아들이는 힘을 길러야 합니다

## 진정한 '나'로 서는 길, 그 혼란의 시기

대부분의 어린아이는 성장해가면서 현실에 적응해 살아가는 자아의 힘을 키워나갑니다. 그리고 10대가 되면서 소위 '질풍노도의 시기'인 청소년기로 들어서지요. 이 시기에는 어린아이 시절과는 질적으로 다른 과제가 기다리고 있어요. 즉 다른 사람과 원만한 관계를 맺어야 하는 것입니다. 이때 청소년들은 지나친 불안과 두려움을 느끼게 되는데 이를 해결하기 위해 자아가 사용하는 방어기제들의 묶음을 '미성숙한 방어기제'라고 부릅니다.

'미성숙한'이라고 한 이유는 성인이 되어서도 이런 방어기제를 사용해 다른 사람과 관계를 맺는 사람들을 '미성숙한 사람'이라고 부르기 때문이에요. 물론 청소년들이 이런 방어기제를 사용하는 것은 정상적인 것이고요. 그런데 왜 청소년 시절에는 대인관계를 맺는 것이 중요한 과제가 될까요? 그리고 왜 이 과제를 수행하는 것이 그토록 어렵고 두려운 일일까요?

'청소년'이란 용어 자체가 절묘합니다. 청소년은 '청년'과 '소년'의 합성어잖아요. 즉 이 시기는 어른인 청년이면서 동시에 어린아이인 소년이라는 뜻이지요. 뒤집어 이야기하면 청소년은 어린아이는 아니지만 그렇다고 어른도 아니라는 뜻이기도 합니다. 그러니 당연하게도 청소년 자신들은 정체성 면에서 매우 혼란스럽고, 이들을 지켜보는 부모나 사회도 혼란스럽기는 마찬가지인 게지요.

그리고 일단 어린아이는 혼자서는 살아갈 수 없는 미성숙한 존재라서 다른 사람이 혼자서는 할 수 없는 것들을 대신 해주거나 도와주잖아요. 일반적으로 처음에는 부모가 대리 자아의 역할을 하고, 초등학교에 입학해서는 선생님이 그 역할을 맡습니다. 어린아이는 독립적이고 주체적인 존재로 살아가는 것이 아니라 심리적으로 'ㅇㅇ의 자녀', 'ㅇㅇ의 학생'의 신분으로 살아가는 거지요. 그만큼 어린아이에게 부모와 선생님은 세상을 살아가는 데 있어 거의 절대적으로 필요한 존재이고, 이들의 사랑이 반드시 필요합니다.

그러면 부모나 교사는 왜 자녀나 학생을 사랑할까요? 거기엔 이유가 없어요. '그냥' 주는 거지요. 사랑을 줄 만한 특별한 이유가 있어서 주는 것이 아니라 그냥 '내 새끼니까', '내 학생이니까' 주는 거예요. 무슨 이유가 필요하겠어요? 이런 수직적 관계에서 그냥 주는 사랑을 보통 '내리사랑'이라고 합니다.

그러다가 청소년이 되면 부모와 교사뿐만 아니라 친구가 중요해집니다. 청소년 시절은 어른이 되는 것을 배우는 시기니까요. 심리적으로 어른이 된다는 것은 더 이상 어른과 의존적인 관계를 맺는 것이 아니라, 스스로 주체가 되는 독립적인 삶을 살아간다는 것을 뜻합니다. 다시 말하면, 이제는 '○○의 자녀'가 아니라 나로서 살아가야 하는 것이지요. 청소년 시기는 어린아이에서 어른이 되는, 즉 의존적 존재에서 독립적 존재가 되는 징검다리 시기이기 때문에 중요한 겁니다.

## 불안과 갈등의 '미성숙한 방어기제'

그런데 의존적인 관계에서 살다가 독립적으로 산다는 것이 쉬운 일이 아닙니다. 의존적인 관계에는 좋은 점이 많이 있거든요. 우선 자신이 한 행동에 책임을 지지 않아도 되잖아요. 동시에 사랑받기 위해 특별한 노력을 하지 않아도 되고요. 이게 얼마나 편한 삶인가요. 그런데 독립적으로 산다는 것은 이제부터 스스로 결정을 해야 하고 동시에 그 결과에 책임을 져야 한다는 것을 의미하는 겁니다. 어렵고 두려운 삶이 시작되는 거지요.

그리고 이제부터는 다른 사람과 '수평적' 관계를 맺어야 하는데, 이는 더 이상 '내리사랑'을 못 받는다는 말입니다. 바야흐로 '주고받는' 관계를 맺어야 하니까요. 이때 수평적 관계를 맺는 방식을 배우는 대상이 바로 '친구'입니다. 청소년 시기는 친구와 주고받는 인간관계를 배우는 시기라고 할 수도 있어요. 같은 시기에 있는, 서로 내리사랑에만 익숙한 청소년들이 서로 좋은 관계를 맺어야 하는 것이지요. 그래서 청소년 시절도 만만치 않은 시기입니다.

대인관계가 이처럼 중요하지만 '주고받는' 관계에 익숙하지 못하니 청소년들은 많은 시행착오를 거치면서 어려움에 봉착하게 됩니다. 그래서 그로부터 오는 갈등과 불안을 조정하기 위해 자아는 또다시 방어기제를 사용하게 되고요.

사실상 대인관계를 잘 맺기 위해서는 '너와 나'의 관계를 잘 설정해야 합니다. 사실 부모가 자식에게 '내리사랑'을 할 수 있는 이유는 부모와 자식 간에는 '너와 나'의 경계가 모호하기 때문이지요. 너와 나의 경계가 모호하다는 것은 당연히 '너를 사랑하는 것'이 곧 '나를 사랑하는 것'이 된다는 뜻이니까요.

그런데 수평적으로 주고받는 좋은 관계는 독립적인 두 사람이 주체적으로 만난다는 것을 전제로 하잖아요. 그래서 청소년들은 '나는 누구인가?'라는 질문에 답을 하기 위해 다양한 시행착오를 겪게 됩니다. 소위 '정체성'을 확립하기 위한 청소년들의 필사적인 노력을 우리는 '이유 없는 반항'이라거나 '질풍노도의 시기' 등으로 부르고요. 하지만 이유가 왜 없겠어요. 어린아이에서 어른으로 변하기 위해 엄청난 노력을 하고 있는데요. 번데기가 고치를 뚫고 나와 나방이 되는 과정인데 그게 얼마나 힘든 과정이겠어요.

대인관계에서 나타나는 미성숙한 방어기제에는 '투사', '공상', '행동화', '소극적 공격성' 등이 포함됩니다. 사실 누구나 살아가면서 자신에게 맡겨진 일을 효과적으로 수행하지 못해서 힘든 것보다 대인 관계를 원만히 유지하지 못해서 힘든 것이 더 큰 스트레스가 아닌가요? 부부관계, 부모자식 관계, 직장 동료와의 관계 등 우리 삶 자체는 인간관계의 연속이라고 볼 수 있어요. 그러니 이 인간관계가 원만하지 못하면 행복하게 살 수 없겠지요.

## 무책임한 감정의 역류, '투사'

대인관계에서 제일 많이 사용하는 방어기제는 '투사'예요. 투사는 자신의 감정에 대한 책임을 거부하고 다른 사람에게 책임을 돌릴 수 있게 해주는 것이지요. 흔히 편견이 심한 사람, 병적으로 질투심 많은 배우자가 이런 투사를 사용하게 되지요.

대인관계는 기본적으로 나와 너의 관계입니다. 이 관계에서는 내가 상대방에 대해 어떤 감정을 갖게 된단 말이지요. 그 감정이 좋은 것이든 싫은 것이든 감정을 갖게 되는데, 그 감정이 사회적으로 용인받지 못하는 것일 수 있어요. 예를 들어 학교에서 학생이 이성의 선생님을 사랑하면 안 된다는 것이 그렇지요. 근데 감정이라는 것은 나의 판단과 상관없이 올라오는 것이잖아요. 그래서 선생님을 사랑하지만 이것은 사회적으로 바람직한 것이 아니기 때문에 어떤 처벌에 대한 두려움이 생깁니다.

그런데 이때 선생님이 나를 좋아한다고 생각하면 나는 처벌의 두려움에서 벗어나게 되지요. 그러면 내가 가진 감정을 지각하지 않으면서, 관계가 가깝다는 것은 유지하면서 비난은 면할 수 있는 겁니다. 이것이 투사라는 방어기제예요. 내 감정을 남에게 전가시켜서 사회 통념이나 도덕이나 양심에서 오는 비난, 불안에서 벗어나는 것을 투사라고 하는 것입니다.

저의 경험 하나를 말씀드릴게요. 35세 정도의 미혼 여교사가 있었습니다. 그런데 이분이 저에게 상담을 받고 싶다면서 밖에서 만나자는 거예요. 그래서 제 연구실로 오라고 했더니, 거듭 밖에서 저녁 식사를 하면서 상담을 했으면 좋겠다는 거예요. 하지만 전 밖에서는 상담을 안 한다고 주장해서 결국 토요일 오후에 제 연구실에서 만났어요. 이분은 초등학교 교사인데 현재 근무하고 있는 학교의 교장이 자신을 성적으로 유혹해서 고민이 많다고 하더군요. 그러고는 자신은 지금 근무하는 학교뿐만 아니라 지금까지 근무했던 여러 학교에서도 교장들이 한결같이 자기를 유혹했다면서 너무 힘들어서 교사를 그만둘까 생각하고 있다는 겁니다.

참 심각하고 난감한 문제이지요? 실제로 이 여교사가 근무했던 학교의 모든 교장이 이 여교사를 유혹했을까요? 아니면 사실과 다르게 이 교사의 마음속에서 그렇다고 느낀 것일까요? 아마도 현재 근무하고 있는 학교에서만 그런 일이 일어났다면 진위를 가리기가 참 어려웠을 거예요. 하지만 한 학교가 아니고 근무했던 여러 학교에서 이런 일이 반복적으로 일어났다고 한다면 이건 이 여교사의 마음속에서 일어난 일이라고 생각하는 것이 더 합리적일 겁니다. 하지만 진실은 모르지요. 이럴 때 필요한 것이 '현실검증', 즉 사실 여부를 밝히는 것입니다.

방법은 대개 두 가지입니다. 하나는 다른 동료교사들에게 물어보는 겁니다. 예를 들면, "나는 교장선생님이 나를 유혹하는 것처럼 느껴지는데 김 선생님도 옆에서 보기에 그런가요?" 하고 물어보는 겁니다. 김 선생뿐만 아니라 이 선생, 박 선생 등 같이 근무하는 다른 교사들에게 확인해보는 것이지요. 만일 다른 교사들도 그렇게 느꼈다면 그런 경우 이 여교사의 말이 사실이겠지요.

또 다른 방법은 다른 학교에서의 경험으로 판단하는 겁니다. 그런데 이 여교사의 경우 이전의 모든 학교에서 다 그랬다고 했으니 이것은 이 여교사의 문제일 가능성을 높여줍니다. 만약 이 여교사의 말이 사실이라면 우리나라 초등교육이 어떻게 되겠어요?

그래서 제가 여교사에게 물었습니다. 같이 근무하는 교사들에게 확인해보았느냐고요. 안 했다고 하더군요. 너무 확실하기 때문에 물어볼 필요도 없다는 거예요. 자 이럴 경우 어떻게 판단하는 것이 합리적일까요? 100퍼센트 정확한 것은 아니지만 이런 경우 여교사의 문제일 확률이 아주 높습니다. 이런 것을 '투사'라고 하지요.

사실 35세 된 이 여교사는 남자와 사랑을 주고받는 관계를 맺고 싶어 합니다. 그런데 그것이 뜻대로 안 되자 아무도 자신을 좋아하는 남자가 없다는 사실이 슬프기도 하겠지요. 그리고 실제로는 자신이 교장을 흠모할 수도 있겠고요.

이 여교사 입장에서 35세가 되도록 남자들한테 사귀자는 제안 하나 받지 못한 자신을 볼 때 어떤 느낌이 들까요? 아마도 그 사실을 직시하기에는 자존심이 상하기도 할 테고, 혹 교장을 흠모한다면 동료들에게 따돌림을 받거나 다른 처벌을 받는 것이 두려울 테지요. 그래서 자아가 '교장이 자신을 유혹하는 것'으로 왜곡한 것은 아닐까요? 이래저래 현실이 아니고 자아가 왜곡한 것이라면 평교사보다 조직의 수장인 교장이 자신을 유혹한다고 느끼는 것이 더 자존감이 높아지지 않겠어요?

저는 이 여교사를 잘 설득해서 저와 친분이 있는 역시 미혼인 여자 상담자에게 보냈어요. 그리고 몇 달 후 이 상담자를 만났는데, 이 상담자가 저에게 웃으며 충고를 하는 거예요. "앞으로는 여자들을 연구실로 불러 단 둘이 이야기하지 말라"고 말이에요. 저는 제가 의뢰한 그 여교사 때문이라는 것을 직감하고 그 여교사가 뭐라고 했는지 물어보았지요. 그랬더니 그 여교사 말인즉, 제가 자꾸 저녁을 먹으면서 이야기하자는 것을 거절하고 제 연구실에서 만났는데, 의자에 앉자마자 음흉한 눈초리로 자신의 아래위를 훑어보았다는 거예요. 그분은 감정조작의 달인인 거지요.

물론 상담자는 저를 위해서 해주는 충고였어요. 상담을 하다 보면 별의별 사람들을 다 만나게 되거든요. 그러니 아무튼 오해를 살 행동은 미연에 방지하는 것이 제일 중요하지요.

## 투사는 내 마음을 상대에게 비추는 것

투사는 자신의 마음을 상대에게 비추는 것입니다. 그리고 상대가 진짜 그렇다고 믿는 것이고요. 다시 말하면 상대에게서 자신을 보는 것이지요. 물론 이 과정은 무의식이니까 자신은 이 사실을 모르지요. 이로부터 우리는 태조 이성계와 무학대사 사이에 오갔다는 대화의 진정한 의미를 알 수 있을 겁니다.

전해지는 말에 따르면 두 사람 사이에 다음과 같은 내용의 대화가 오갔다고 하지요. "대사, 대사가 꼭 돼지같이 보이는데, 대사가 보기에 나는 어떻게 보이오?", "제가 보기에 상감께서는 부처로 보입니다. 원래 돼지 눈에는 돼지만 보이고, 부처 눈에는 부처만 보이는 법이니까요."

태조 이성계가 크게 한방 맞았습니다. 우리 속담에도 있잖아요. '개 눈에는 똥만 보이는 법'이라는.

투사가 심해서 대인관계가 심각하게 왜곡되면 편집증이 됩니다. 편집증은 상대방을 병적으로 의심하는 것이지요. 예를 들어 남자친구에게서 며칠 전화가 오지 않은 상황을 가정해볼까요. 이때 한 여성은 '아마 바빠서 전화를 못하는구나'라고 생각합니다. 사실 이렇게 생각하는 것이 정상이지요. 그러나 또 다른 여성은 '아마 내가 싫어져서 떠나려고 전화를 안 하는구나'라고 생각할 수도 있어요.

어느 쪽이 사실인지는 모르지만, 이때는 자신의 마음이 전화를 안 하는 남자친구에게 투사된 것이지요. 남자친구가 정말로 마음이 변했을 수도 있고, 여자친구 자신이 지레 걱정을 하는 것일 수도 있지요. 정말 일이 많아서 며칠 전화를 못할 수도 있잖아요. 그럴 경우 가장 좋은 것은 현실검증을 하는 겁니다. 남자친구에게 직접 물어보는 거지요. 왜 전화를 하지 않았느냐고.

우리의 생각은 항상 현실검증이 필요합니다. 그래서 우리는 객관적으로 우리에게 정확하게 현실을 피드백해줄 수 있는 믿을 만한 사람들을 여럿 두고 있어야 합니다. 현실검증이 중요하다는 것은 〈뷰티풀 마인드〉라는 영화를 보면 잘 알 수 있어요. 1994년 노벨경제학상을 수상한 프린스턴 대학의 존 내쉬 교수 이야기를 다룬 이 영화에서 내쉬 교수는 오랜 세월 정신분열증을 앓은 인물로 등장합니다. 즉 그는 현실과 비현실을 구별하지 못하고, 자신이 마음속으로 창조한 비현실의 세계에서 살았습니다.

그는 실제로는 대학에 입학하자마자 독방을 썼지만 항상 룸메이트와 함께 생활하고 있다고 생각했습니다. 물론 이 룸메이트는 환상이지요. 이런 것이 정신병입니다. 여기서 중요한 것은 자기가 현실을 얼마나 왜곡하고 있는지를 본인이 모른다는 것이죠. 그것을 의식하게 되면 이 방어가 더 이상 이루어지지 않으니까 두려운 겁니다. 그래서 정신병 환자들은 자신이 병을 앓고 있다는 사실을 절대 의식하지 못합니다.

내쉬 교수의 증세가 한창 심할 때는 누군가에게 끊임없이 쫓겨 다니기도 하고 아내를 죽이라는 환청을 듣고 이를 실제 시도하기도 합니다. 그러다가 병원에서 치료를 받게 되지요. 그 후 증상에 차도가 있어 다시 프린스턴 대학에서 강의를 합니다. 그리고 노벨위원회에서 그를 만나러 옵니다. 경제학상 수상자로 잠정적으로 결정한 후 정신병을 앓고 있다는 소문이 사실인지를 검증하기 위해 감독관을 파견한 겁니다.

이 감독관이 그를 인터뷰하기 위해 강의실 밖에서 기다리다가 강의를 마치고 나오는 내쉬 교수를 만납니다. 그러자 그는 지나가는 한 여학생에게 이렇게 물어보지요. "나는 이 사람이 보이는데 학생도 이 사람이 보이냐"고. 여학생이 보인다고 하자, 그는 그제야 자신이 환상을 보는 게 아니라는 것을 알고 그 감독관과 인터뷰를 합니다. 물론 노벨상을 받았고요.

미성숙한 사람일수록 현실검증을 하지 않고, 성숙한 사람일수록 현실검증을 합니다. 성숙한 사람의 자아는 비록 현실이 괴로울지언정 그것을 받아들이고 이겨낼 힘이 있기 때문이지요.


## '너'의 생각을 물어볼 수 있어야

진정으로 사랑하는 사이는 서로 정확한 피드백을 주고받는 사이입니다. 물론 소중한 사람으로부터 부정적인 피드백이 오면 받아들이는 것이 쉽지 않겠지요. 하지만 그 피드백을 부정하고 피드백을 주는 사람을 의심하고 미워하게 되면 앞으로 그 누구도 정확한 피드백을 주지 않을 겁니다. 그러면 궁극적으로 본인에게 해로운 일이 되겠지요. 더 이상 현실검증을 할 수 없을 테니까요.

그래서 친구가 많고 믿을 만한 사람이 많은 것이 중요합니다. 이들이야말로 나를 비난하기 위해서가 아니라 나를 성장시키기 위해서 피드백을 해주는 믿음의 관계이니까요. 다만 안타까운 것은 서로 사랑한다고 말은 하지만 부모자녀 사이에도, 부부 사이에도, 그리고 친구 사이에서도 이 피드백을 흔쾌히 못 받아들이는 경우가 많다는 것이지요.

우리 모두는 현실과 비현실이 혼재된 주관적 세계에 살고 있어요. 그러니까 현실검증을 계속 해야 하는 것이지요. 비현실의 세계를 꿈꾼다는 것 자체는 나쁜 것이 아니에요. 자신이 꿈을 꾸고 있다는 사실을 인정하기만 하면 오히려 꿈은 현재의 어려움을 이겨낼 수 있는 힘의 원천이 될 수도 있으니까요. 그리고 비현실이 의심되면 옆에 있는 사람들에게 도움을 받으면 되잖아요. 영화처럼 "나는 이렇게 생각하는데 너도 이렇게 생각하니?"라고 물어보는 겁니다. 많은 사람들이 나와 다르게 생각한다면 내가 잘못 생각하는 것일 수 있다는 점을 인정하고 고치면 되는 거지요.

대인관계가 어려운 이유는 주로 투사를 많이 사용하기 때문입니다. 만약 자신의 대인관계가 동일한 패턴을 거듭할 경우 혹시 내가 투사를 사용하고 있는 것은 아닌지 확인해보셔야 해요. 우리 주위에는 믿을 수 있는 좋은 사람도 있고 믿을 수 없는 나쁜 사람도 있어요. 그러니 살면서 간혹 한두 사람 정도 믿을 수 없는 사람을 만나는 것은 슬프지만 당연한 일이기도 하지요. 하지만 만나는 족족 믿을 수 없는 사람만 걸린다는 생각이 들면 사정이 달라지지요.

앞서 말한 35세의 여교사처럼 어떻게 자신만 재수가 없어서 믿을 수 없는 사람만 계속 걸리겠어요? 이런 경우에는 자신이 마음속으로 사람을 믿지 못해서, 그 마음이 상대방에게 투사된 것이 아닌지 확인해보아야 해요. 물론 이 과정은 무의식이기 때문에 혼자서는 해결이 안 돼요. 믿을 수 있는 사람의 도움을 받아 실제로 현실검증을 해야지요.


## 우리 모두의 마음의 위안, '공상'

우리 모두는 시시때때로 '공상'을 합니다. 사실 공상만큼 즐거운 것도 없지요. 공상의 나래를 펴서 만든 세상에서 항상 우리는 멋있는 주인공이니까요. 누구도 공상의 세계에서 패배자가 되는 사람은 없어요. 공상은 '현실에서는 이룰 수 없는 내가 원하는 세계를 마음속으로 만드는 자아의 책략'이거든요. 실제로 부자가 부자가 되는 공상을 할 필요는 없지 않겠어요? 공부 잘하는 학생은 공부 잘하는 것을 상상할 필요가 없고, 사회적으로 성공한 사람은 성공하는 것을 꿈꿀 필요가 없습니다.

이처럼 공상은 현실과 반대되는 세계를 꿈꾸는 것입니다. 조금 부끄러운 고백이지만, 전 고등학생일 때 제 용모에 대해 열등감이 많았어요. 그래서 사람 사귀는 데 자신이 없었고, 처음 만나는 사람들이 있는 곳에서는 항상 위축되어 자꾸 다른 사람들의 뒤에 숨곤 했어요. 그 시절은 대개 이성에 대한 관심이 많을 때잖아요. 그런데 그렇게 열등감이 있으니 당연히 여자친구가 없었고 여자친구가 있는 친구들이 많이 부러웠지요. 그래서 저는 '멋지고 잘난 저를 많은 여자들이 따라다니는' 공상을 하면서 현실의 외로움을 달래곤 했습니다.

그러다가 한때는 마음속에 정말 아름답고 마음씨 착한 제 나이 또래의 여자애를 만들어놓고 이름까지 지어주었어요. 그러고는 틈만 나면 그 여자애랑 대화를 했지요. "○○야, 오늘은 슬펐어. 성적이 예상대로 안 나왔거든. 너도 같이 슬퍼해줘" 이런 식으로 말이에요. 물론 대부분의 경우 혼자 마음속으로 대화를 했지만 가끔 소리 내어 중얼거리는 바람에 친구들한테 미쳤다고 놀림을 받기도 했지요.

물론 지금은 마음속에 있던 그 여자친구의 이름이 기억나지도 않지만 한때 저에게 큰 위안을 주었던 것은 사실입니다. 그리고 이러한 공상은 청소년 때만 하는 것이 아니라 일생을 걸쳐 지속적으로 사용하는 우리들 '마음의 위안책'이지요.

아마도 오늘도 수많은 사람들이 '대박'을 꿈꾸며 복권을 사겠지요. 1등에 당첨될 확률이 번개에 두 번 맞고도 살아날 확률보다 더 적다는 것을 알면서도 사는 것이지요. 크게 나무랄 일은 아니에요. 가장 적은 비용으로 큰 즐거움을 누릴 수 있는 방법 중의 하나니까요. 그래서 이왕이면 월요일에 복권을 사는 것이 제일 효율적이라는 말도 있잖아요. 복권을 산 날부터 토요일까지 '대박'의 공상을 즐길 시간이 많으니까요.

사실 현실에는 존재하지 않는 것을 머릿속으로 상상할 수 있다는 것은 인간의 매우 뛰어난 능력입니다. 인류 역사에 길이 남는 위대한 업적이란 것이 다 상상의 결과잖아요. 위대한 발명뿐만 아니라 종교, 예술 그리고 학문의 바탕에는 다 인간의 상상력이 있습니다.

가장 대표적인 예로 악성 베토벤의 작품인 〈교향곡 9번〉, 일명 〈합창〉을 꼽을 수 있겠지요. 이 작품을 작곡할 당시 베토벤은 이미 청각을 잃어서 소리를 들을 수 없는 상황이었거든요. 작곡가에게 소리가 들리지 않는다는 것은 치명적인 것을 넘어 거의 작곡가로서의 생명을 잃을 수 있는 절망적인 상황이었습니다. 하지만 이런 상황에서 가장 위대한 작품을 작곡한 것은 전적으로 베토벤이 일군 상상력의 성공입니다. 이 노래의 제목이 '환희의 송가'인 것은 인간 상상력의 기적을 뜻하는 것 아니겠어요?

상상력의 위대함을 보여주는 또 다른 예는 〈해리 포터〉 시리즈의 작가인 조앤 롤링의 경우예요. 《해리 포터》를 쓰기 전에 그녀는 국가 지원을 받는 저소득층 사람으로 기초유급자 생활을 하고 있었다고 해요. 하지만 상상력의 산물인 해리 포터라는 소년을 주인공으로 소설을 출판한 후 삶의 양상이 달라졌지요.

이 책은 지금까지 4억 부 이상이 팔렸을 뿐만 아니라, 영화로도 제작되어 총 여덟 편의 영화가 전 세계에서 상영되었습니다. 이로써 작가 조앤 롤링은 인세, 영화 판권, 상품 로열티 등을 합해 1조 원을 넘게 번 것으로 전해졌습니다. 덕분에 그녀는 기초유급자 신세를 면한 지 불과 5년 만에 2007년 〈포보스〉지가 조사한 결과에서 세계

부자 순위 663위에 올랐고요. 상상력의 기적을 이처럼 잘 보여주는 예는 많지 않겠지요.

## 현실적 상상과 비현실적 공상

이처럼 상상을 할 수 있는 능력은 인류에게는 큰 선물입니다. 그렇다면 상상과 공상의 차이는 무엇일까요? 우선 상상이나 공상이나 '현실에는 존재하지 않는 현상이나 사물을 마음속으로 그려보는 것'은 공통적이지요. 하지만 상상은 현실이 되도록 노력하는 반면 공상은 그것이 현실이 되도록 노력하지 않는다는 점에서 차이가 납니다.

예를 들어, 한 사람이 사업에 크게 성공해서 부자가 되는 꿈을 가지고 있다고 해봅시다. 이 꿈이 현실이 되기 위해서는 조그만 사업부터 시작해서 열심히 노력해야 점차 큰 사업을 할 수 있을 겁니다. 만약 어떤 사업가가 조그마한 가게를 운영하면서 큰 사업으로 성장시키는 꿈을 이루기 위해 밤낮으로 열심히 일한다면 이 꿈은 성공의 밑거름이 되겠지요. 하지만 단지 부자가 되는 상상만 하고 그 꿈을 현실화하기 위한 노력을 하지 않는다면 이는 한낱 공상에 머물게 되는 것이고요.

공상은 문자 그대로 '빈 생각'일 뿐이지요. 현실적으로 이루어질 가능성이 없다는 의미에서 '빈' 생각입니다. 노력을 해야 현실화할 수 있을 텐데, 그 노력을 안 하는 것이지요. 실업자인 가장이 직장을 구할 생각은 안 하고 허구한 날 안방에서 빈둥거리며 사업 구상을 한 답시고 담배만 피우고 있다고 해봅시다. 생활비가 떨어져 남편에게 어떻게든 직장을 알아보라고 채근하는 아내에게 "기다려봐, 홍콩에서 배만 들어오면 한 번에 큰돈을 벌 테니까"라며 헛된 생각으로 허송세월을 한다면 이것은 공상인 것이지요.

다시 베토벤 이야기를 하면, 37세 때 자신이 점점 소리를 듣지 못한다는 사실을 깨닫게 된 베토벤은 자살 충동을 강하게 느낍니다. 하지만 청력을 완전히 잃은 44세 때는 자살 충동을 극복하고 〈합창〉이라는 위대한 교향곡을 작곡했지요. 만약 베토벤이 자신의 불행을 극복하지 못하고 자살을 했다거나 막연히 귀가 다시 잘 들리는 상황을 상상만 하고 허송세월했다면 아마도 인류의 내면적 삶은 덜 풍요로워졌을 것입니다.

소설가 조앤 롤링은 어떤가요? 그녀의 첫 번째 결혼생활은 불행하게도 이혼으로 끝났지요. 그리고 생후 4개월 된 어린 딸을 데리고 영국으로 돌아와 주당 만 오천 원의 보조금으로 생활하면서 심한 우울증을 앓았더랬지요. 이때 그녀 또한 강한 자살 충동을 느꼈다고 합니다. 하지만 칭얼대는 어린 딸을 유모차에 태우고 걷다가 아이가 잠이 들면 근처 카페에 죽치고 앉아 하루 종일 글을 썼습니다. 만약 이런 시간들이 없었다면, 오늘날의 조앤 롤링은 물론이고 소설 《해리 포터》는 존재하지 못했을 테지요.

'이상은 높게, 방법은 현실적으로'와 '이상은 높게, 방법은 비현실적으로'의 차이가 성숙한 삶과 미성숙한 삶의 차이입니다. 우리 주위에는 자신의 능력이나 여건에 관계없이 성공을 장담하면서 큰일을 시작하지만 항상 실패하는 사람들이 있습니다. 이 사람들은 아무 노력도 안 하는 것과 마찬가지로 비현실적인 의미에서 공상에 빠져 있는 것입니다. 상상은 현실적으로 그 결과가 나타날 때만 의미가 있는 것이지요.

공상의 폐해는 현실 속에서 노력할 필요성을 덜 느끼게 하는 마약과 같은 힘입니다. 공상 속에서 최고의 미녀와 데이트를 하는 사람은 현실 속에서 여자친구를 사귀려는 노력을 덜할 테지요. 싸움을 못해서 친구들에게 시달림을 받는 학생이라면 실제로 태권도 도장에 다니면서 자신을 방어할 수 있는 능력을 키워야겠지만, 방에서 창밖을 내다보면서 공상 속에서 '18대 1의 승리'를 즐긴다면 도장에 다니는 현실적인 노력을 할 필요성을 덜 느끼게 될 테고요. 이들의 결과는 영원히 패자에 머물 수밖에 없는 것입니다. 현실화하기 위한 노력이 없는 상상은 언제나 공상에 그치고 맙니다.

공상에 의지하는 사람들은 일반적으로 친한 친구들이 별로 없습니다. 이들은 심지어 부모와 형제들과도 친밀한 관계를 맺지 않아요. 마음속에 있는 가상의 인물들과의 친밀한 관계가 현실 속에서 다른 사람과 관계를 맺는 것을 방해하는 것이지요. 이들은 사실 현실 속에서 친밀한 관계를 맺는 것을 절실히 필요로 하는 사람들이지만 오히려 공상 속의 관계가 그 절실함을 방해하는 참 불쌍한 사람들입니다.

공상을 많이 하는 사람들은 실제로는 다른 사람들에게 의지하는 의존성이 매우 높은 사람들입니다. 하지만 이들은 자아가 약하기 때문에 현실 속에서 사람들과 사귈 때 따르는 부담과 거절의 두려움을 극복하지 못하고 머릿속으로 가상의 인물을 만들어내 그 사람과 깊은 의존적 관계를 맺고 위로를 받는 것입니다.

이들은 또한 자기중심성이 강합니다. 성숙한 인간관계는 '너와 나'의 친밀한 관계입니다. 이 관계를 맺기 위해서는 '나'보다는 '너'를 먼저 생각하고, '너'의 관점에서 세상을 바라보고 느끼는 '공감' 능력이 필요해요. 하지만 이들은 어린아이와 같은 마음을 가지고 있어서 다른 사람에게 의존할 뿐만 아니라 '나'를 중심으로 세상을 이해하고 관계를 맺기 때문에 다른 사람들과 성숙한 관계를 맺지 못하고 거부당하는 경험을 많이 합니다. 그 결과 점점 더 가상의 인물을 필요로 하는 악순환에 빠지게 되는 것이지요.

## 우리가 두려워할 것은 두려움 그 자체

요즘은 컴퓨터와 인터넷의 발달로 공상에 빠지기 더 쉬운 환경이 되었습니다. 전에는 공상 하면 혼자 머릿속으로만 그리는 세상이었지만, 지금은 가상공간에서 현실과 아주 흡사한 경험을 하고 생활할 수 있는 세상이 되었지요. 이제는 직접 다른 사람과 얼굴을 맞대고 관계를 맺을 필요가 없는 세상이 된 것입니다. 게임을 하기 위해 다른 사람과 직접 만날 필요도 없게 된 것이고요.

그리고 그 인터넷 가상공간에서 직접 얼굴을 맞대지 않고도 수많은 사람과 사귈 수 있는 세상에 살고 있습니다. 직접 얼굴을 대할 필요가 없으니 얼마든지 자신을 멋지게 포장해서 다른 사람과 관계를 맺을 수 있지요. 외모에 열등감을 가지고 있는 사람도 얼마든지 인터넷상에서는 지상 최고의 미남 미녀로 변신할 수 있는 겁니다. 지금까지 자신이 없어 이성에게 다가가지 못하고 공상에서나 이성을 만나던 사람도 얼마든지 자신을 멋있게 포장해 가상의 공간에서 이성과 사귈 수 있습니다. 직접 만나지만 않으면 되는 거지요.

주변을 보면 요즘에는 청소년뿐만 아니라 어른들도 게임이나 인터넷에 중독된 사람들이 점차 늘어가고 있습니다. 그것은 그만큼 현실 속에서 다른 사람과 관계 맺는 것이 어려운 사람들이 늘어나고 있다는 증거 아니겠어요? 사이버로 경험하는 가상 세계가 현실 세계와 너무나 비슷하기 때문에 현실에 직면하기 어려운 사람들은 가상 세계에 만족하며 현실 세계에서 점점 멀어지게 됩니다. 하지만 현실을 인정하고 실제의 어려움을 극복하기 위해 노력하지 않으면 성숙할 수 없어요.

하지만 그 어려움을 극복할 만큼 자아가 성숙하지 못한 사람들은 자신이 만든 가상 세계에 갇혀 외롭게 살아갑니다. 이들에게 현실은 너무나 두렵고 위험하고 자신을 잡아먹을 듯이 위협하는 마녀와 같은 것이겠지요. 그래서 이들은 가상현실 속에서 마녀와 적들을 죽이는 게임을 계속 하면서 심리적 안정감을 찾는 것입니다.

오래된 영웅 이순신 장군을 우리가 끊임없이 존경하는 이유는 두려움에 맞서는 그의 결연한 태도 때문입니다. "죽고자 하면 살고, 살고자 하면 죽는다死卽生 生卽死"는 말에서도 잘 나타나듯이 그의 삶은 현실의 어려움을 회피하고 그로부터 도망가는 것이 아니라 철저히 상황을 분석하고 극복할 수 있는 방법을 찾은 후 당당하게 맞서는 것이었습니다.

1933년, 대공황의 황폐한 현실에서 두려움에 떨고 있는 미국 국민들에게 프랭클린 루즈벨트 대통령이 취임사에서 한 유명한 연설을 아십니까? "우리가 가장 두려워할 것은 바로 두려움 그 자체입니다. 막연하고 이유도 없고 정당하지도 않은 그 두려움입니다"라는 구절 말입니다. 지금도 많은 교훈을 주며 회자되고 있는 말이지요.

공상은 마약처럼 잠시 우리에게 현실에서 경험할 수 없는 위안과 즐거움을 줄 수는 있지만 우리는 언젠가는 깨어나서 현실과 맞서야 합니다. 공상의 세계로 숨어버리고 싶을 때 이순신 장군은 우리에게 다음과 같은 말로 힘을 줍니다. "신에게는 아직 12척의 배가 남아 있습니다"라고요. 이 말 꼭 기억하십시오.

# '심리적 자살'을
# 할 수밖에 없는 이유

## 충동적 방어기제, '행동화'

얼마 전 세상을 놀라게 한 '김해여고생 살인사건'은 온 국민을 경악 속에 몰아넣기에 충분했지요. 여고생 윤모 양은 가출 후 또래 여중생들과 20대 남성들로부터 집단 폭행과 고문을 받은 끝에 급성 심장 정지로 사망했습니다. 이들은 윤양에게 성매매를 강요한 것은 물론 억지로 소주를 먹이고 토하면 토사물을 먹이는 등 가학적인 행위를 했을 뿐만 아니라, 심지어 "목이 마르니 물을 달라"는 윤 양에게 끓는 물을 붓는 잔인한 짓도 서슴지 않았다고 합니다.

　더욱 놀라운 것은 한 야산에서 시신으로 발견된 윤 양의 상태였습니다. 얼굴은 불에 타 검게 그을려 있었고 몸은 시멘트로 덮여 있었지요. 시신을 찾아도 신원을 알아낼 수 없도록 얼굴에 휘발유를 붓고 태운 것도 모자라 시멘트로 뒤덮는 이 치밀하고 잔인한 범죄가 여중생들에 의해 저질러졌다는 사실은 충격 그 자체였습니다.

그리고 충격은 또 있습니다. 요사이 군부대에서 잇달아 일어나는 불미스러운 사건들 때문에 아들을 군대에 보낸 가족들뿐만 아니라 온 국민이 걱정하고 있지요. 얼마 전에 발생한 군부대 총기 난사 사건도 많은 사람들을 놀라게 한 일이었고요. 사건은 이랬습니다. 강원도 고성군에 있는 부대에서 한 병사가 동료 장병에게 수류탄 한 발을 던지고 총격을 가했습니다. 그리고 그 병사는 도망가는 장병을 대상으로 총격을 계속했고 생활관에 들어가서는 복도에 있는 군인들에게도 사격했다고 합니다. 이로 인해 장병 5명이 사망했고 7명의 부상자가 발생했지요. 이 사건 후 이 병사는 자살을 기도했지만 미수에 그쳤고 이내 체포되었고요.

신문을 보기가 두려울 정도로 이런 사고가 끊이지 않고 일어나고 있습니다. 부부간의 갈등 때문에 끔찍한 사건이 일어나기도 하고요. 신문 보도에 따르면, 대구에 살고 있는 한 남자는 아내와 보험금 수령 문제로 말다툼을 하다 홧김에 자신의 집에서 이불에 불을 붙여 화재를 낸 혐의로 검거되었습니다. 또 남편 여동생의 결혼자금을 마련하기 위해 아파트를 파는 문제로 심하게 다투던 중 불이 나 부부가 13층에서 함께 추락해 숨지는 사건이 일어나기도 했고요.

이런 사건들을 접하면 한편으로는 안타깝기도 하고 한편으로는 딱하기도 합니다. 한편에서는 '오죽했으면' 하는 마음도 있지만 또 한편으로는 '그래도 그렇지' 하는 마음도 있는 겁니다. 이 사건들은 갈등의 원인은 서로 다르지만 진행되는 과정은 거의 유사해요. 먼저 사건 당사자들이 어떤 문제를 두고 서로 감정이 상합니다. 그리고 그 감정을 참지 못하고 '욱' 하는 성질 때문에 결과를 고려할 여유도 없이 행동을 저지릅니다. 그러고 나면 매우 안타깝고 불미스러운 결과가 도래해 있는 거예요.

이렇듯 다른 사람과의 관계에서 자주 나타나는 또 다른 미성숙한 방어기제는 '행동화'입니다. 보통 우리가 '청소년 비행'이라고 부르는 범죄 행위의 기저에 깔려 있는 방어기제이지요. 행동화는 '감정을 억제하지 못해 결과를 고려하지 않고 충동적으로 행동하는 것'을 말합니다.

## 참을 수 없는, 그러나 참아야 하는 감정들

매일매일 살아가면서 우리는 하루에도 열두 번씩 다양한 감정을 느낍니다. 그중에는 기쁜 감정도 있지만 화나고 짜증나고 슬픈 감정도 있지요. 그리고 그 감정에 걸맞은 행동을 하는 것이 정상적입니다. 기쁘면 웃고, 슬프면 울고, 짜증나면 화내고 그러면서 살아가지요. 하지만 행동을 하는 데는 정도와 한계가 있어요. 즉 사회가 인정하는 방식대로 감정을 표현해야 하는 거지요.

만약 성질난다고 사람을 때리거나 심지어 죽이기까지 하면 어떻게 될까요? 위층에서 시끄러운 소리를 낸다고 찾아가 말다툼을 하다가 홧김에 때리거나 불을 지르면 큰일이 나겠지요. 앞에 걸어가는 젊은 여성이 예쁘다고 다가가서 느닷없이 껴안으면 어떻게 될까요? 최근에도 한 청년이 대학교 여자화장실에 숨어들어가 여성들의 신체를 엿보다가 잡혀 구속된 일이 있었지요. 감정에 맞는 행동을 하는 것도 절제가 필요한 것입니다.

하지만 주위에 보면 '돌다리도 두드려보고 건너는 사람'이 있는 반면에 '일단 건넌 후에 두드려보는 사람'도 있지요. 이때 일반적으로 행동이 앞서는 경우, '행동화'라는 방어기제를 사용하는 것입니다. 행동화를 하는 경우는, 먼저 감정의 표현을 지연할 때 느끼는 긴장을 회피하기 위해 충동적으로 행동하는 것입니다.

예를 들면, 배가 고픈데 앞에 맛있는 빵이 있다고 해보지요. 그런데 이 빵은 남의 빵이니 먼저 허락을 받아야 해요. 하지만 주인이 어디 있는지도 모르고 또 주인이 허락해줄지도 모릅니다. 그러면 배가 고파서 먹고 싶은 마음은 굴뚝같지만 참아야 하니 마음이 불편해지지요. 그래도 참아야 합니다. 허락 없이 남의 것을 취하는 것은 범죄니까요. 그러나 자아가 약한 사람은 그 과정을 참지 못하고 일단 먹고 봅니다. 먹은 후의 예상되는 결과는 그다지 행동을 억제하는 힘으로 발휘되지 못하는 것이지요.

청소년들은 먼저 행동을 하고 나중에 자신의 행동을 합리화하려는 경향이 강합니다. 그들은 아직 욕구나 감정을 억제하는 자아의 능력이 덜 발달되어 상대적으로 욕구나 감정이 강하게 표출되기 때문이지요. 그래서 청소년들의 특징이 '충동적'인 것입니다. 싸움을 할 때, 청소년들이 제일 무섭다고 하지 않습니까. 그들은 앞뒤를 가리지 않고 폭력을 행사하니까요. 어른들은 상대적으로 말로만 싸우지요. 상대방을 때렸을 때 오는 결과를 미리 예상할 수 있기 때문입니다. 조폭영화를 보면 행동대원으로 나서서 잔인하게 싸우는 사람들은 대개 조폭의 우두머리가 아니라 갓 들어온 젊은이들입니다. 이들은 물불을 가리지 않고 용감하게 싸우니까요.

소위 강력범죄라고 부르는 방화, 살인, 폭행, 강간 등의 범죄의 기저에는 이런 '행동화'가 있어요. 물론 특정 목적을 달성하기 위해 의도적으로 이런 범죄를 저지를 수도 있겠지요. 하지만 거의 대부분의 폭력범죄는 충동적으로 '욱' 하는 성질을 이기지 못하고 행동한 결과입니다. 교도소에서 수형자들과 상담을 해보면 거의 대부분이 범죄를 저지른 이유를 "홧김에" 또는 "눈에 뭐가 씌어서"라고 대답합니다. 그리고 거의 대부분 "그때 참았어야 했다"고 후회하지요.

오죽하면 '화나면 눈에 뵈는 게 없다'는 말도 있겠어요. 결국 교도소라는 곳은 행동화를 한 사람들이 모여 있는 곳입니다. 그러니 우리는 화가 나도 참아야지요.


## 미성숙의 대가, 그 '고통의 감옥'

'2013년 범죄통계'를 분석한 결과를 보면, 2012년에 179만 건이었던 총 범죄건수가 2013년에 185만 건으로 6만 건(3.5퍼센트)이 증가한 것으로 나타났습니다. 더구나 살인, 강도, 강간, 방화 등 강력범죄는 전년대비 7.2퍼센트가 늘어났고요. 강도, 강간, 절도, 폭력은 보복에 대한 우려나 수치심 등 사적인 사유로 신고하지 못한 건수까지 감안하면 통계보다 훨씬 많은 범죄가 발생했을 것으로 추정할 수 있습니다. 그리고 아이러니하게도 2013년에 경찰인력을 4000명 더 늘렸지만 범죄가 오히려 더 늘어났어요. 이는 단순히 검거를 위주로 해서는 범죄를 예방하는 데 한계가 있다는 것을 분명히 보여주는 사실입니다.

사실 청소년들이야 아직 어리고 미성숙해서 그렇다고 하고, 어른들 중에도 범죄를 저지르지는 않았지만 성질을 이기지 못하고 충동적으로 행동한 후에 후회하는 사람들이 많이 있습니다. 제가 아는 사람 하나도 툭하면 직장 상사와 싸우고 사표 내고 나오는 일이 잦아요. 1년 이상 머무는 직장이 없는 듯합니다. 이유는 항상 있어요. 상사가 자신의 진가를 몰라주고 여러 사람 앞에서 모욕을 했다는 것이지요. 아마도 사실일지도 모릅니다.

하지만 대부분의 직장인은 같은 상황에서도 참고 직장에 다니지 않나요? 퇴근 후 자신의 사정을 잘 아는 동료들과 소주를 마시면서 "목구멍이 포도청이라 못 그만두네" 하고 자위하면서 분을 삭일지언정 말이에요. 사표 내고 나오려고 해도 "나만 쳐다보고 있는 자식새끼들이 눈에 밟혀서" 성질대로 못하는 것이지요.

우리 주위에 행동화를 하면서 사는 어른이 많다는 것은 그만큼 나이를 '헛먹고' 실제로는 청소년처럼 미성숙하게 사는 어른들이 많다는 뜻입니다. 어렸을 때부터 시행착오를 거치면서 절제하지 못하고 감정대로 행동하면 그 결과가 고통스럽다는 것을 배울 기회가 많아야 합니다. 그 고통스러운 과정을 거치면서 성숙해짐으로써 명실상부한 어른이 되어가는 것이지요.

사실상 행동화를 많이 사용하는 사람들이 제일 불행하고 비참하게 살아갑니다. 범죄를 저질러 교도소에서 생활하는 것은 말할 필요조차 없지요. 하지만 비록 범죄를 저지르지는 않는다고 해도 감정대로 행동하다 보면 주위 사람들과 끊임없이 마찰을 빚게 마련입니다. 그로 인해 비록 본인은 교도소에 있지 않다고 해도 주위 사람들을 고통의 감옥 속에 살게 만들고요. 물론 당연히 본인의 삶도 불행할 수밖에 없지요.

## 교묘한 보복, '소극적 공격성'

얼마 전 신문에서 안타까운 기사를 읽었어요. 진정으로 한 남자를 사랑한 여성이 그 남자가 자신을 배반하자 복수하기 위해 스스로 목숨을 끊었다는 내용이었습니다. 그런데 자신의 목숨을 끊는 것이 어떻게 복수가 될까요? 요즘에는 여성의 한을 다루는 '납량특집 시리즈'가 별로 없지만 예전에는 여름이면 각 방송국마다 다투어 소위 오싹한 내용의 드라마를 방영했었지요. 그중 단골 소재가 시어머니의 구박을 참다못해 안방 대들보에 목매달아 죽는 며느리의 한 맺힌 이야기였고요. 그런데 왜 며느리는 하필 시어머니가 생활하는 안방에서 목매달아 죽을까요?

미성숙한 대인관계에서 많이 나타나는 것이 '소극적 공격성'입니다. 이는 '직접적으로 자신의 감정을 표현하지는 않지만 교묘한 방법으로 상대방에게 보복하는 행위'를 지칭합니다. 상대방을 괴롭히는 방법에는 여러 가지가 있지만 제일 효과적이고 충격적인 것이 자신을 괴롭히는 거예요. 그래서 소극적 공격성을 다른 말로 '피학증'이라고도 부릅니다.

어렸을 때의 일입니다. 제가 잘못을 해서 어머니에게 꾸중을 들었어요. 제 잘못이 명백한지라 아무 말도 못하고 꾸중을 듣긴 했지만 마음 한편으로는 "너무 심하지 않나?" 하는 섭섭한 마음이 들었습니다. 그리고 저녁 때 어머니께서 제가 좋아하는 불고기를 준비하시고는 저녁 먹으러 나오라고 저를 불렀지만 저는 제 방에서 나가지 않고 "안 먹어" 하고 소리 질렀지요. 어머니가 제 방문을 열고 다시 맛있는 불고기를 해놓았으니 먹으라고 권유했지만 저는 다시 "안 먹어. 엄마나 먹어" 하고는 고개를 돌렸지요. 그날 저는 저녁을 굶었습니다. 어머니도 굶고 있는 저를 보고 마음 아파하셨고요.

그날 제가 왜 저녁을 안 먹었는지, 한참 후 심리학을 공부하고서야 그 이유를 알았습니다. 저에게 심하게 꾸중한 어머니를 괴롭히기 위해 굶었다는 것을요. 일반적으로 상대방이 우리를 화나게 하면 우리는 거기에 알맞은 대응을 합니다. 상대방이 나를 때리면 나도 상대방을 때리는 것이 자연스럽지요. 소위 '눈에는 눈, 이에는 이'라는 것입니다. 상대방이 나에게 해를 끼치면 나도 거기에 상응하는 해를 끼치는 것이 당연합니다. 이럴 경우에는 공개적이고 적극적인 대응을 하는 것이지요.

하지만 상황이 그렇지 않을 경우가 많습니다. 만약 나에게 욕을 하는 상대가 나보다 힘이 세거나 지위가 높을 경우 나도 같이 욕을 하면 큰일 나는 것이니까요. 직장에서 상사가 나에게 부당한 대우를 했다고 맞서서 싸우다가는 해고당할 위험이 있지요. 또 나보다 힘이 센 사람이 때린다고 같이 맞섰다가는 더 맞을 수도 있고요. 그럴 때는 참는 것이 제일 현명한 방법이지요.

또 '참는 것이 미덕'이라고 사회가 가르칩니다. 비록 교사가 조금 부당한 행동을 해도 학생들은 참아야 한다고 가르칩니다. 비록 부모가 바람직하지 못한 행동을 자녀에게 했다고 하더라도 자녀는 참아야 한다고 가르치지요. 조선시대에는 남편이 못된 짓을 해도 부인은 참아야 한다고 가르쳤고요. 사회생활에서 약자는 강자에게 대들었다가 큰 피해를 보는 경우가 허다했습니다.

그럴 경우, 약자가 강자에게 자신의 감정을 표현하고 대응할 수 있는 방법은 당연히 소극적이고 교묘한 방법일 수밖에 없겠지요. 그래야 강자를 속이면서 자신의 목적을 달성할 수 있으니까요. 목적은 간단합니다. "내가 괴로운 만큼 너도 괴로움을 당해봐라"입니다. 이제 제가 어렸을 때 저녁을 안 먹은 이유가 밝혀졌지요.

그 과정은 이렇습니다. 먼저 제가 잘못을 저질렀으니 꾸중 듣는 것은 당연하지만 그래도 심하게 꾸중 듣는 것은 아무래도 기분 나쁜 일이지요. 하지만 잘못한 주제에 내색할 수는 없는 일이고 해서 저녁을 안 먹습니다. 모든 어머니들은 자녀가 저녁을 안 먹고 굶으면 걱정하기 마련이기 때문입니다. 걱정한다는 것은 마음이 편치 않다는 것이고요. 즉 어머니도 저처럼 마음이 편치 않게 만드는 것입니다. 그것이 약자가 강자에게 할 수 있는 소극적 공격이지요. 직접적으로 대놓고 기분 나쁘게 하면 보복을 당할 수 있으니 간접적으로 마음이 편치 않게 만드는 것이지요.

## '나'를 담보로 상대방을 괴롭히기

가출 청소년들과 상담하다 보면 집을 나온 이유를 말할 때 "부모에게 복수하기 위해서"라고 언급하는 경우가 많습니다. 한 가출 여학생은 아버지가 심하게 때려서 집을 나온 경우더군요. 그리고 남학생들이랑 어울려 문란한 생활을 했고 그러다가 소년원에까지 오게 되었어요. 그런데 그 여학생은 자신이 한 행동이 바람직하지 않다는 것을 잘 알고 있었어요. 그리고 오히려 그것이 바람직하지 않은 행동이기 때문에 했다고까지 말했습니다. 그래야 자신이 타락하는 것을 보고 자기를 때린 아버지가 마음이 괴로울 것이고, 그렇게 만듦으로써 복수를 할 수 있으니까요.

이제는 자신을 배반한 남자친구에게 복수하기 위해 자살한 여성의 마음을 이해하시겠지요? 아마도 그 남자는 평생 동안 한 여자를 자살하게 만들었다는 죄책감으로 괴로워할 것입니다. 이처럼 무섭고 잔인한 복수가 또 있을까요? 하지만 소극적 공격성이 정말 무섭고 또한 슬픈 것은 이 과정이 무의식의 소산이라는 거예요. 다시 말하면 왜 자신이 그런 행동을 하고 있는지 의식적으로는 정확히 모른다는 것이지요. 물론 복수하기 위해 자신을 파괴하는 이유를 의식하고 있는 경우도 있지만 거의 대부분의 경우 의식적인 이유는 진짜 이유가 아닐 경우가 많습니다.

지금도 밤늦은 시간에 귀가하지 않고 밤거리를 배회하는 사람들이 많을 겁니다. 아마도 아내에게 불만이 많은 남편은 그 사실을 표현하기보다는 아내가 화가 나도록 집에 안 들어가고 있는지도 모릅니다. 물론 겉으로는 친구들과 오랜만에 만나 술 한 잔 하는 것일 수도 있지만요. 부부싸움 후에 남편이 된장찌개를 먹고 싶어 하는 것을 알면서도 빈대떡을 부치는 아내가 있을지도 모릅니다. 물론 표면적인 이유야 냉장고에 있는 음식들을 빨리 먹어야 한다는 것이겠지만요.

법대 1학년인 한 남자 대학생이 성적이 너무 안 좋아서 상담소에 왔습니다. 그런데 성적이 나쁜 이유가 심상치 않았어요. 시험 보기 전에 공부를 열심히 했는데 막상 시험이 시작되니 머릿속이 하얘지면서 아무 생각도 안 나서 시험시간 내내 끙끙거리다가 결국 이름만 쓰고 백지를 냈다고 했어요. 그래서 다른 과목만이라도 잘 보려고 이틀 밤을 꼬박 새우면서 공부를 열심히 하고 시험을 보러 갔는데 똑같은 현상이 벌어졌고요. 결국 1학년 1학기 모든 과목에서 백지를 냈습니다.

당연히 학사경고를 받았지요. 다음 학기에도 성적이 나쁘면 학교에서 제적을 당하게 되는 상황이었습니다. 이 학생은 그 이유를 알고 싶어서 상담을 받으러 온 것입니다. 이 학생에게 왜 이런 현상이 생겼을까요? 상담을 하는 과정에서 다음과 같은 사실이 밝혀졌습니다. 이 학생은 사실은 법학보다는 연극을 공부하고 싶었지만, 아버지가 법대에 가라고 해서 왔다고 했어요. 그리고 아버지 이야기가 나오자 지금까지는 차분하게 이야기하던 이 학생이 감정적으로 변하더군요. 그러고는 지금까지 살아오면서 아버지에게 화가 나고 섭섭했던 이야기를 꺼내놓기 시작했습니다. 그러다가 갑자기 '시험 볼 때 왜 머릿속이 하얘지면서 아무 생각도 안 나는지'를 깨달았어요. 아버지에게 복수하기 위해서였다는 것입니다.

성적이 나빠서 학교에서 제적당하면 아버지가 굉장히 괴로울 것이라는 사실을 무의식적으로 알고 있었던 것이지요. 이 학생은 자기가 아버지를 그렇게 미워하는지 상담 받기 전에는 몰랐다며 자신도 놀라더군요. 지금까지 아버지에 대한 미움이 무의식에 있었기 때문입니다.

이 사실을 깨달은 이 학생은 집에 가서 아버지와 대화를 하고 밝은 얼굴로 다음 상담시간에 왔습니다. 아버지에게 성적표를 보여주고 자기가 상담을 하면서 깨달은 내용을 아버지와 나누었다고 해요. 지금까지 아버지는 자기에게 한 번도 무얼 원하는지 물은 적이 없었고, 아버지가 알아서 결정해주고 그걸 따르게만 했다는 것을 이야기했습니다. 그래서 아버지가 미웠다는 이야기도 했고요.

아버지는 깜짝 놀랐겠지요. 아들이 자신을 평소에 어떻게 생각하고 있는지를 처음 알고 한편으로는 당황스러웠을 테고 한편으로는 아들의 장래가 걱정되었겠지요. 그 학생은 대학에 들어왔으니 졸업은 하겠지만 그 이후의 삶은 자기가 알아서 하겠다고 했고 아버지는 그러라고 했습니다. 그 후 이 학생은 졸업을 하고 자기가 하고 싶은 일을 하며 잘살고 있어요.


## "안 되는 줄 알면서 왜 그랬을까?"

소극적 공격성이란 위의 예처럼 자신을 담보로 삼아 상대방을 괴롭히는 것이에요. 일종의 심리적 자살이지요. 목숨을 끊는 것만이 자살하는 것이 아니에요. 우리 주위에는 비록 목숨은 붙어 있지만 마음은 이미 죽은 채로 살아가는 사람들이 많이 있습니다. 목표를 세우고 열심히 노력하면서 즐겁게 살 수 있는데 그것을 포기함으로써 복수를 하는 것이지요. 그리고 매일매일 심리적으로 자살하는 삶을 살고 있는 것입니다.

그래서 마음에 미움이 없어야 합니다. 어떤 사람이 나한테 해를 끼쳤을 때 흔히 용서하라고들 말하지요. 왜 용서를 해야 하나요? 우리 마음속에 미움이 있는데 이를 직접적으로 표현하지 못하면 결국 소극적으로 공격하게 됩니다. 즉 나 자신을 괴롭히면서 다른 사람에게 복수한다는 것이지요. 그래서 용서는 우리 자신을 위해서 하는 것입니다. 그렇지 않으면 결국은 자신에게 가장 큰 피해가 가기 때문이지요.

소극적 공격성의 가장 극단적인 형태가 자살인 이유를 아시겠지요? 물론 모든 자살의 원인이 다 그런 것은 아닙니다. 하지만 자기 자신의 생명을 담보로 상대방을 화나게 하는 것은 너무나 슬픈 일 아니겠습니까.

혹시 논리적으로나 의식적으로나 지금 하고 있는 행동이 바람직하지 않다는 것을 알면서도 지속적으로 하는 행동이 있나요? 지금 도서관에서 공부하는 것이 미래를 위해 더 바람직하다는 것을 알면서도 밤거리를 배회하고 있지는 않나요? 지금 열심히 일하는 것이 더 밝은 내일을 위해 꼭 필요하다는 것을 알면서도 허송세월하며 하루하루를 보내고 있지는 않나요? 아내가 혹은 남편이 좋아할 일이 무엇인지 알면서도 여러 가지 그럴싸한 이유를 대면서 그 일을 안 하고 있지는 않나요?

그렇다면 그 일을 안 해서 누가 제일 마음이 아플까를 생각해봐야 해요. 그리고 어느 특정한 사람이 떠오른다면 내가 혹시 이 사람을 미워하는 것은 아닌지 잘 생각해봐야 하고요. "안 되는 줄 알면서 왜 그랬을까?"라는 질문은 유행가 가사로 끝나야 합니다. 우리의 삶은 너무나 값진 것이니까요.

# 사랑한다면,
# 있는 그대로 바라봐주세요

## 문제는 내가 아닌 나의 '바깥'일 수도

흔한 인사말로 우리는 서로의 건강을 묻지요. 어디 아픈 데는 없냐고요. 그런데 이제 몸의 건강을 묻기보다 마음의 건강을 먼저 더 염려해야 하는 게 아닌가 싶습니다. 그만큼 우리 사회의 많은 사람들이 마음의 통증으로 힘들어하고 있으니까요. 그런데 뭐가 그렇게 힘든 것일까요?

'소라게hermit crab'라고 들어보셨나요? 일반 게는 등이 딱딱해서 자기 스스로 몸을 보호할 수 있는 반면 이 소라게는 등이 딱딱하지가 않아요. 따라서 자신을 스스로 보호할 수 없어요. 그래서 소라껍질에 들어가서 살아가야만 하지요. 그런데 우리 중에는 일반 게처럼 스스로를 잘 보호할 수 있는 사람이 있는 반면에 소라게처럼 스스로의 힘만으로는 자신을 보호하기가 어려운 사람도 있어요. 한데 일반 게기 소라게에게 '왜 너는 그렇게 쉽게 상처받느냐?'고 나무란다면, 듣는 소라게 입장에선 슬프고 우울한 일이지요. 본성이 튼튼하지 못한 걸 어쩌라고 하면서 말이죠.

혹시 우리가 이 소라게 처지는 아닌가요? 남들처럼 튼튼한 정서적 환경을 갖지 못해 괴로운 상황은 아닌가요?

심리학적으로 우리의 모든 구체적 행위는 '방어기제'라고 말할 수 있습니다. 감정적 상처나 지나친 불안으로부터 자신을 보호하는 무의식적 책략을 방어기제라고 한다고 했지요. 그런데 동일한 방어기제를 가지고 있다 하더라도 환경이 어떠냐에 따라 행동이 많이 달라질 수 있어요. 예를 들면 정서적으로 매우 취약한 사람들도 온화하고 시스템이 잘 갖춰진 사회적 환경 내에서는 우아하게 살아갈 수 있다는 것이 학문적으로 관찰된 바 있는데, 이분들을 지탱하는 그 사회적 환경이 소라껍질이지요.

그러니까 등이 딱딱하지 않아서 살아가기가 어려운 사람들, 즉 정서적으로 취약한 사람들도 소라껍질 안 즉 건강한 환경에서 살면 다른 사람과 마찬가지로 자신을 지키며 살아갈 수 있다는 말입니다. 개인적으로 취약한 성격 구조를 가졌을지라도 좋은 환경을 만나면 사회적 적응이 상당 부분 가능하다는 것이지요.

예컨대 신경증적 방어기제의 한 양상인 '고립'을 한번 볼까요? 고립이 일어날 수밖에 없는 상황에 처한 두 사람이 있다고 합시다. 이 상황에서 한 사람은 이 '고립'을 극심한 '불안증'으로 겪기도 하는 반면 또 다른 사람은 이를 견딜 만한 일시적 현상으로 받아들이고 크게 마음에 상처가 남지 않습니다. 그 차이가 바로 사회적 환경이고 소라 껍질의 존재 유무예요. 일반 게가 아닌 소라게들에게는 소라껍질이 없으면 '불안증'이 나타나는 것이지요.

보통 서구 중심의 심리학이 '개인'에게만 집중하는 데 반해, 우리 동양의 심리학은 '관계'가 중요하지요. 저는 이 책에서 개인의 성격을 더 탐구해 들어가기 전에 일단 그 개인 성격이 갖는 환경과 사회적 관계가 얼마나 중요한지 일깨우고 싶네요. 그래야 우리의 마음의 문제가 제대로 풀릴 수 있으니까요.

방어기제는 적응의 원인을 주로 개인의 성격을 중심에 두고 이해하려는 측면이 강하지요. 하지만 개인변인만큼 환경변인도 중요하다는 것을 기억해야 해요. 마음의 건강을 정확히 이해하기 위해서는 균형 잡힌 시각을 가지고 시작해야 하는 겁니다. 문제는 오롯이 '나'일 수도 있지만 내가 아닌 나의 바깥, 즉 환경일 수도 있다는 점을 말씀드리기 위해 소라게를 끌어왔네요. 먼저 환경의 중요성을 살펴보고 다시 본론으로 들어가기로 하지요.


## 존중받는다는 그 느낌이어야

존중은 영어로 'respect'라고 하지요. 그런데 이 말의 원래 뜻이 무엇인지 아시나요? 바로 '바라보다look at'입니다. 우리는 언뜻 생각하기에 뭔가가 남들하고 다르게 뛰어난 일을 한 사람들을 존중해야 한다고 생각하지만, 정확한 의미에서 존중이라 하는 것은 뭔가 잘하는 사람을 우러러보는 것이 아니라 내 앞에 있는 상대를 있는 그대로의 모습으로 바라봐주는 겁니다.

그런데 '환경적으로' 우리의 마음에 문제를 일으키는 사회적 조건 가운데 가장 큰 것이 바로 이 '존중'의 부재인 것 같습니다. 이 존중의 느낌, 즉 있는 그대로의 자신의 모습이 인정받는다고 느끼는 것이 중요합니다. 이와 함께 개인에게서 사랑, 스승, 자기결력력, 조직 속에서의 안정적 지위 등을 박탈하면 누구나 병적인 행동을 나타내기 마련이지요. 따라서 사회적으로 이런 박탈을 방지하는 노력을 기울이면 개인이 비록 미성숙한 방어기제를 가지고 있다 할지라도 문제 행동을 드러내지 않을 것입니다.

그렇다면 개인의 문제 행동을 방지하는 사회적인 노력은 어떻게 이루어져야 할까요? 무엇보다 각 개인의 자기존중감이 훼손되지 않는 사회적 환경을 만드는 일이 우선되어야겠지요. 어떤 조직을 구성하거나 시스템을 만들어갈 때, 그 조직의 각 구성원들이 자기존중감을 느낄 수 있게끔 환경을 만들어주면 비록 그 사람이 취약한 방어기제를 가지고 있다 할지라도 훨씬 적응력 있는 사회 생활을 할 수 있어요. 예컨대 사랑을 받으면 훨씬 더 자신의 능력을 발휘하면서 살아갈 수 있잖아요.

또한 좋은 스승이 있다면, 앞에서 그 사람을 잘 끌어주고 돌보아주는 사람이 있다면 더 좋은 행동을 이끌어낼 수 있어요. 스스로 자신의 삶에 대해 결정할 수 있는 자기결정력을 갖게 하고, 사회체계 내에서 안정적 위치를 마련해주는 것 또한 중요하지요.

우리가 살아가는 가장 원초적인 조직인 가정을 예로 들어볼까요? 어떠한 가정이 좋은 가정인가요? 당연히 가정을 구성하고 있는 각 개인 구성원들이 성숙한 행동을 할 수 있도록 서로 도와주는 가정이 좋은 가정이지요. 그렇다면 어떻게 하면 그런 가정이 될 수 있을까요?

우선적으로 가족 구성원 모두가 스스로 자기존중감을 느낄 수 있게끔 가정 분위기가 마련되어야 합니다. 남편, 아내, 자녀 각 구성원들이 각각의 자기존중감을 느낄 수 있는 가정이어야 하지요. 가족 구성원들이 서로서로 존중할 수 있어야 하며 그래서 자녀가 부모를 존중하고, 부모가 자녀를 존중하며, 부부가 서로를 존중해주는 이러한 가정이 되어야지 비록 개인의 성격이 미성숙하더라도 성숙한 행동이 나올 수 있는 겁니다.

그렇지 못하고 자기존중감이 훼손되는 가정이라면, 그래서 "당신 같은 사람이 뭘 알아?", "도대체 할 줄 아는 게 뭐야?"라는 말이 오고가는 가정이라면 어떨까요? 당연히 그런 환경에서 문제 행동이 나오겠지요.

존중은 '우러러보는 것look up'도 아니고 '깔보는 것look down'도 아닌 '있는 그대로 보는 것look at'이에요. 상대방의 있는 모습 그대로를 받아주는 것이 그 사람을 존중해주는 것입니다. 이럴 수 있을 때 비로소 부모는 자녀를 존중할 수 있게 되지요. 자녀를 내가 원하는 기준으로 끌어올리려 노력하는 것이 아니라 원래 자녀의 있는 모습 그 대로를 바라봐주고 인정해줄 수 있게 되니까요. 이것이 바로 존중의 진짜 의미입니다.

우리는 자꾸 '이 사람이 존중할 데가 어디 있냐?'고 생각하기에 상 대를 존중하지 못합니다. 하지만 있는 그대로를 받아주는 것이 존중 의 원래 뜻임을 안다면 어떤 사람도 존중해줄 수 있습니다. 또한 다른 사람 역시 나를 있는 그대로의 모습으로 인정해줄 수 있을 테지요.


## 혼자가 아닌 이유

우리는 태생적으로 불완전한 존재예요. '너'가 있어야 '나'가 온전해 지는 그런 존재이지요. 따라서 모든 것이 '너로부터' 온다고 생각해야 합니다. 네가 나를 믿어주어야지 내가 나를 믿을 수 있어요. 어린아 이들 역시 처음에는 자기를 믿을 줄 모릅니다. 내가 믿을 만한 사람 이라는 것은 부모로부터 얻는 경험이에요. 부모가 나를 믿어주기에 스스로를 믿을 수 있고 그로부터 또한 상대를 믿는 마음이 생기는 것이지요.

이 믿는 마음에서 '있는 그대로'가 중요하다고 했습니다. 있는 그대 로를 받아주는 것이 제일 존중해주는 것이지요. 그렇기에 가족 간에 도 서로가 있는 그대로의 모습을 인정해주면 그 가정은 평화스러울 수 있습니다. 그렇다면 문제가 생기는 이유, 간단하지 않나요? 있는 그대로를 인정해주기보다 내가 원하는 모습을 보려 하기 때문이겠지요. 내가 원하는 대로 상대가 행동하지 않는다고 생각할 때 화가 나고 서로간의 불화가 생겨나는 것 아닌가요?

우리에게 평화를 주는 가장 큰 힘은 사랑입니다. 가정의 근간도 사랑이지요. 그런데 사랑이 무엇일까요? 사랑의 정의는 여러 가지입니다만 그 정의가 어떻든 간에 잘못된 사랑은 사랑 안 하느니만 못한 사랑이 되지요. 사랑이 가진 힘을 생각해보면 그렇습니다.

인간의 발달과정은 자기가 가지고 태어난 잠재력을 실현해나가는 과정이라고 할 수 있습니다. 그것이 바로 살아 있는 것이지요. 그런데 이 잠재력을 실현해가는 것은 어려운 일이에요. 잠재력은 그저 하나의 잠재력일 뿐이지 그것이 실현이 되느냐 안 되느냐는 굉장히 두렵고 불안한 일입니다.

내게 그림을 잘 그리고 싶은 욕망이 있는 것과 내가 다른 사람에게 인정받는 훌륭한 화가가 되는 것은 차원이 다른 이야기입니다. 여기에서 두려움이 생기지요. 만약 훌륭한 화가가 되지 못한다면 오히려 취업이 잘되는 경영학이나 이런 것을 공부하는 편이 더 낫지 않을까 고민하게 되는데 이것이 두려움의 양상입니다. 따라서 대개의 사람들은 그 두려움을 이기지 못하고 내면의 욕구와 실제 현실 사이의 갈등에서 지고 맙니다. 그러다 보니 나만의 잠재력을 내려놓고 현실적 요구를 따르게 되어 있어요. 이게 우리의 삶이지요.

왜 이렇게 되어야 하는 걸까요? 내 잠재력을 끌고 나갈 자아의 힘이 없기 때문이에요. 자아의 힘이 없으면 나는 내가 가진 아무것도 이룰 수 없어요. 하지만 내 자아의 힘이 없거나 부족하더라도 다른 사람의 자아의 힘을 빌려올 수는 있고 또는 내가 다른 사람에게 내 자아의 힘을 빌려줄 수도 있어요. 이 과정을 우리가 사랑이라고 부르는 것입니다. 우리가 혼자가 아닌 이유가 바로 이 사랑 덕분인 거죠.

예를 들어 자녀가 자신의 잠재력을 실현하고 싶지만 두려움 때문에 현실적 요구를 따르려 할 때, 부모는 이렇게 말해야 합니다. "너, 혼자가 아니야. 힘들 때 내가 도와줄게, 걱정하지 말고 네 잠재력을 실현해봐!" 이것이 사랑이에요. 내 자아의 힘을 빌려주는 것.

따라서 사랑은 하나 더하기 하나가 둘이 되는 것이 아니라 '셋'이 되고 '넷'이 될 수 있는 것입니다. 사실 우리가 종교를 가진다는 것은 이러한 큰 힘을 얻는 일 아닐까요. 어떤 큰 존재가 "너 두려워하지 마. 내가 항상 네 곁에서 너를 지키고 도와줄게"라고 한다면, 그리고 그 소리에 내가 귀 기울이고 믿을 수 있다면 얼마나 힘이 나겠어요. 그래서 믿음이 중요하지요. 아무리 부모가 자녀를 도와주려고 해도 자녀가 부모의 도움을 믿지 않으면 자녀는 부모의 힘을 이용할 수 없습니다. 항상 따로 놀게 될 뿐이지요.

하지만 믿을 수만 있으면, '부모가 내게 힘이 되어줄 것'이라는 사실을 믿을 수만 있으면 당연히 부모의 자아의 힘은 자녀의 것이 됩니다. 따라서 부모라면 자녀에게 그 믿음을 주는 일이 중요합니다. 자아의 힘은 무한하게 확장되는 것이니까요. 부모의 성숙한 자아가 자녀의 미성숙한 자아와 힘을 합쳐서 그 어떤 난관이라도 뚫고 나갈 힘을 만들어낼 것입니다.

## '상한' 사랑이어서는 진짜 곤란해

그런데 말입니다. 사랑이라는 것이 저 혼자의 착각인 경우가 왕왕 있더군요. 무슨 말이냐? 대한민국 부모들 하면 자녀를 사랑하는 것으로는 세계에서 둘째가라면 서러워할 정도인데, 그렇다고 우리 자녀들이 부모들의 사랑을 듬뿍 받아 모두가 자신의 잠재력을 실현하고 사는가를 묻는다면 아니라는 것이죠. 사랑은 분명히 많이 주는데 자녀들은 왜 잠재력 실현이 안 될까요?

사랑에는 건강한 사랑만이 있는 것이 아니라 상한 사랑도 있습니다. 상한 사랑은 안 주느니만 못한 것이죠. 부부간에도 그렇고 부모 자녀 간에도 그렇고 사랑을 주는 것만 생각하고 내가 주는 사랑이 건강한 사랑인지 상한 사랑인지는 분별하지 않는 것이 우리 모습입니다. 여기에 문제가 있어요. 그럼 어떤 사랑이 상한 사랑일까요?

상한 사랑의 첫 번째 증상은 바로 사랑이 지배로 변한 것입니다. 사랑과 지배는 그 나타나는 모습이 아주 유사해요. 따라서 내가 상대방을 사랑하는 것인지 지배하려는 것인지 분별하기가 어렵기도 한데, 그것이 건강한 사랑인지 지배인지 알아내는 쉬운 방법은 그 사랑이 상대의 잠재력을 실현하도록 요구하는 사랑인지 확인하는 거예요. "나는 너를 사랑한단다. 그러니 나의 사랑을 받고 너는 내가 원하는 삶을 살아다오" 이렇게 나온다면, 이것은 지배입니다.

한국의 부모들이 가장 많이 저지르는 실수 중의 하나가 사랑한다는 미명하에 지배하려고 하는 것이지요. 자녀의 잠재력을 실현해주려고 하는 것이 아니라 본인이 생각하기에 좋은 삶을 살도록 자녀들을 끌고 가려고 하는데, 이것이야말로 지배의 전형적 모습이에요. 진짜 자식을 위한 사랑은 내가 보기 좋은 삶을 살게 하는 것이 아니라 자식의 잠재력을 실현해주는 것입니다.

지배 받는 자녀들이나 지배적 사랑을 받는 사람은 굉장히 속박 받는 느낌이 들게 마련입니다. 속박은 분명 좋은 사회적 환경이 아닙니다. 더욱이 자녀는 부모에 비해 상대적으로 취약하기에 부모의 잘못된 사랑에 저항할 힘이 적어요. 할 수 없이 부모를 따라가게 되죠.

하지만 대개의 경우, 부모가 원하는 삶이라는 것은 부모가 원했으나 가지 않은 길이기 쉬워요. 예를 들어, 법대를 나와 판검사가 되기를 바랐던 한 남성이 있다고 해봅시다. 하지만 여건이 허락하지 않아 포기하고 한이 맺힌 경우, 그는 아들에게 자신의 못 이룬 꿈을 이룰 것을 요구하기 십상이지요. 그러면 아들은 자신의 잠재력과는 상관없이 아버지의 한을 풀어주기 위해 법학을 공부해야 합니다. 자녀들이 부모의 한을 풀어주기 위해 태어난 것이 아님에도 부모의 그릇된 사랑이 자식을 희생하게 만드는 것이지요.

그리고 상한 사랑의 두 번째 증상은 바로 소유하는 것이에요. "나 말고 다른 사람하고는 좋은 관계를 맺지 마. 너는 내 것이야" 이것은 사랑하는 것이 아니라 소유하는 것이지요.

한국의 부모들은 특히 자녀를 소유물로 생각하는 경향이 강합니다. 그래서 우리나라에서만 유독 나타나는 현상 중 하나가 '동반자살'이 아닌가 싶어요. 부모가 자살할 때 어린 자녀를 데리고 같이 자살하는 일 말이에요. 그런데 이것은 명칭 자체가 아주 잘못된 것입니다. 동반자살이라는 것은 자살하는 사람 각각이 자발적으로 함께 죽는 것이지만, 이때 부모는 아이에게 물어보지도 않고 스스로 판단해서 데리고 죽잖아요. 이것은 사랑이 아니라 명백히 살인행위지요. 부모가 자식의 동의 없이 자식을 죽일 권리는 없습니다.

이러한 행위의 밑바탕에는 자식은 내 것이라는 소유의식이 있는 것이지요. 물론 이 소유의식이 있기 때문에 우리나라 부모들이 자식을 위해서라면 기꺼이 모든 것을 다 내어주고 희생한다는 좋은 면이 있어요. 그러나 부모가 모든 것을 희생한다는 그 문화적 측면이 진정으로 빛을 발하려면 그 희생은 자식의 잠재력이 실현되도록 돕는 희생이어야 합니다.

간단하게 말하면 상대에게 힘을 주는 것이 사랑이에요. '너'로부터 힘을 받으면, 비록 '나'는 능력이 부족하고 미성숙한 성격일지라도 건강한 모습으로 살아갈 수 있는 겁니다.


## 긍정적 동일시 대상, '스승'이 있어야

그리고 건강한 마음을 구성하는 사회적 환경으로 우리에겐 스승이 필요합니다. 스승이라고 하면 앞에 가면서 끌어주는 사람을 말하지요. 요즘은 멘토라는 말을 많이 쓰기도 하고 역할모델이라고도 하는데, 내가 갈 길을 비춰주는 대상이지요. 내 앞에 어떤 본보기가 있으면 그 사람을 보면서 따라가는 것은 쉽습니다. 그래서 스승이 있어야 해요.

소위 말해서 긍정적 동일시가 되는 인물이 스승입니다. 긍정적 동일시란 '나도 저 사람처럼 되고 싶다'는 것이지요. 가정에서 예를 들면, 부모가 자녀들 입장에서 볼 때 '나도 아버지처럼, 어머니처럼 살고 싶다', 이런 식의 역할 모델을 해주면 좋겠지요. 이것이 긍정적 동일시가 되는 것이에요. 이러한 동일시 하에 목표가 있는 사람이 없는 사람보다 당연히 훨씬 성숙한 사람이 될 것입니다.

그런데 긍정적 동일시의 반대로 부정적 동일시도 있어요. '나는 엄마처럼은 안 살아'라는 깨달음(?)을 주는 것이지요. 물론 이것도 역할 모델이 되는 것은 사실이지만 긍정적 동일시보다는 못해요. 저렇게는 안 살겠다는 것은 있지만 누구처럼 살고 싶다는 것이 없기에 그렇지요. 그렇다면 뚜렷하게 어떤 목표, 동일시 대상을 갖고 따라가는 사람과, 그렇게는 안 되겠다는 있지만 누구처럼은 뚜렷하게 없는 사람, 누가 더 성공적으로 살아갈까요?

항상 '큰 바위 얼굴'을 보던 사람이 나중에 '큰 바위 얼굴'이 되는 것은 쉽습니다. 그래서 좋은 스승이 있어야 하고 스승을 뛰어넘을 수 있도록 노력하는 것이 중요하지요. 즉 '청출어람'이 되는 것입니다.

만약 가족 구성원들이 각각 서로의 스승 역할을 해줄 수 있다면 더할 나위 없는 좋은 가정이 되겠지요. 그렇게 된다면 부모 입장에서도 자녀로부터 배울 것이 분명 있습니다. 공자께서도 말씀하길 '세 사람이 함께 가면 반드시 스승이 있다'고 했지 않습니까? 누구에게라도 배워야 한다는 말씀이지요. 다른 세대, 나와 다른 사람에게는 배울 것이 많아요. 생각이 서로 다르니까요. 그러니까 상대방을 인정해주고 배우려는 마음만 먹으면 자녀에게도 배울 것이 많습니다.


## '나, 너, 우리'의 기본, 자기결정력

그리고 건강한 마음에는 또한 자기결정력이 필요합니다. 가능하면 어릴 때부터 매사에 자기 스스로 결정하게 하고 거기에 대해서 책임을 지게 해주는 훈련을 쌓아주는 것이 필요해요. 그래야 자기존중감이 생기니까요.

사람들은 3이라는 숫자를 좋아합니다. 그래서 우리 주변에는 '3'으로 이루어진 것이 참 많아요. 종교적으로도 이 숫자는 위대한 상징을 갖지요. 기독교의 '삼위일체'도 그렇고 불교의 '삼보'도 그렇고. 이 숫자가 가지는 평형감각이 있는 것 같습니다. 국가기관도 입법, 사법, 행정 3부 체제 아니던가요. 법을 만드는 입법, 법을 적용해 평가하는 사법, 법을 실행하는 행정. 그런데 이 중 제일 중요한 것은 역시나 애초에 '만드는 것', 입법이겠지요. 그러니까 우리도 자기 영역 안에서 스스로 결정할 수 있는 자기 결정력을 갖는 것이 가장 우선되어야 합니다.

## 소라껍질에 마음을 기댈 것

마지막으로 건강한 마음의 사회적 환경이라고 하면, 조직 속에서 안정적 위치가 있어야 합니다. 가정 내에서라면 남편은 남편의 위치, 어머니는 어머니의 위치, 자녀는 자녀의 위치를 각각 인정해주어야겠지요. 그래야 서로 그 조직 안에 들어갔을 때 자신의 위치가 있어 불안해하지 않아요.

그런데 만약 사회적인 위치가 박탈당한다면, 아무 결정 권리도 주어지지 않는다면, 자신의 위치란 것이 사라진다면 어떻게 될까요? 회사에서 내가 일하던 책상이 없어진다고 생각해보세요. 삶의 근거지가 사라지는 일일 겁니다. 미국 전통에서는 조직의 의장을 체어맨이라고 하지요. 의자에 앉아 있는 사람이 중요하다는 말입니다. 이렇듯 의자라는 것은 곧 지위이고 자신의 '몫'을 의미하는 것일진대 그 자리를 뺏는다면 나는 삶의 의미를 잃어버리게 되지 않겠어요?

어느 조직이든 그 조직이 잘 움직이려면 조직원 각각의 자리가 그 사람에게 맞게끔 정해져야 하고 각자의 위치에서 자기결정권을 가질 수 있어야 합니다. 사실 옛날의 조직은 대개가 일사분란하게 '나를 따르라' 하는 구조로 되어 있어 각 구성원의 자기결정력을 인정하지 않았어요. 지금은 물론 이래서는 바람직한 조직이 아니지요.

사람은 정서적 안정을 위해 조직 속에서 자기 위치를 갖는 것이 중요합니다. 이것은 실험으로도 확인된 바 있는데, 예컨대 아무 응집력이 없는 어느 지역들을 실험적으로 통합시키고 지역 주민들의 소속

감과 역할의식을 불러일으켰더니 그 결과 주민들의 정신건강이 눈에 띄게 향상된 것을 알 수 있었다고 해요.

지금까지 말한 자기존중감, 사랑, 스승, 자기결정력, 사회적 위치 같은 외부 요인은 개인의 마음건강에 지대한 영향을 미치는 요인입니다. 이러한 요인이 얼마나 잘 갖춰졌느냐에 따라 똑같은 충격에도 어떤 사람은 부적응적 행동을 매우 심하게 나타내기도 하고 또 어떤 사람은 아예 안 나타내기도 하지요. 동일하게 미성숙한 방어기제를 가지고 있다 하더라도 이 사람이 어떤 환경에 있느냐에 따라서 나타나는 행동은 달라질 수 있어요. 행동은 개인과 환경의 상호작용에 달려 있기 때문이지요.

심리적으로 위험에 처했을 때 의지할 수 있는 환경, 외부적 도움이 있다면 우리의 행동은 더 성숙할 수 있습니다. 그러니 심리적 위험이 발생하기 전에 미리 그런 외부적 환경을 구축해놓는 것이 현명한 일이겠지요. 물론 현재 이미 심리적 위험에 처해 있다면 이 사실을 아는 것만으로도 조금은 위안이 되지 않을까요? 모든 게 내 잘못만은 아닌 것이죠. 기억하세요. 누구든 소라게처럼 소라껍질에 기댈 수 있다는 사실 말입니다.

'아프다'는 말을 많이들 합니다. 그런데 심리학에서는
아픔이나 고통 없이 우리가 성숙해질 수 없음을 이야기합니다.
성숙한 삶의 자양분이 아픔이고 고통인 셈이지요.
그리고 그 아픔과 고통을 온전한 내 것으로 끌어안는 법을 배우는 것이 진정한 '성숙'이고요.
성숙한 삶을 산다는 것은 완벽하게 살아가는 것이 아닙니다.
그보다는 내가 얼마나 부족한 점이 많은가를 솔직하게 인정하고 노력하는 삶이지요.
다만 내일이 오늘보다 조금 더 성숙해지도록 노력하는 삶인 것이지요.

PART 02

아픈 마음,
가만히 들여다보기

어느 누구도 고통과 노력과 불안 없이
인생의 승부에서 살아남은 사람은 없다.

**조지 베일런트**

# 내 마음에 솔직하기는
# 정말 어렵습니다

## 인간이라는 동물의 '욕구'

청소년들에게서 많이 나타나는 '미성숙한 방어기제'는 어른으로 성장하면서 '신경증적 방어기제'로 대체돼요. 다시 말하면 성인이 되면 아무 갈등 없는 인간관계를 맺지는 못하더라도 일상생활에 크게 방해가 되지 않을 정도로 적당한 대인관계를 맺을 능력을 가지게 된다는 것이지요. 직장 동료들과도 적당한 관계를 맺으면서 함께 조직생활을 하고, 또 소속되어 있는 단체의 회원들하고도 적당한 거리를 두고 원만한 대인관계를 맺으며 지냅니다.

하지만 성인이 되었다고 이제 우리 마음이 명경지수처럼 항상 평온하고 즐거운 것은 아닙니다. 사실 대인관계에서 오는 갈등은 너무 힘들면 상대를 피하고 안 만나면 돼요. 동료들과의 관계가 힘들면 직장을 옮기면 되고, 또는 단체를 탈퇴하면 되지요. 하지만 성인들을 괴롭히는 또 다른 진짜 갈등이 있으니, 그것이 우리 마음속에 있는 '욕구'와 '양심'의 관계에서 발생하는 갈등입니다.

인간은 몇 가지 중요한 욕구를 가지고 태어납니다. 전에는 이 욕구를 '본능'이라고 부르기도 했지만 요즘에는 '기본적 욕구'라고 불러요. 이 기본적 욕구는 사실 인간뿐만 아니라 모든 동물이 공통적으로 가지고 있는 것이기 때문에 '생물적인 욕구'라고도 하지요. 여기에는 우선 '생존의 욕구'가 있어요. 모든 살아 있는 생명체는 계속 살아 있으려는 욕구가 있지요. 우선 숨이 차면 숨을 쉬어야 하고, 목이 마르면 물을 마셔야 하는 거지요. 그리고 배가 고프면 먹어야 하고요. 오죽 식욕이 강하면 '금강산도 식후경'이라는 말이 다 있겠어요? 이런 욕구가 해결되지 않으면 결국 죽게 됩니다.

그리고 기본적 욕구에는 적으로부터 자신을 지키려는 욕구도 있습니다. 살아남아야 자손을 번식시킬 수 있으니까요. 그러기 위해서는 적으로부터 자신을 지킬 수 있어야 하고, 동시에 적을 공격해서 먹이를 얻을 수 있는 싸움을 잘해야 합니다. 여기서 나오는 중요한 욕구가 '공격욕'이지요.

또 하나 중요한 욕구는 '종족보존의 욕구'입니다. 모든 생명체는 가능하면 자손을 많이 번식시키려는 욕구를 가지고 있는 거죠. 지구상에 살아가는 각종의 생명체가 얼마나 다양한 방식으로 자손을 번식시키려고 노력하는지를 알게 되면 정말 숙연해지기까지 합니다. 그런데 자손을 번식시키기 위해서는 암수가 만나야 하지요. 사람에게 적용한다면 남자와 여자가 만나야 자식이 생긴다는 것입니다. 그래서 당연히 남자는 여자에게 끌리고, 여자는 남자에게 매력을 느끼게 되어 있어요. 그리고 사랑을 하고 자식을 낳고 싶어 하게 되고요. 거기에서 매개 역할을 하는 것이 '성욕'입니다.

이처럼 공격욕과 성욕이 우리들 정신생활에서 중요한 역할을 하지만 기본적 욕구에 이 두 가지만 있는 것은 물론 아닙니다. 더 좋은 환경에서 기본적 욕구를 해결하기 위한 '소유욕'이 있고, 위험으로부터 자신을 보호하려는 '안전욕'도 있어요. 또 일하지 않고 남의 것을 훔쳐서 쉽게 원하는 것을 얻으려는 욕구도 있지요. 물론 위험한 상황에서는 자신의 의무를 다하기보다 도망치려는 욕구도 있겠고요. 그런데 이 모든 욕구들은 사실 다른 동물들과 공유하는 기본 욕구들입니다.

## 인간에게만 있는 '양심'

하지만 다른 동물과 달리 인간에게만 있는 중요한 특성이 있어요. 그것이 '양심'이지요. 양심은 '자신이 한 행위에 대해 옳고 그름과 선과 악의 판단을 내리는 도덕적 기준'이라고 할 수 있겠지요. 즉 인간만 자신이나 타인의 행동에 대해 옳고 그름을 따져 처벌하는 능력이 있다는 겁니다. 사람이 잘못을 저지르면 "양심도 없어"라고 비난하지만, 개나 고양이 등에게는 그렇게 말하지 않잖아요. 그 이유가 원래 동물에게는 양심이 없기 때문이지요.

양심은 생활하면서 주위 사람들로부터 "잘했다"고 칭찬받거나 혹은 "잘못했다"고 처벌받는 경험이 반복되면서 우리 마음속에 내재화된 규범입니다. 양심이 형성되면 다른 사람이 칭찬하거나 처벌하기 전에 자신이 스스로 판단을 내리고 합당한 판결을 내리게 되지요. 당연히 해야 할 도리를 다 못 했을 때, 비록 다른 사람은 그 사실을 모른다고 해도 스스로 양심의 가책을 받고 죄책감과 수치심을 느끼게 됩니다. 반대로 해야 할 목표를 달성하거나 칭찬받을 만한 일을 했을 때는 스스로 자부심을 느끼고 행복해지는 거고요.

그런데 인간도 막 태어났을 때는 양심이 없어요. 다른 동물과 마찬가지로 선과 악을 판단할 기준과 능력이 없단 말입니다. 단지 욕구에 따라 행동할 뿐입니다. 배가 고프면 앞에 있는 빵을 먹으면 돼요. 배만 부르면 되니까 그것이 내 것인지 남의 것인지는 상관이 없어요. 그런 행동이 나쁜 것인지를 알지 못하지요. 다른 사람이 옳고 그른 것을 알려주지 않으면 양심은 형성되지 않아요.

하지만 성장하면서 어떤 행동을 하면 칭찬받는다는 것을 알게 됩니다. 동시에 어떤 행동을 하면 처벌받는다는 것도 알게 되고요. 칭찬이나 처벌은 물론 다른 사람으로부터 오는 것이지요. 이런 경험이 반복되면서 점차로 다른 사람이 알려주지 않더라도 스스로 옳고 그른 것을 판단하는 능력이 생기게 됩니다.

이런 현상을 '내재화'라고 합니다. 그렇게 해서 일단 선악의 판단 기준이 내재화되면 스스로 판단하게 되지요. 이것이 양심입니다. 따라서 양심은 본질적으로 사회적인 거지요.

그렇듯 욕구와 양심이 서로 조화를 이루면 마음이 편하고 자아가 방어기제를 쓸 필요도 없습니다. 하지만 욕구와 양심은 자주 대립하지요. 예를 들면, 욕구는 배가 고프니 눈앞에 있는 남의 빵을 먹고 싶어 하지만 양심은 그 빵은 남의 것이니 먹으면 안 된다고 제지하지요. 그렇게 되면 우리는 쉽게 결정할 수 없게 되고, 마음은 혼란스러워지고 불안해집니다. 시간이 지나 배가 더 고파지면 빵을 먹고 싶은 욕구는 더 강해지지만 양심은 그것은 도둑질이니 나쁜 것이라고 계속 제지하고요.

이 경우 만약 욕구가 양심보다 더 강하다면 이 사람은 결과를 생각하지 않고 아마 빵을 먹을 거예요. 이런 경우 자아는 미성숙한 '행동화'라는 방어기제를 사용한 것이 됩니다. 물론 뒤에는 처벌이 따르겠지요. 대개의 어린아이들과 청소년들은 욕구에 비해 양심이 약하기 때문에 자아는 행동화를 택하게 됩니다. 그런 연유로 청소년들이 '비행'을 많이 저지르게 됩니다.

하지만 성인이 되면서 점점 양심의 강도가 강해지고 따라서 양심의 명령도 강해집니다. 이렇게 되면 자아는 욕구를 따를 수도 없고 그렇다고 무작정 양심을 따를 수도 없게 되지요. 자아가 충분히 성숙했다면, 합리적으로 해결될 때까지 욕구의 만족을 지연시키면서 동시에 양심의 명령도 어기지 않으면서 현실적으로 해결할 것입니다. 하지만 많은 성인들이 그 정도로 자아가 성숙하지 못해요. 그래서 욕구를 해결하지도 못하고 동시에 양심을 어길 수도 없기 때문에 혼란스럽고 불안해지는 겁니다. 이런 상황이 심해져 일상생활을 해나가기가 어려워지면 그 증상을 '신경증'이라고 부르는 거고요.

결국 지나친 불안으로부터 자신을 보호하기 위해 자아는 양심과 손잡고 욕구를 억누르고 은폐하는 방향으로 문제를 해결하려고 합니다. 왜냐하면 다른 사람들과 좋은 관계를 맺는 것이 중요하고, 그러기 위해서는 욕구를 해결하기보다는 양심을 따르는 편이 더 효과적이기 때문이지요. 행동화의 결과는 처벌이라는 것을 청소년 시절을 보내면서 이미 익히 경험했기 때문이지요.


## 만족이 아니면 '억압'을!

성인이 사용하는 방어기제 중 가장 대표적인 것이 '억압'입니다. 만족시킬 수 없는 욕구를 마음속 깊은 곳에 묻어두고 의식하지 못하는 것이지요. 이때는 배고픈 것을 의식하지 못하니까 남의 빵을 훔칠 필요도 없는 것이지요. 당연히 양심의 가책을 느낄 필요도 없습니다.

앞에 있는 이성이 너무나 매력적이라 성적인 욕구가 일어나는 경우를 예로 들어봅시다. 매력적인 이성을 보고 성적 욕구가 일어나는 것은 자연스런 생리적인 반응일 수 있어요. 하지만 생리적인 욕구는 사회적 규범과 양심에 저촉이 안 되는 행동을 통해 만족되어야 합니다. 만약 욕구를 만족시키려고 상대방의 동의를 구하지도 않고 행동한다면 '성추행'이 되어 처벌을 받게 되니까요. 이것이 미성숙한 '행동화'의 결과입니다.

하지만 욕구를 느끼지만 행동을 안 하고 참고 있는 것도 쉽지는 않겠지요? 그럴 경우, 성적 욕구 자체를 의식하지 않으면 돼요. 하지만 일어난 욕구를 의식하지 않기 위해서는 그 욕구를 무의식 속에 가두어두고 욕구가 일어났다는 것을 의식하지 않도록 해야 하지요. 이것을 '억압'이라고 부릅니다.

남녀 대학생을 대상으로 한 실험 결과를 살펴보면 억압의 기능을 알 수 있어요. 남녀 대학생들에게 성과 관련된 행위를 노골적으로 하는 영상을 똑같이 보여주었어요. 그 후 남녀 대학생을 한 사람씩 불러 거짓말을 하지 않게 하기 위해 동성의 연구자가 영상을 보는 동안 성욕을 느꼈는지 여부에 대해 질문했습니다. 매우 흥미 있는 결과가 나왔어요. 남자 대학생의 경우 거의 모든 피험자가 성욕을 느꼈다고 대답한 반면 여자 대학생의 경우 예상외로 상당수의 피험자가 성욕을 느끼지 못했다고 대답했거든요. 즉, 여자 대학생은 '억압'을 했기 때문에 성욕을 의식하지 못했다고 할 수 있는 거지요.

물론 '억압'한 여자 대학생들에게 성욕이 애초부터 일어나지 않았으리라고 생각할 수도 있습니다. 하지만 이 실험에는 또 다른 장치가 동원되었거든요. 즉 남녀 대학생들 몸에 생리적 변화를 측정할 수 있는 장치를 달았다는 것이지요. 성욕이 일어나면 우리에게는 몇 가지 생리적 변화가 일어나요. 예를 들면, 맥박이 빨리 뛰거나 땀이 나거나 호흡이 가빠지는 변화가 나타납니다. 물론 성욕이 일어나지 않았다고 보고한 여자 대학생들에게도 생리적 변화가 일어났습니다.

생리적으로는 분명히 성욕이 일어났는데 심리적으로는 의식을 하지 못한 것이지요. 억압을 한 거예요.

그렇다면 왜 어떤 여학생은 성욕을 의식했는데 다른 여학생은 성욕을 억압했을까요? 만약 A라는 여학생이 매우 보수적인 부모 밑에서 여성으로서 조신하게 행동해야 한다는 교육을 엄하게 받으면서 자라났다고 가정해봅시다. 이런 환경에서 자란 A는 '여자가 음란한 영상을 보면서 성욕을 느끼는 것은 매우 수치스러운 일'이라고 배우고 그렇게 양심이 형성되었을 것입니다. 그러니 성욕을 의식하고 자신이 행실이 나쁜 여자라고 자책하기보다는 성욕을 의식하지 않는 편을 택하는 것이 훨씬 마음이 편하겠지요. A의 자아가 '사실'보다는 '억압'을 택해 과도한 자책감과 불안으로부터 스스로를 보호한 것입니다. 물론 이 과정은 무의식적으로 이루어진 것입니다. A 자신도 자신의 마음속에서 이런 효과적인 방어 장치가 작동되었다는 것을 모르는 것이고요.

또 다른 여학생 B는 비교적 자유스러운 부모 밑에서 개방적인 교육을 받으며 성장했다고 가정해봅시다. 이 여학생은 여자도 남자처럼 성욕을 느끼는 것은 자연스런 생리적 반응에 불과하다는 교육을 받았습니다. 그리고 그 욕구에 따라 행동할 것인지 자제할 것인지를 본인이 선택해야 한다는 교육을 받았고요.

B는 성관계가 나오는 영상을 보고 성욕을 느끼는 자신에 대해 부끄럽다거나 양심의 가책을 받지 않았습니다. 그것이 오히려 건강하다는 증거일 수도 있으니까요. 당연히 B는 '억압'을 하지 않았고 당당

히 성욕이 일어난 것을 의식했습니다.

A와 B, 어느 쪽이 더 바람직할까요? 물론 답은 B입니다. 세상에 모든 일이 다 그렇듯이 '억압'도 공짜로 일어나지는 않습니다. 그 대가가 있지요. 욕구는 끊임없이 의식으로 떠오르려고 합니다. 그래야 자아가 욕구가 생겼다는 것을 깨닫고 만족시켜주니까요. 그렇게 떠오르려고 하는 욕구를 무의식 속에 잡아두려고 억누르기 위해서는 많은 에너지가 필요합니다. 욕구가 강하면 강할수록 에너지는 더욱 더 많이 필요하지요. 그리고 억누르는 욕구의 수가 많으면 많을수록 더 많은 에너지가 필요하고요.

그런데 우리가 사용할 수 있는 에너지는 한정되어 있습니다. 그리고 다양한 활동을 위해 효율적으로 사용되어야 하고요. 그런데 양심을 따르기 위해, 스스로 나쁘다고 규정한 욕구를 억누르기 위해 에너지가 많이 사용된다면, 그만큼 다른 활동에 쓸 수 있는 에너지가 줄어드는 결과를 낳게 되겠지요.

우리가 사용할 수 있는 전체 에너지를 x, 억압에 사용된 에너지를 y, 남은 에너지를 z라고 한다면 다음과 같은 공식이 만들어집니다. 즉, $x - y = z$입니다. x는 일정하기 때문에 y가 커지면 커질수록 z는 적어지는 거지요. 즉 다양한 활동에 사용될 에너지는 적어지게 됩니다. 반대로 y가 적어지면 적어질수록 z는 커집니다. 억압을 많이 하는 사람은 경직된 상태로 다양한 활동을 하기보다는 다른 사람에게 인정받을 수 있는 행동을 하면서 '모범생'으로 살 수는 있어요. 하지만 재미있고 활동적인 삶을 살 수는 없지요. 아마도 A보다는 B가 다

방면에 걸쳐 활동적인 생활을 하면서 더 인생을 즐기고 살 겁니다.

《논어》에 나오는 '과유불급'이란 말이 여기에도 적용이 됩니다. "지나침은 미치지 못함과 같다"는 뜻 말이에요. 억압이 너무 약해서 충동적으로 '행동화'를 하면 물론 안 되지만, 그렇다고 너무 지나쳐서 경직되고 활기 없는 생활을 하는 것도 바람직하지 않습니다. 모든 것이 적당해야지요. 성숙한 삶을 살기 위해서는 억압을 줄여야 합니다. 다시 말하면, 자신이 느끼는 욕구를 의식하되, 행동은 자제해야 하는 거지요. 신경증적 방어기제인 '억압'이 더 성숙해지면 '억제'라는 방어기제로 대체되는 이유가 이런 겁니다.


## 내 마음을 억압하고 있다는 증거

그런데 내가 억압하고 있다는 것을 어떻게 알 수 있을까요? 예를 들어봅시다. 세 학생이 시험을 보고 있습니다. 그중 A는 아무 고민 없이 부정행위를 하지 않았어요. B는 15분 동안 부정행위를 할지 말지에 대해 고민하다 결국 안 했고요. C는 30분 동안 고민하다가 안 했습니다. 세 학생이 결국 모두 부정행위를 하지 않은 거지요. 시험이 끝난 후 누군가 "부정행위가 얼마나 나쁘냐?"고 물어보면, 위 세 학생 중에 누가 제일 나쁘다고 말할까요? 쉽게 생각하면 아무 고민도 안 한 A가 답일 것 같아요. 제일 나쁘다고 생각하니까 추호의 고민도 안 했을 테니까요. 하지만 정답은 C입니다.

부정행위가 나쁘다고 비난하는 정도는 고민한 시간에 비례합니다. 즉 고민을 많이 했으면 했을수록 더 나쁘게 느낍니다. 간단히 설명하면, 고민을 많이 했다는 것은 하고 싶은 마음이 강했다는 뜻이잖아요. 하지만 고민하다가 하고 싶은 마음을 누르고 안 했다면 그것이 그만큼 나쁜 것이어야 합니다. 하고 싶은 마음이 강하면 강할수록 유혹이 강해지고, 할지 말지 고민하는 시간이 길어지겠지요. 그리고 결과적으로 안 했다면 그만큼 부정행위는 나쁜 것이어야만 합니다. 그래야만 결국 하지 않은 자신의 결정이 '정당화'되니까요.

물론 이 과정이 의식적으로 일어날 수도 있고 무의식적으로 일어날 수도 있어요. 하지만 억압은 무의식적으로 일어납니다. 결국 욕구를 느끼지만 양심의 명령에 따라 무의식으로 억압하고 의식하지 못하는 사람은, 욕구를 만족시키는 행동을 강하게 비난하게 됩니다. 예를 들면, 학생을 무의식적으로 미워하는 교사는 학생을 미워한다고 교무실에서 공개적으로 드러내는 동료교사를 필요 이상으로 강하게 비난합니다. 물론 자신도 학생을 미워한다는 사실은 의식하지 못하고요.

이런 예는 우리 주위에서 얼마든지 들 수 있어요. 부모를 무의식적으로 미워하는 자녀는 공개적으로 부모를 미워하는 이웃을 "부모를 미워하다니 인간도 아니다"라고 강하게 비난합니다. 상황에 따라서는 부모를 미워하는 감정이 있을 수도 있는데 말이에요. 대낮에 카바레에 가서 춤을 추는 가정주부에 대한 기사를 보면 일반적으로 남편보다는 부인들이 '정신없는 여편네들'이라고 더 강하게 비난합니다. 아마도 그 부인들의 무의식 속에는 단조로운 일상에서 벗어나기 위해 그 가정주부들처럼 모르는 남자와 춤을 추고 싶은 욕망이 억압되어 있을 수도 있습니다.

자신이 억압하고 있는 욕구가 있는지를 알아보기 위해서는 자신에게 지나칠 정도로 필요 이상으로 비난하고 분개하는 욕구가 있는지를 돌아볼 필요가 있어요. 물론 화가 나거나 분노를 느낀다고 다 그 욕구가 억압되어 있다는 뜻은 아니에요. 하지만 혹시 자신도 이상하게 여겨질 만큼 특정 욕구에 대해서는 지나치게 화가 나고 분노하게 된다면 혹시 그것을 자신이 억압하고 있는 것이 아닌지 세심하게 돌아보아야 합니다. 억압이 강하면 강할수록 비난과 분노도 강해지거든요. 또 억압의 종류가 많으면 많을수록 비난할 대상 또한 많아집니다.

제가 알고 있는 한 지인은 "도둑질은 용서할 수 있어도, 간음은 절대로 용서할 수 없다"고 공개적으로 이야기해요. 그 이유는 '십계명'에 '간음하지 말라'는 계명이 있기 때문이라는 것이지요. 하지만 이 지인은 십계명에 '도둑질하지 말라'는 계명도 있다는 것을 잊고 있는 듯합니다.

## 지나친 공손은 예의가 아니다?

'미운 놈 떡 하나 더 준다'는 속담이 있습니다. 왜 미운 놈에게 떡을 하나 더 줄까요? 미운 사람에게는 하나도 주고 싶지 않은 것이 인지 상정인데요. 오히려 예쁜 사람에게 떡 하나 더 주어야 하는 것 아닌가요? 이 속담의 본뜻은 "미워하는 사람에게 미워한다는 티를 내면 혹시 뒤에 화를 입을 수도 있으니 일부러 후하게 대한다"는 것입니다. 즉, 본래 마음을 감추고 오히려 반대로 행동한다는 것이지요. 그래야 후환이 없다는 것이지요. 여기에서는 상대를 미워하는 자신의 마음을 의식하고 있지만 목적을 이루기 위해 그 반대로 행동해서 상대를 속이는 겁니다. 상대로부터의 비난이나 처벌이 두려워 반대로 행동하는 것이지요.

그렇다면 이 속담 내용이 무의식적으로도 일어날 수 있을까요? 즉 자신이 상대방을 미워하고 있지만, 이 사실을 의식하지 못하고 반대로 더 잘해주는 행동을 할 수 있을까요? 물론 정답은 '그렇다'입니다. 얼마든지 이런 일이 실제로 일어날 수 있고 또 일어나고 있어요. 혹시 남편이 필요 이상으로 보통 때와 다르게 잘해주면 대개 부인들이 "당신, 나한테 뭐 잘못한 거 있어?" 하고 의심쩍어 하잖아요.

이렇게 자신의 본래 감정을 의식하지 못하고 그 반대로 행동하는 것을 '반동형성'이라고 합니다. 말 그대로 반대로 행동하게 만든다는 것이지요. 그 이유는 간단해요. 자신이 느끼는 욕구를 양심이 '비도덕적'이라고 비난할 것이 두려워 그 사실을 억압하고 오히려 그 사실을 들키지 않으려고 반대로 행동하게 되는 것이지요.

한 유명 작가와 부부동반으로 함께 저녁을 먹기로 약속한 적이 있었습니다. 약속 시간이 한참 지난 후 혼자만 왔기에 그 이유를 물었습니다. 그런데 그 이유란 것이 어떻게 보면 약간 의아한 것이었습니다. 지방에 사시는 부모님이 오랜만에 일주일 정도 머무르실 예정으로 아들집을 방문하셨답니다. 그런데 예정보다 일찍 고향으로 내려가셨대요. 그런데 그 작가가 생각하기로는 부모님이 예정보다 일찍 가신 이유가 자신의 아내 즉 며느리가 너무 잘 대접을 한 까닭이라는 거예요.

'과공은 비례'라고 했나요? 너무 대접을 잘하니 부모님의 마음이 오히려 불편해졌다는 것이지요. 그래서 부부싸움을 했답니다. 그 작가는 "당신이 부모님에게 지나치게 대접을 잘한 것은 사실은 부모님과 같이 있기 싫어서 그런 것이 아니냐?"고 따졌답니다. 남편에게서 이런 질책을 받은 아내는 기가 막혔겠지요. 오랜만에 오신 시부모님을 극진히 모셨다고 오히려 비난을 받았으니까요. 작가의 섬세한 감성이 아내의 무의식을 꿰뚫어본 것일까요? 그 작가는 아마도 아내가 '반동형성'을 사용한 것이 아닌지 의심하고 있는 것입니다.


## 유난히 호들갑을 떠는 '반동형성'

주위에서 보면 지나치게 감정을 과장되게 표현하는 사람들이 있어요. 별로 반가울 것 같지도 않은 사이인데 오랜만에 만났다고 돌아가신 부모님이라도 뵌 것처럼 반색을 하며 인사하는 사람들을 동창회에서 흔히 볼 수 있거든요. 그리고 친구들끼리 여행을 가서 심심풀이로 적은 금액을 걸고 화투놀이를 할 수도 있잖아요. 하지만 그중에는 "돈내기 화투는 도박"이라고 절대로 하면 안 된다고 펄쩍 뛰면서 분위기를 깨는 사람이 있어요. 혹시 이 사람은 사실은 자신도 돈내기 화투를 굉장히 하고 싶은데 양심의 가책을 피하기 위해 지나치게 과잉반응을 보이는 것은 아닐까요?

그렇다면 오랜만에 만난 친구가 진짜로 반가운 것인지 아니면 반동형성으로 반가운 것인지는 어떻게 구별할 수 있을까요? 그 방법은 이미 앞서 소개한 '미운 놈에게 떡 하나 더 준다'는 속담에 나와 있습니다. 미운 놈에게는 매를 주고 예쁜 놈에게는 떡을 주는 것이 인지상정이지요. 당연히 미운 놈에게 떡을 주는 것은, 더군다나 하나를 더 준다는 것은 누가 보아도 부자연스러운 일이고, 상식에 어긋나는 것이지요.

진심에서 우러나오는 행동인지의 여부를 판단하기 위해서는 반동형성의 특징을 이해하면 됩니다. 첫 번째 특징은 '과장한다'는 겁니다. 반동형성에서 나오는 행동은 지나치게 과장되게 극단적인 형태로 나타납니다. 상식적으로 쉽게 이해가 안 되는 행동을 한다든지 지나치게 극단적인 행동을 하는 경향이 농후하단 말이지요. 지나치게 비싼 선물을 한다든지, 아프면 결석해도 되는데 "교실에서 죽는 한이 있어도 간다"고 우긴다든지, 지나치게 환대를 해서 오히려 받는 사람을 불편하게 한다든지 하는 것입니다. 조금만 관심을 가지고 자신과 다른 사람들의 행동을 살펴보면 곧 부자연스럽다는 것을 느낄 수 있는 행동들이 참 많이 있어요.

반동형성의 두 번째 특징은 '강박적'이라는 것입니다. 강박적이란 말은 어떤 특정한 행동을 하지 않으면 지나치게 불안해진다는 것을 의미하지요. 예를 들면 "손을 씻지 않으면 병균에 감염될지도 모른다"고 불안해하면서 지나치게 자주 손 씻는 행동을 되풀이하는 것이 강박적 행동입니다. 그리고 그 행동을 하지 못하면, 다시 말해 '떡 하나를 더 주지 않으면' 불안해서 못 견디는 것이지요. 왜 그럴까요? 만약 그런 행동을 하지 않으면 자신의 속마음이 들킬 것 같아서 불안해지기 때문에 무의식적인 속마음을 들키지 않으려고 계속 행동할 수밖에 없게 되는 겁니다. 행동을 계속 하는 한 들키지 않을 것이라는 안도감을 느끼게 되는 것이지요.

이제부터는 자신이나 주변 사람의 행동 중에 '극적으로 과장되거나' 또는 '강박적'인 행동이 혹시 있는지 살펴볼 필요가 있어요. 만약 그런 행동이 있다면 혹시 반동형성이 아닌지 의심해보아야 합니다. 이를 가려내야 하는 이유는 그것이 다른 사람에게 자신의 진짜 의도를 숨기려는 것일 뿐만 아니라, 더 중요하게는 자기 자신에게도 숨기려고 하기 때문입니다. 그래야 양심의 가책을 받지 않으니까요.

무의식적으로 일어나는 모든 방어기제는 사실상 자기 양심으로부터 처벌받을 것이 두려워 숨기는 것입니다. 하지만 억압과 마찬가지로 반동형성을 하는 데도 많은 에너지가 필요해요. 자신에게조차 숨기기 위해 많은 에너지를 소비한다는 것은 불행한 일이지요. 그러니 당연히 자신이 그런 욕구를 가지고 있다는 것을 의식하고 인정하는 것이 성숙한 삶으로 나가는 첫걸음이 되겠지요.

## 무의식적으로 딴짓하는 이유

아름답지만 불감증인 아내와 살고 있는 남성이 있었습니다. 그는 매우 열성적으로 우표 수집에 관심을 쏟고 있었지요. 그런데 여느 수집가와 달리 이 수집 취미를 아내 이외의 다른 사람하고는 함께하지 않았습니다. 보통의 수집가라면 동호회 활동을 하면서 정보를 교환하거나 수집의 즐거움을 공유하지 않나요? 그런데 이 사람은 어느 누구와도 자신의 우표 수집에 대해 이야기하지 않고 그 사실은 오직 아내만 알고 있습니다. 이것이 함축하는 의미가 무엇일까요?

그리고 그는 자신이 수집한 우표에 대해 아내가 얼마나 무관심한지를 슬픈 듯이 말했습니다. 이것은 그가 실제 우표를 수집하고 좀 더 열렬한 수집가가 되는 것에는 관심이 없다는 것을 의미합니다. 그러면 그는 왜 그토록 열성적으로 우표를 수집하는 걸까요? 아내의 관심을 얻고 싶어서입니다. 아름답지만 냉담한 아내와 어떻게라도 감정적 교류를 하면서 자신이 관심 받고 있다는 것을 확인하고 싶은 욕구가 우표 수집이라는 형태로 드러난 거예요.

거기다 아내는 불감증이니 당연히 성적인 문제도 포함되어 있겠지요. 그는 아내와 만족스런 성적 교류를 통해 가까워지고 싶은데 아내는 따라주지 않으니까 아내의 관심을 얻고 싶은 마음에 저도 모르게 '수'를 쓴 것이 우표 수집인 것입니다. 이때의 우표 수집을 하는 행동의 기저에 있는 방어기제가 바로 '전위'입니다.

'꿩 대신 닭'이라는 말 있지 않습니까? 전위란 이 '꿩 대신 닭'이 무의식중에 이루어지는 것입니다. 우리는 흔히 꿩이 구하기 어려우니까 그 대신 닭을 먹는 것이지 닭이 꿩보다 더 맛있고 좋아서 먹는 것은 아닙니다. 그렇기에 닭을 맛있게 먹다가도 막상 꿩이 생기면 다시 꿩을 먹는 것이 '꿩 대신 닭'의 뜻이지요. 뭐니 뭐니 해도 우리의 본심은 닭보다는 꿩이니까요. 이 남자의 자신도 모르는 속셈은 아내가 자신이 수집한 우표에 관심을 가져주기를 원하는 것이 아니라 바로 자신에게 관심을 가져주기를 바라는 것입니다. 그 역시 실제로는 우표에는 관심이 없기에 다른 수집가들과 교제하지 않는 것이고요. 그렇기에 만약 아내가 진심으로 자신을 원하는 느낌이 들면 그저 '닭'에 불과한 우표 수집은 그만둘 것입니다.

실제로 그랬습니다. 이 남자는 어떻게도 소통되는 느낌이 들지 않는 아내와 이혼하고 얼마 후 재혼을 했지요. 그리고 그 재혼한 여성과는 만족스런 부부관계를 이루게 되니까 한때 열렬했던 우표 수집에서는 미련 없이 멀어졌고요. 그에게 필요한 것은 '우표'가 아닌 '사랑'이었으니까요. 정말로 자신이 원하던 이성으로부터의 사랑을 얻었기 때문에 이성으로부터 관심을 받기 위해 시작한 우표 수집을 더 이상 할 필요가 없어진 것입니다.

전위의 양상이 이렇습니다. 무의식적으로 내가 원했던 것을 못해서 딴짓을 하다가 원하는 것을 얻으면 더 이상 딴짓을 안 하게 되는 것. 다시 말하면 전위는 정서적 주의를 큰 것에서 사소하고 작은 것으로 움직이는 것입니다. '사랑'이라고 하는 큰 가치가 '우표 수집'이란 사소하고 작은 것으로 옮겨간 것처럼 말이지요.

## 마음 똑바로 보기

그런데 만약에 이 남성이 아내의 사랑을 갈구하는 일과는 상관없이 진짜로 우표를 향한 열망이 있어 수집한 것이라면 어떨까요? 다시 말하면 진정한 취미로서의 우표 수집과 전위로서의 우표 수집을 어떻게 구분할 수 있을까요?

만약 우표 수집이 즐거워서 한 것이라면 아내가 그를 사랑하건 사랑하지 않건 그의 우표 수집에의 열망은 아무 영향을 받지 않을 것입니다. 그리고 그는 누구를 만나더라도 자신이 수집한 우표의 가치에 대해 이야기할 테지요. 자신이 우표를 얼마나 많이 수집했으며 그게 얼마나 즐거운 일인지에 대해 끊임없이 떠들어대겠죠. 물론 동호회 활동도 할 테고요. 그렇다면 이 상황은 전위가 아닙니다. 전위일 때는 내가 원하는 것을 얻으면 더 이상 그 대신 임시로 하던 일은 하지 않습니다. 꿩이 나타나면 닭은 놓아버리는 것이지요.

그런데 전위가 아니라면 어떤 상황에서든 그로 인한 즐거움을 계속 누리려 하겠지요. 그렇다면 그것은 '승화'라고 불릴 만합니다. 본능이 왜곡 없이 표현된 것이 승화거든요. 전위가 본능을 왜곡해서 그 욕망의 방향이 잘못 자리 잡은 것이라면 승화는 욕망의 방향이 제대로 자리 잡은 것입니다.

즉 전위를 통해서 이루어진 행동은 원래 원했던 목표가 달성되면 더 이상 지속할 필요가 없지만 승화에 의해서 하는 행동은 원래 행동하는 것 자체가 목적이기 때문에 일생 동안 즐길 수 있습니다. 이것이 전위와 승화의 차이점이지요. 혹시 몰입하는 취미활동이 있으신가요? 그렇다면 그 행동은 전위인가요, 승화인가요? 그렇습니다. 마음을 똑바로 바라보는 일, 생각보다 쉽지 않아요.


## '전위'란 만만한 상대를 찾는 일

아내와의 이혼이 불가피하다는 것을 알고 감정적으로 극도의 분노 상태를 겪으며 살인이나 자살로 가기 직전인 남성이 있었습니다. 아내를 죽이고 싶을 정도로 화가 나 있었던 이 남성이 상담실을 찾았어요. 그리고 결혼 생활에서의 불만사항을 기록하는 카드에 '나의 유일한 불만은 아내가 전화를 오래 쓰는 것'이라고 적어놓았습니다.

전화를 오래 쓴다고 해서 죽이고 싶지는 않을 텐데 자신을 속이고 있는 것이지요. 무의식 속에 들어 있는 자신의 본심을 스스로 알아내기 전까지 그는 자신이 왜 화가 나 있는지를 자신도 모르는 겁니다. 진짜 원인인 '이혼에 대한 두려움'이 무의식에서 감춰지고 그 대신 전위된 형태로 나타난 것이 '전화를 오래 쓰는 아내'인 것이지요.

낚시에 빠져 휴일에는 낚시만 다니는 남자들이 많습니다. 그들이 낚시를 다니는 이유는 여러 가지일 것입니다. 가정생활의 불화가 원인인 사람도 있겠지요. 아내로부터의 사랑이 부족해서인 경우 두 사람의 관계가 좋아져서 아내에게 원했던 사랑을 충분히 얻게 되면 그는 더 이상 낚시를 다니지 않을 것입니다. 그러나 정말 낚시 자체를 좋아하는 경우라면 아내와의 애정전선이 어떻든지 간에 상관없이 낚시를 다니겠죠. 그에게 낚시는 좋은 취미일 뿐이니까요.

전위는 가정에서도 흔히 일어납니다. 어느 집 형제 중 큰아들이 아버지에게 화가 났어요. 그런데 표현을 못하고 동생을 괴롭힙니다. 이것도 전위입니다. 그러던 어느 날 아버지와 이야기하다가 아버지에 대한 화가 풀리면 그때부터는 동생을 덜 괴롭히게 되지요. 만약 전위가 아니라면 아버지와의 화해 후에도 동생을 계속 괴롭힐 겁니다. 대개의 경우 형제들 간의 관계에서의 갈등은 전위일 때가 많아요. 부모에 대해서 말 못한 화를 제일 만만한 사람에게 푸는 것이지요.

사실 만만한 곳으로 가는 것이 전위입니다. 우리 주변에서도 보면 다른 사람 때문에 화가 났는데 나한테 와서 화풀이한다는 느낌이 들면 "너는 내가 그렇게 만만하게 보이냐"라고 말하잖아요? 이처럼 우리가 일상적으로 쓰는 용어들에는 우리의 마음이 표현된 것들이 많아요. "한강에서 뺨 맞고 왜 나한테 와서 이러냐?"는 말은 '너 왜 나한테 전위하냐?'라는 뜻이에요. 그런데 이렇게 말하면 상대방이 못 알아듣겠지요? 그래서 전위 대신 만만하냐고 묻게 되는 것입니다.

# 감정이 있기에
# 향기로운 인생이지요

## 감정 없이 '생각'으로 산다는 것

한 20대 청년이 이렇게 말합니다. "저는 성적인 행동을 하는 것이 나쁘다고 생각하지는 않아요. 하지만 애인과 함께 있어도 성적 욕구는 일어나지 않습니다." 피가 들끓을 나이의 청년이 성적 행동을 하는 것이 나쁘지 않다고 생각한다면, 또 상대방도 동의한다면 당연히 행동으로 옮기려고 하는 것이 자연스러운 일 아닐까요? 그런데 그런 행위는 인정하면서도 자신에게는 그 욕구가 일어나지 않는다고 한다면 이 청년에게는 심리적으로 문제가 있는 것입니다. 이것이 '이지화'라는 방어기제예요. 한마디로 이지화는 생각은 있으나 감정이 없는 것이지요.

우리가 보통 어떤 대상에게 취하는 태도는 세 가지 요소를 포함합니다. 인지적 요소, 정서적 요소, 행동적 요소 이렇게요. 이 중 인지적 요소는 어떤 대상에 대해 우리가 알고 있는 생각이고요, 정서적 요소는 우리가 가지고 있는 감정이지요. 행동적 요소는 우리들의 행동입니다.

이지화는 이 세 가지 요소 중 인지적 요소, 즉 생각은 가지고 있으나 정서적 요소 즉 감정을 가지고 있지 않은 것입니다. 당연히 행동이 따르지 않겠지요. 이지화는 대표적 증세로 환상과 환청을 동반하기도 합니다. 분명 생각은 나는데, 누가 나를 따라오는 것 같고 말하는 것 같은데 왜 그런 생각이 나는지에 대한 감정은 없는 것, 이것을 '고립'이라고 부르기도 하고 이지화라고 부르기도 합니다.

그런데 환상과 환청은 증세가 조금 심각한 것이고 일반적 상황에서 이런 이지화를 방어기제로 주로 사용하는 사람들을 보고 우리는 흔히 '이지적'이라는 표현을 하기도 합니다. 학교 다닐 때 '저 친구는 참 이지적이야'라는 생각이 들던 친구들 있지 않나요? 논리만 있고 감정이 없는 아이들을 그렇게 불렀습니다.

예를 들면, 어머니를 한번 생각해보세요. 우리의 감정을 건드리는 대표적 이미지가 어머니 아니던가요? 그래서 보통 추상적 어머니에서 구체적인 나의 어머니로 넘어가면 울컥 하는 것이 있기 마련입니다. 나의 어머니만큼 나를 울리는 것이 없단 말입니다. 감정적인 것이죠. 그런데 이지적인 사람들은 그렇지 않아요. 자신의 어머니에 대해 말하면서도 추상화되고 박제된 어머니를 말하는 것처럼 무미건조하게 이야기합니다.

그런데 감정이 차단되어 있다 보니 이지화하는 사람들은 남들이 꺼리는 이야기도 대수롭지 않게 하는 경향이 있습니다. 예컨대 보통 사람들은 개인적인 성에 대해 이야기하는 것을 금기시하잖아요. 특수한 경우에만 고백하듯 털어놓고 보통 때는 잘 이야기하지 않지요. 그런데 이지화가 잘 되는 사람은 의외로 아무 감정 없이 성에 대해 쉽게 이야기하기도 해요. 마치 남 이야기하듯, 하나의 추상화된 사실만을 이야기하니까 그런 데서는 거리낌이 없는 것이지요.

감정을 끌어내야지만 속에 있는 자기 자신과 만날 수 있는데, 상담을 하다 보면 이지화하는 사람들은 감정을 이야기하지 않아 곤란을 겪는 경우가 많아요. 감정을 이야기하게 하면 화를 내거나 아예 감정을 모르는 경우도 많더군요. 안타깝지요. 그 무엇에도 마음이 뭉클해지지 않는다면 거의 기계인간 수준 아닌가요? 감정 없이 '생각' 만으로 산다는 것이 얼마나 삶을 무미건조하게 만드는 일인지 알았으면 합니다.


## 그래도 향기 나는 삶이어야

이지화를 극단적으로 사용하지 않더라도 일상에서 감정이 메마른 사람들을 쉽게 찾아볼 수 있습니다. 이런 사람들의 특징은 질서정연하고 인내심과 절제가 강하며 또한 인색하고 엄격하지요. 한번 머릿속으로 논리적 결정을 하게 되면 이것을 어기는 법이 거의 없고요.

감정의 동요가 일어나지 않으니 계획한 것은 그대로 지킵니다. 우리가 계획을 세웠는데 잘 못 지키는 이유는 감정의 동요 때문이거든요. 예를 들어, 내일모레가 시험이라 오늘내일은 11시까지 시험공부를 해야겠다는 계획을 세웠다고 합시다. 그런데 느닷없이 오랜만에 친한 친구가 전화를 해서 식사를 같이 하자고 하면 보통 어떻게 하나요?

이지화하는 사람들은 절대 만나지 않습니다. 감정의 동요가 없으니까 이렇게 말하고 말지요. "시험 때문에 오늘내일 11시까지 공부해야 해서 못 만나겠다. 미안하다." 이 사람은 감정을 누르고 이지적으로, 기계적으로 말합니다. 반면 감정적인 사람은 오랜만에 친구에게서 전화가 왔으니 술 한 잔 하러 가야지 합니다. 인간적이지요. 그렇다고 또 너무 감정적으로 나가 술을 많이 마시면 인생 망치겠죠? 이때는 적당히 조절할 수 있는 균형 감각을 갖는 일이 중요해요.

사실상 자신의 계획대로만 움직이는 이지적인 사람들을 보면 흡사 조화造花를 보는 것 같은 느낌이 들지 않나요? 그들은 1년 내내 똑같이 고운 자태를 유지하지만 보는 사람은 곧 지겨워지지요. 하지만 생화는 가까이 가서 보면 벌레 먹은 자리도 있고 시들기도 하지만 향기가 있습니다. 반면 조화는 향기가 없어요. 사람의 삶에서 감정이 바로 '향기'입니다. 이지적인 사람들이 성공하는 경우도 있겠지만 그래도 우리 인생은 향기 나는 삶이어야 하지 않을까요?

## 산수 인생과 수학 인생이 있으니

소설가 윤남경님의 단편 중에 〈산수 인생〉이란 작품이 있어요. 수학이 아니고 산수예요. 산수 인생이라는 제목부터 재미있지요? 이 소설 속 남편은 매우 이지적인 사람인 반면 아내는 감정적인 사람이에요. 남편은 새해가 되면 달력에다 매달 날짜 몇 개를 표시하는데, 그게 부부관계를 가지는 날입니다. 꼭 그날만 해야 하는 거예요. 오랜만에 부부동반으로 영화를 보고 온 날 밤 아내가 은근히 분위기를 잡아도 남편은 관계를 맺을 날이 아니라고 거부합니다. 고등학교 때 생물선생님이 "한 번 키스하는 데 팔백만 개의 균이 오고가니까 되도록 하지 말라"고 농담 삼아 한 말을 믿고 신혼 시절에도 키스하는 것을 싫어한 남편과 사는 것이 얼마나 피곤하고 고달프겠어요? 이 남편이 입에 달고 사는 말이 "계획성 있게 살림살이를 하라"는 것입니다.

산수하고 수학하고 다른 점이 뭘까요? 구체적인 숫자가 들어가는 것이 산수입니다. 3 더하기 5는 8처럼. 그러나 수학은 공식을 이용하는 것이지요. x 더하기 y는 z처럼. 어떤 구체적인 숫자를 집어넣어도 다 풀리는 게 공식이죠. 따라서 이지화하는 사람들의 삶을 산수 인생이라고 할 수 있는 겁니다. 수학 인생은 큰 원칙은 있으나 그 원칙 안에서는 얼마든지 다양한 변주가 가능하지만, 이지화하는 사람들은 그 어떤 변주도 없어요. 그저 똑같은 멜로디만 반복하지요.

감정적일 수 있는 것은 실로 중요한 덕목입니다. 감정이 없으면 인생에서 큰 실패도 없겠지만 다른 사람들로부터 존경받는 일은 생각도 못하는 삶을 살게 되겠지요. 이와 관련해서 재미있는 사례를 하나 말씀드리지요. 제가 군대 생활을 할 때의 일입니다. 그때 저는 중학교 과정을 가르치는 학교에서 교사로 근무했어요. 제가 처음 맡은 소임이 교감선생님이신 장교를 모시는 당번병이었지요. 아침에 일어나서 이불 개고 세숫물 받아드리고 아침 점심 드리고 하는 일입니다. 그런데 이 장교님의 책상 위에 큰 유리병이 하나 있는데 거기에 사탕이 가득 들어 있었단 말이에요. 그런데도 이분이 제게 사탕 먹으라는 말을 한 번도 안 하시는 거예요. 졸병 때인지라 그 사탕이 그렇게 먹고 싶더라고요. 그래서 어느 날은 제가 몰래 두 개를 꺼내 먹었어요. 가득 채워져 있으니까 한두 개쯤 없어져도 모르겠지 생각했던 겁니다. 그런데 그다음 날, 이분이 저를 불러 자수하라고 추궁하시더라고요. 알고 보니 세상에나, 혹여 제가 사탕 먹을까봐 개수를 세고 계셨던 거예요.

그 벌로 한 달 동안 아침 일찍 일어나 반성문을 1000자씩 써야 했어요. 그런데 여기서도 만약 글자 수가 한 자라도 빠지면 그걸 일일이 지적해서 마저 채워 넣어야 했던 경험이 있습니다. "이번에는 998자군. 두 자 더 써와." 이렇게 말입니다. 죽을 맛이었지요.

또 이분이 얼마나 인색하던지, 학부모님들이 보내준 참외를 저희들한테 안 주시는 거예요. 군인들이 자녀들에게 공부를 무상으로 가르쳐주었기 때문에 학부모님들이 고맙다고 참외를 보내주시곤 했거든요. 그러면 대개 교감선생님에게 드리는데, 다른 교감선생님의 경우에는 본인이 한두 개 드시고 나머지는 군인 교사들에게 주시지요. 하지만 이분은 나눠주지 않고 자신의 침대 밑에 썩을 때까지 그냥 두는 거예요. 정말 같이 지내면서 숨 막혀서 죽는 줄 알았어요.

## 통제 불능의 '감정' 폭풍

이지화하는 사람들은 감정동요가 적으니까 말썽부릴 일이 적습니다. 친구도 적은 편이고 직업 없이 사는 경우도 없지요. 흔한 말로 욱할 일이 없으니 감정적으로 동요되어 사표 내는 일이 없는 것입니다. 늘 인생은 계획대로 계산되어 '산수'의 결과물처럼 갈 곳이 정해져 있거든요.

그런데 이 사람들과 반대 경향을 보이는 사람들이 있어요. 감정이 충만해서 자신의 감정을 주체 못하는 사람들, 즉 '행동화'라는 방어 기제를 주로 사용하는 사람들입니다. 이미 앞에서 살펴보았는데, 생각보다 행동이 먼저 튀어나가는 사람들입니다. 이 사람들은 '돌다리도 두드려보고 건너기'보다는 반대로 '건넌 다음에 두드려보는' 사람들입니다. 만약 본능 표현이 조금이라도 지연되면 나타날 긴장을 견딜 수가 없기 때문에 만성적으로 충동들에 굴복하는 심리적 상태를 갖는 것이지요.

예를 들어 친구들과 오랜만에 술 마실 때 오늘만은 내가 쏘지 않으리라 결심했다가도 어느 순간 오늘만큼은 내가 쏴야겠다는 감정이

혹 하고 올라오면 그냥 씁니다. 친구들이 말려도 막무가내로 술값을 내지요. 그리고 집에 가서 후회하는 겁니다.

하지만 이지화하는 사람들은 절대 그런 일을 벌이지 않습니다. 절대 감정에 휩쓸려서 손해 보는 일을 하지 않습니다. 그래서 인생에서 크게 실수를 저지르지 않아요. 이들은 항상 정서가 개입되지 않은 초연한 모습으로 세상을 살아갑니다. 철저하게 현실과 감정을 잘 구분할 수 있는 사람들은 계산을 치밀하게 하고 돈 관리 또한 잘합니다. 감정적으로 '지름신'이 내린다든가 그런 일은 있을 수 없는 것이지요. 모든 것이 계획된 삶, 단순하지만 재미없는 그야말로 산수 인생을 사는 것입니다. 그런데 통제가 안 되는 감정의 폭풍에 휘말려서도 곤란하지만, 메마른 감정 상태로 자신의 주변을 사막화하는 것도 바람직하다고는 할 수 없겠지요.


## 내 마음속 두 가지 얼굴

누군가 예상외의 선행과 악행을 저지를 때 흔히 하는 말이 우리 마음속에는 천사와 악마가 공존한다는 것입니다. 그리고 이때 떠올리는 인물이 '지킬박사'와 '하이드'지요. 지킬박사와 하이드는 한 사람 안에서 함께 살아가는 마음의 두 가지 측면을 대변합니다.

한번 자기 모습을 가만히 들여다보세요. 모두가 마음속에 지킬박사 같은 면과 하이드 같은 면을 함께 가지고 있을 겁니다. 이 두 가지 모습은 우리 마음속에 함께 살면서 자아의 중재를 받아서 상황에 맞게 나타나고 있는 거예요. 그러니까 지킬박사의 면모가 나와야 할 때는 지킬박사가 나오게 되고, 하이드의 면모가 나와야 할 때는 하이드가 나오게끔 자아가 잘 통제해주고 있는 거지요.

우리는 보통 지킬박사는 좋은 사람이고 하이드는 나쁜 사람이라고 생각하는데 과연 그럴까요? 100퍼센트 순수 지킬박사도 인간이 덜 된 사람이고 100퍼센트 하이드도 인간이 덜 된 사람일 뿐이에요. 여기서 인간이 덜 되었다는 것은 그런 인간이 없다는 말입니다. 인간성을 완전히 빼버린 박제된 인간이 아니라면 세상에 그런 사람은 존재하지 않는다는 것이지요.

원래 우리 마음속에는 이 두 가지 특성이 분리되어 있지 않고 공존해 있는 것입니다. 자아의 중재로 나름대로의 역할 나누기를 하며 공존해 있는 것인데, 이 두 가지 특성이 아예 분리되어 독자적 영역을 가지면 문제를 일으키게 돼요. 그것을 또 하나의 신경증적 방어기제인 '해리'라고 부르지요.

지킬박사와 하이드는 해리된 두 영역의 주인장을 호칭하는 것입니다. 자아의 중재 없이 등장해서 문제를 일으키는 것이지요. 이 두 인물은 서로 의사소통을 못 합니다. 서로 소통이 된다면 지킬박사와 하이드가 아니지요. 구태여 그렇게 나뉘어 있을 필요가 없는 한 인물일 테니까요. 그러니까 지킬박사와 하이드는 원래 우리 마음의 두 가지 양상일 뿐인데 이 두 사람이 우리 마음속에 아예 따로 집을 짓고 사는 것처럼 나타나는 것, 이것이 해리입니다. 사실상 해리는 정신분열이지요. 매 상황마다 처신이 달라지고 꿈과 현실이 구분되지 않는 것입니다. 그래서 어느 때는 지킬박사로 살아가다 또 어느 때는 하이드로 살아가는 것이지요.

이러한 해리는 모든 방어기제 중에 가장 극적 형태를 띱니다. 우리는 정서적인 긴장으로부터 도피하기 위해 해리라는 방어기제를 사용해 자신의 인격이나 개인적인 정체감을 변경시킬 수 있어요. 헐크를 생각해보세요. 헐크가 아닐 때는 조용히 합리적으로 살다가 갑자기 화가 나서 못 견디게 되면 완전히 다른 사람으로 변해 마구 때려부수지 않습니까? 그러다 다시 제정신으로 돌아오면 자신이 무슨 짓을 저질렀는지 헐크 때의 행동을 기억할 수 없는 것이고요.

술 마시면 '개가 되는' 사람들도 그렇지요. 보통 때는 얌전하다가도 술이 들어가거나 하면 평소와는 전혀 다른 사람으로 변하는 것을 쉽게 볼 수 있잖아요. 제정신으로 현상을 똑바로 바라보기 싫으니까 술이라는 도피처를 이용해 현실을 잊고 완전히 다른 모습으로 변하는 것, 이것도 일종의 해리 증상입니다.

우리 주위 사람들 중에도 예기치 못한 충격을 주는 친구들이 있지 않나요? 이 사람이 정말 내가 알던 그 사람이 맞는가 싶을 정도로 어느 순간 돌변하거나 돌변된 상황을 만드는 사람들 말입니다. 그 친구에게도 해리가 나타난 것이지요. 예를 들면, 오래도록 부유한 가정에서 잘 교육받고 자란 듯 보였던 친구가 알고 보니 집에서는 망나니처럼 굴며 경제적으로도 궁핍한 생활을 하고 있는 것을 우연히 알게 되면 그동안 그 친구가 보여주었던 모습이 의아스럽게 느껴집니다. 그 친구는 집에서의 모습과 밖에서 꾸미는 자기 모습이 완전히 다른 두 개의 존재로 해리되어 사는 것이지요.


## 모차르트와 베토벤의 삶과 음악

다들 모차르트를 아실 겁니다. 특별히 클래식을 좋아하지 않아도 그의 곡은 영화나 TV 광고 속에서 끊임없이 흘러나오며 관공서 컬러링으로도 많이 사용되는 등 우리 일상에서의 음악 점유율 1순위를 기록하는 음악가니까요. 그런데 이 모차르트야말로 제가 보기에 '해리'를 사용하는 전형적인 인물입니다.

모차르트는 현실적으로 아주 불우하게 산 사람이지요. 하숙집 딸이었던 아내는 음악에 무지했고 경제적으로도 궁핍했습니다. 그런데 모차르트 음악을 들어보면 이게 그 궁핍한 환경에서 작곡되었다고는 믿기지 않을 정도로 아름다운 멜로디를 갖고 있어요. 보통 모차르트 음악을 '천상의 멜로디'라고 하는데, 도저히 땅에 사는 사람이 만들었다고는 믿기지 않는 아름다움이 있기에 그렇게 표현합니다.

그를 주인공으로 만든 〈아마데우스〉라는 영화를 보면, 시작 부분에서 모차르트는 자신을 후원하기 위해 기다리는 대공과 귀족들을 모른 척하고 파티를 준비하는 하녀들을 짓궂게 괴롭히면서 놀고 있는 모습이 보입니다. 이 모습이며 영화에서 풍자된 그 특유의 기괴한 웃음소리를 듣다 보면 이 사람이 그토록 아름다운 곡을 작곡한 사람이란 게 납득하기 어려워지지요.

분명 모차르트에게는 그의 현실적 삶과 음악 속에서의 삶, 그리고 작곡가로서의 삶과 남편으로서의 삶이 서로 용해되어 있다는 느낌이 별로 없어요. 이것이 해리입니다.

반면 베토벤의 음악은 어떤가요? '음악의 성인'이라고 불리는 베토벤의 음악에는 베토벤의 삶이 그대로 녹아 있습니다. 그의 음악에는 힘들고 어려운 그의 삶이 아름답게 승화되어 있어요. 턱없이 아름다운 모차르트 음악과는 다른, 베토벤만의 아름다움이지요. 베토벤 음악의 위대함은 그의 현실적인 삶과 음악이 한데 어우러져서 뿜어내는 그 '완성'에 있지 않을까요? 그것이 해리를 뛰어넘은 승화인 것이지요.


## 무의식적 꾀병, '건강염려증'

우리 모두는 어렸을 적에 '꾀병'을 부려본 적이 있을 겁니다. 꾀병은 '거짓으로 병을 앓는 척하는 것'이지요. 왜 꾀병을 부릴까요? 아마도 제일 큰 이유는 해야 할 일이 있지만 하지 못했거나 하고 싶지 않을 때 비난을 피하려는 것이겠지요. 그러다 보니 심부름을 해야 할 때, 청소를 해야 할 때 또는 야근을 해야 할 때 등등 꾀병을 부려야 할 때가 많이 생기지요.

그리고 간혹 우리는 관심을 받고 싶을 때 꾀병을 부리기도 합니다. 아프다고 하면 어머니가 평소보다 더 자주 관심을 보여주고 맛있는 음식을 해주기도 하니까요. 아프다고 하면 남편이 평소보다 더 일찍 퇴근해서 이것저것 챙겨주니까요. 옛날 일을 돌이켜보면 저도 어머니가 동생에게 더 많은 관심을 보일 때 꾀병을 많이 부렸던 것 같아요.

또 하나 중요한 이유는 상대방이 걱정하도록 만들기 위해 꾀병을 부리기도 합니다. 조금 의아할 수도 있지만, 생각해보세요. 혹 나에게 관심을 기울이지 않는 남자친구에게 아프다고 꾀병을 부리면서 걱정하도록 만든 적이 없었나요? 이처럼 꾀병은 살아가면서 유용할 때가 많아요.

하지만 꾀병은 실제로는 아프지 않은 것이지요. 본인도 그것을 알고 있지만 아픈 척하는 것뿐이지요. 하지만 꾀병이 무의식적으로 일어나면 어떻게 될까요? 이런 현상을 '건강염려증'이라고 합니다. 하지만 무의식적이기 때문에 본인은 그것이 꾀병인 줄 모릅니다.

그렇다면 꾀병과 건강염려증의 차이는 무엇일까요? 꾀병은 아프지 않지만 건강염려증은 실제로 아픈 것이 차이점입니다. 꾀병을 앓는 사람은 실제로는 고통이 없지만, 건강염려증을 방어기제로 사용하는 사람은 실제로 고통을 느낍니다. 실제로 아프다는 거지요. 하지만 건강염려증은 마음에서 생긴 것이기 때문에 아무리 자세히 진찰을 하고 검사를 해도 아픈 원인을 찾을 수가 없어요. 실제로 신체적으로는 아픈 원인이 없기 때문이지요.

그런데 신체적인 원인이 없어도 고통을 느끼는 일이 가능할까요? 물론 가능합니다. '상상임신'을 예로 들면 쉽게 이해할 수 있습니다.

상상임신은 '임신을 몹시 원하는 여성이 실제로 임신한 것이 아닌데도 입덧이나 태동과 같은 임신 증상을 나타내는 일'을 말합니다. 임신을 절실히 원하는 여성이 자신이 임신했다고 믿으면 실제 임신을 했을 때처럼 신체적·생리적 변화가 일어나는 경우가 간혹 있어요. 입덧을 하기도 하고 가슴이 부풀어 오르는 등의 변화가 일어날 뿐만 아니라 실제로 생리가 멈추는 등의 변화까지도 일어나고요. 그만큼 몸과 마음이 밀접한 관계가 있다는 것이지요.

이렇듯 아플 필요가 있는 사람들에게는 실제로 고통이 일어날 수 있어요. 그래야 여러 가지 목적을 달성할 수 있으니까요. 건강염려증으로 얻는 이득은 꾀병을 앓을 때의 경우와 마찬가지예요. 책임 회피하기, 비난 모면하기, 관심 얻기, 상대 괴롭히기 등이지요. 요즘 명절이나 제사를 앞두고 아픈 며느리들이 꽤 있는 것 같습니다. 동서들 사이에서 제일 밉상인 며느리지요.

하지만 당사자는 실제로 고통을 느낀단 말이에요. 그러나 병원에 가서 진찰을 받으면 아무 원인도 찾지 못하고요. 당사자로서도 참 괴로운 일이지요. 왜냐하면 건강염려증이란 것이 무의식적으로 일어나기 때문에 당사자 또한 의식적으로는 그 진짜 원인을 알 수 없기 때문입니다.

## 관심을 갈구하는 절망적 호소에 귀 기울이기

보통의 경우, 아파서 병원에 간 경우 다양한 검사를 합니다. 그리고 검사 결과 이상이 없다면 안심하게 되지요. 그렇지만 건강염려증에 걸린 사람들은 안도하기보다는 오히려 짜증을 내고 다른 검사를 하자고 요구합니다. "저는 정말 고통을 느끼는데 원인이 없다니요?" 하고요. 결국 이들은 자신이 아픈 것을 진정으로 이해하고 원인을 찾아낼 수 있는 '용한' 의사를 만날 때까지 이 병원 저 병원을 유람하는 경우도 종종 있어요. 내과에서도 신체적인 원인을 찾을 수 없는 경우에는 '심인성'이라는 진단을 내립니다. 심인성이란 문자 그대로 심리적인 원인에 의한 것이라는 뜻이지요.

건강염려증은 사회적인 현상입니다. 다른 사람과의 관계에서 생긴 것이라는 뜻이지요. 만약 어떤 사람이 무인도에서 혼자 살아간다고 할 때 그에게도 과연 건강염려증이 생길까요?

2009년에 개봉한 〈김씨표류기〉라는 영화를 재미있게 본 적이 있습니다. 모든 것을 잃고 삶을 포기한 주인공이 자살을 하려고 한강 다리에서 투신했는데 죽지 못하고 어쩌다 밤섬에 도착해서 혼자 생활하는 이야기지요. 그리고 그곳에서 한 여성과의 교신을 통해 다시 삶의 희망을 찾는다는 내용의, 한편으로는 의미심장하면서 한편으로는 코믹한 영화입니다.

그런데 이 주인공이 밤섬에 혼자 살면서 건강염려증으로 고통받는 일이 생길까요? 아마도 신체적인 원인이 있어서 아픈 환자라도 무인도에서 살아남으려고 온갖 노력을 하는 와중에 저절로 치료가 되는 경우는 있을 테지요. 하지만 절대로 건강염려증으로 고통 받는 일은 없을 겁니다.

건강염려증은 자신에게 관심을 가져달라는 절망적인 호소입니다. 따라서 우리 주위에 건강염려증 때문에 고통 받는 사람이 있다면 짜증내고 비난하기보다는 먼저 관심을 가져주는 것이 제일 좋은 치료법입니다. 오죽하면 고통을 느껴가면서까지 좋은 관계를 맺으려고 몸부림치겠습니까?

지금까지 신경증적 방어기제에 대해 이것저것 말했습니다. 이처럼 우리는 의식하지 못하는 사이에 감정 없는 상태인 이지화부터 현실로부터 나를 분리시키는 해리와 대상을 바꾸는 전위까지 여러 스타일의 방어기제를 사용하며 살아가고 있는 것입니다. 물론 무의식적 꾀병인 건강염려증도 여기에 포함되지요. 모두가 진실을 은폐하고자 하는 교묘한 마음속 위장입니다. 있는 그대로 나와 세상을 바라보는 것이 두려워 생기는 무의식적 장치들인 것입니다.

인간이 솔직하게 산다는 것, 정말 어려운 일 입니다. 우리는 솔직하지 못해서 아픈 것이라고 볼 수 있지요. 우리의 심리적 문제는 우선 그 사실을 아는 것으로부터 출발해야 합니다. 내가 감정적으로 솔직하지 못하다는 것 말입니다.

우리도 평소에 자신이 느끼는 감정을 자연스럽게 표현하는 방법을 터득해야 합니다. 우리는 감정을 좋은 감정과 나쁜 감정으로 분류합니다. 그리고 좋은 감정은 표현하도록 조장하고 나쁜 감정은 억누르고 표현하지 못하도록 교육받았지요. 예컨대 아버지를 사랑하는 것은 좋은 감정이고 당연히 느껴야 하는 감정이지만 아버지를 미워하는 것은 나쁜 감정이고 당연히 느껴서는 안 되는 감정이라고 배웠습니다. 하지만 아버지도 사람인데 어떻게 늘 좋은 면만 있겠어요?

좋은 면은 좋아하고 나쁜 면은 싫어하는 것은 지극히 당연하고 자연스러운 현상이에요. 사랑하는 감정을 자연스럽게 표현하도록 하는 것이 중요한 것처럼, 싫어하는 감정도 자연스럽게 표현해야 합니다. 그래야 마음속에 부정적인 감정이 쌓여 언젠가 감당할 수 없는 방식으로 표출되는 것을 막을 수 있으니까요. 정말 금슬이 좋은 부부는 안 싸우는 부부가 아니라 싸우면서도 헤어지지 않고 잘 사는 부부입니다. 친한 친구는 그렇게 싸우면서 만들어지는 것이지요.

# 성숙하고 아름답게
# 나를 표현하는 삶

## 성숙으로 가는 삶의 단계들

우리가 누군가를 미워하는 상황을 가정해봅시다. 그런데 감정적으로 솔직하지 못한 사람들은 이 사실을 인식하기도 힘이 듭니다. 그래서 미성숙한 삶의 단계에서는 '너'하고 '나'하고를 혼동하기까지 합니다. '내가 너를 미워해'라고 생각하지 않고 '네가 나를 미워하잖아'라고 생각하는 거예요. 왜 이렇게 되는 것일까요? 실은 그 사실을 인정하고 싶지 않은 것이지요. 그래서 자신의 감정을 다른 사람에게 귀인시키는 겁니다. 이것을 '투사'라고 합니다.

앞서도 말했지만 투사란 나를 지키기 위한 하나의 방편으로 자신의 감정에 대한 책임을 다른 사람에게 돌리는 것입니다. 미성숙한 삶이니까 나올 수 있는 행동이지요. 미성숙한 삶의 특징은 현실과 비현실을 혼동하고, 너와 나를 혼동하는 것입니다. 그런데 여기서 조금 진화가 되면 혼동은 끝나지만 욕구를 부정하고 왜곡하는 삶의 단계가 펼쳐집니다. 앞서 살펴본 신경증적 방어기제들이 점령하는 삶을 살게 되는 것이지요.

이때는 '난 너를 미워해'라는 감정 자체를 아예 의식하지 않습니다. 그래서 내가 너를 미워한다는 것을 모르는 '억압'이 일어나지요. 그리고 거기다 한술 더 떠서 내가 너에게 좋은 감정을 가지고 있는 줄 착각하는 '반동형성'이 생깁니다. 무의식적으로 자신의 감정을 숨기려고 정반대의 행동을 하는 것이지요. 보살핌을 받고 싶은 사람이 오히려 다른 사람을 지나치게 보살피는 일 등을 말합니다.

우리 마음속에서는 욕구와 양심이 충돌을 벌이고 있는데 그 둘의 관계에서 욕구를 부정하거나 왜곡하는 것이 우리를 지키기 위한 신경증적 방어기제예요. 자아가 양심하고 결합해 내면의 욕구를 내리누르는 것이지요. 분명히 존재하는 욕구를 인정 안 하고 양심하고 손잡은 자아가, 예컨대 '영구 없다' 하고 사는 것입니다. 그렇게 겉으로는 욕구가 없는 척하지만 이 욕구가 언제 튀어나올지 몰라 항상 불안한 것이 이러한 신경증적 삶입니다.

그러다 삶이 성숙한 단계로 오면 '나는 너를 미워해'라는 감정을 스스로 의식합니다. 많이 발전한 것이지요. 내가 너를 미워하면서도 '네가 나를 미워하잖아'라고 했다가 '나는 너를 안 미워해'라고 하다가 드디어 '나는 널 미워해'를 인정할 수 있게 되었으니까요. 드디어 부정과 왜곡이 일어나지 않고 그것을 인정하고 합리적으로 해결하는 상태에 다다르게 된 것이지요. 이제 내게도 욕구가 있음을 쿨하게 인정하게 됩니다. 있는데도 없는 것처럼 살아가기 위해 방어하는 데 쓰이던 에너지들이 원래 자리로 돌아가 더 성숙하고 즐거운 삶을 살 수 있는 에너지로 전환되는 것이지요.

그런데 한 가지 주의할 점이 있어요. 욕구가 있는 것을 인정한다는 것과 그 욕구에 따라 산다는 것에는 큰 차이가 있다는 점입니다. 내가 너를 미워한다는 사실을 알았다고 해서 그것을 바로 행동화하면 안 되는 것이지요. 미워한다고 해서 내가 너를 한 대 때리는 일이 용납되는 것은 아니니까요. 이 행동화에서 또한 성숙과 미성숙의 차이가 발생하는 것입니다. 진실로 성숙하다는 것은 의식은 하되 행동하지 않는 것이고, 미성숙하다는 것은 의식하지도 않고 행동하는 것입니다.

예를 들면, 나의 무의식 속에 너를 미워하는 마음이 들어 있어 내가 널 때렸단 말입니다. 그러면 내게 묻겠지요. "왜 날 때려?" 하고 말이지요. 그때 내가 "네가 날 미워하잖아" 이렇게 대응하는 것, 이것이 가장 미성숙한 상태입니다. 이 대응에는 투사와 행동화가 함께 사용되었으니까요. 반면 억압 상태라면 무의식적으로 누르고 있을 테니 상대방을 미워한다는 사실 자체를 모르겠지요. 또한 그 상태에서 거꾸로 애정표현을 하기도 합니다. 하지만 성숙한 상태가 되면 내가 널 미워한다는 사실을 인지만 할 뿐 행동하지 않는 것입니다.

마음이 건강하기 위해서는 다만 자신이 그러한 감정을 가지고 있다는 것을 의식하라고 합니다. 그래서 상담이나 심리치료의 방법은 다양하지만 그 기본은 '무의식의 의식화'입니다. 무의식을 의식화하는 이 과정을 '통찰'이라고 하지요. 통찰이라는 것이 영어로 'insight' 아닙니까? 이게 바로 내 '안in을 본다sight'는 뜻이지요. 즉, 무의식을 보고 깨닫는 것이지요. 내 안을 들여다본다는 것은 바로 무의식을 의식화하라는 것이지, 무의식을 행동화하라는 것이 아닙니다. 많은 사람들이 이것을 오해하는 것 같아요. 그래서 상담을 바로 "네 마음 내키는 대로 행동하라"고 부추기는 것으로 오해하고 있어요. 상담으로 얻는 것은 다만 나의 마음 상태를 정확히 인지하는 것입니다. 그런 의미에서, 성숙하게 살아가도록 도와주는 것이 상담이지요. 내가 너를 미워한다는 사실을 제대로 알 수 있도록 말입니다. 그러니 상담 받는 것을 두려워하지 마세요.

## '있는 그대로'의 마음으로 산다는 것

여기서 잠깐 성숙하게 살 수 있도록 도와주는 상담에 대해 잠깐 알아볼까요? 사실상 양심이 발달하면 발달할수록 우리 인생은 살기가 고단해지는 것 아닌가 싶습니다. 성서를 인용해보면, 인간이 선과 악을 구별하기 시작하면서 에덴동산에서 쫓겨나지 않습니까? 그렇다면 에덴동산으로 돌아가는 가장 간단한 방법은 선과 악을 구별하지 않는 것이겠지요. 그러니까 모든 종교의 밑바닥에는 선과 악을 구별하지 말자는 것이 깔려 있습니다. '서로 사랑하라', '서로 어질게 대하라', '서로 자비를 베풀어라' 등 이 모든 종교의 가르침의 핵심은 '선과 악을 구별하지 말라'는 것입니다. 선과 악을 구별하면 좋은 사람과 나쁜 사람을 나누게 되고, 사랑하기가 어려워지니까요.

그런 면에서 어쩌면 상담이란 것은 '에덴동산'을 경험케 하는 일이 가장 빠르고 쉬운 방법일 수도 있습니다. 상담할 때는 기본적으로 어떤 사람이 무슨 이야기를 하든 시시비비를 가리지 않습니다. 판단하지 않고 그저 공감해주는 것이 상담의 기본이니까요. 그러다 보니 모든 이야기에 선과 악이 개입되지 않습니다. 그렇게 서로가 선과 악이 사라진 삶을 나누면서 잠시나마 에덴동산을 경험하는 것이지요. 그때 '아, 이렇게 시비를 가리지 않고 지낼 수만 있다면 참 좋겠다' 하는 생각이 드는 것입니다.

그래서 상담에서는 비판이나 처벌을 두려워하지 말고 솔직하게 자기를 드러내는 일이 중요합니다. 표현을 많이 할수록 많은 것을 얻을 수 있으니까요. 그런데 이렇게 자신을 '있는 그대로 개방하라'고 권유하지만 그것이 쉽지가 않습니다. 그리고 잘 안 합니다. 사실 우리 모두는 '상담' 받는 것을 두려워합니다. 우리 모두는 기본적으로 개방에 대한 두려움이 있기 때문입니다. 지금까지 살아오면서 솔직하게 자신을 드러냈다가 욕먹은 경우가 훨씬 많거든요. 그래서 마음속 괴로움과 개방에 대한 두려움 사이에서 항상 저울질을 하기 마련입니다. 그런데 만약 개방하는 일이 괴로움을 지니고 사는 것보다 어렵다고 여긴다면 절대로 상담 받지 않겠지요. "냅둬유. 이대로 살다가 죽을 테니" 하며 그냥 괴로움을 가지고 사는 편이 수월할 테니까요.

그러면 어떻게 해야 상담을 편하게 받을 수 있을까요? 개방하는데 드는 심리적 비용을 낮춰주든가 아니면 괴로움의 수치를 높여주든가 둘 중 하나가 있어야겠지요. 그런데 괴로움을 더 높여줄 수는 없는 노릇이고 그러니 개방하는 데 드는 비용을 낮춰줄 수밖에요. 그래서 "네가 어떤 이야기를 해도 절대 아무 처벌과 비난을 받지 않는다"는 확신을 느끼게 해주어야 합니다. 그러면 보통 때는 개방을 안 하고 괴로움을 지니고 살던 사람이 괴로움을 꺼내놓게 됩니다.

마음의 짐을 내려놓는 것이 성숙하게 사는 지름길입니다. 성숙한 삶을 산다는 것은 '있는 그대로'의 마음으로 사는 일입니다. 욕구를 억누르며 없다고 왜곡하는 것이 아니라, 나의 욕구를 자연스럽게 인정하고 풀어놓는 삶을 살아가는 것이지요. 이때 양심에 어긋나지 않게 다른 사람과 좋은 관계를 맺으면서 이 욕구를 풀어나가게 되면 그것을 승화라고 하는 것이고요. 나를 아름답게 표현하는 것, 그것이 바로 승화이지요.

## 승화할 수 있어야 아름답나니

무엇이 우리 마음속에서 억압이 될까요? 그것은 양심에 거리낀다고 배운 것들인데, 가장 대표적인 것이 '성'과 관련된 것들이지요. 우리는 지금도 성이라는 것을 상당히 부정적으로 보는 경향이 있지 않나요? 심지어 악한 것으로 보기까지 하지요. '악'의 반대가 '선'입니다.

종교가 추구하는 것이 선이기 때문에 지금도 몇몇 종교에서는 지도자들에게는 '결혼하지 말라', '성생활을 하지 말라'고 주문합니다.

보통사람들은 결혼을 하기에 성생활이 금지되지는 않지만, 그럼에도 우리 마음속에서 '성'이란 왠지 악하고 수치스러운 것이라는 고정관념이 있습니다. 여기서 삶의 어려움이 발생합니다. 성은 악한 것이 아닌데 악한 것이라 배우고 억압하고 살아야 하니까 문제가 발생하는 것이지요. 성은 나쁜 그 무엇이 아니에요. 이 사실을 먼저 마음에 선명히 새겨야 하는데, 그렇다고 이 말이 성적인 욕구가 일어나면 그대로 행동하라는 것을 의미하지는 않습니다. 만약 그렇다면 그 행동은 생각 없이 살아가는 미성숙한 '행동화'일 뿐이지요.

그렇다면 '성'을 어떻게 승화시킬 수 있을까요? 우선 성이라는 개념 자체를 정확하게 알아야 합니다. 우리가 일반적으로 성, 즉 '섹스'라고 이야기할 때는 좁은 의미로 어른들이 성기를 통해 얻는 즐거움을 생각하는데, 사실 성이란 개념은 매우 광범위한 것이에요. 일반적으로 "성은 신체를 통해 얻는 모든 즐거움"을 말합니다. 예컨대 어린아이들이 엄마 젖을 배불리 먹고 나서도 손가락을 빨잖아요. 이 손가락을 빠는 행동 역시 성적인 활동을 하는 것입니다. 아이는 손가락을 빠는 것이 즐거워서 할 테니까요.

그런데 나이 들어서도 상징적으로 손가락을 빠는 사람이 있습니다. 실제 나이가 들면 창피해서 손가락은 못 빨고 대신 다른 것을 빨게 되지요. 초등학교나 중학교 들어가서는 연필을 씹는 아이들이 있습니다. 그리고 좀 더 나이 들어 연필 씹는 것도 창피하면 껌을 씹지요. 그리고 껌을 씹는 것도 창피하면 '말(언어)'을 씹습니다. 욕을 하는 것이죠. 우리는 긴장하거나 화가 나거나 감정적이 되면 퇴행현상을 보이는데 이때 무언가를 '씹는' 행동이 많아집니다. 시험 때 손톱을 씹는 것도 그렇고요.

아무튼 이 성이라는 것을 신체적 즐거움이라고 넓게 이해해야지 성이 승화될 수 있다는 사실을 쉽게 이해할 수 있습니다. 이것이 이해가 안 되면 성숙한 삶을 산다는 것을 잘못 이해할 수 있어요. 예를 들어 우리는 아름다운 것을 보는 일을 좋아하는데 이것도 성적인 활동이에요. 그림을 감상하면서, '저 그림 참 아름답다'는 느낌을 갖는 것까지도 성적인 행동이란 말입니다. 왜냐하면 우리들의 눈을 통해, 즉 신체를 통해 즐거움을 느끼니까요. 이렇듯 성적인 활동의 스펙트럼은 무궁무진하게 넓습니다.

그러니까 정신적으로 생각해서 얻는 즐거움 말고도 신체를 통해서 얻는 모든 즐거움이 또한 성적인 즐거움이라는 사실을 알아야 승화가 비로소 이해가 됩니다. 말로 음담패설을 하면서 즐거워하는 것도 성적인 행동이거든요.

그렇다면 인간이라면 당연히 갖게 되는 성적인 욕망은 분명 충족되어야 하는 것인데, 양심에 거리끼지 않고 성적인 욕망을 만족시킬 수 있는 방법이 뭐가 있을까요? 대표적으로 예술 활동이 여기에 해당합니다.

## 돈과 명예를 가져다주는 '승화'

미술에서 가장 많이 다루는 소재는 사람의 신체입니다. 여성이나 남성의 누드가 가장 인기 있는 작품 모델이라는 것이지요. 그래서 수많은 누드화나 누드 조각품이 존재하는 것이고 우리는 완성된 그 작품을 바라보면서 즐거움을 느끼는데, 그게 바로 성적인 활동이란 말입니다. 하지만 우리는 누군가 누드 그림을 바라보고 있을 때 '저 사람 참 엉큼하다'고 생각하지는 않습니다. 예술을 감상하는 것이니까요.

그런데 여자 화장실에 몰래 숨어서 여성의 신체를 훔쳐보다 걸려 처벌받는 남성들이 가끔 뉴스에 보도되지 않습니까? 안타까워요. 그렇게 보고 싶으면 정정당당히 볼 수 있는 방법이 있는데도 불구하고 왜 그런 혐오스러운 방법을 사용하는지 말입니다. 예를 들어 백화점 문화 강좌 중에 누드 크로키라도 들으면 될 일인데 말이에요. 그러면 얼마든지 이성의 벗은 몸을 합법적으로 양심에 거리끼지 않고 볼 수 있을 텐데 말입니다. 예술로 승화된 활동을 하는 것이니까요.

여성의 누드를 전문적으로 그린 프랑스 인상파 화가 르누아르는 화가로서의 경력 대부분을 여성의 나체를 바라보며 그림을 그리는 일로 보냈어도, 누구도 이분을 비난하지 않았어요. 이분 그림을 소장하지 못해서 아쉬울 뿐이지요. 그러니까 양심에 거리끼지 않게 욕망을 해소하면서 돈도 벌고 사람들로부터 인정도 받는 것, 이것이 승화의 가치입니다. 이성의 벗은 몸을 바라보는 행위는 똑같은데 그 똑같은 행위를 하고도 한쪽은 교도소에 가게 되고 한쪽은 돈과 명예를 다 얻을 수 있다니, 승화가 얼마나 중요한지 아시겠지요?

그런데 모든 사람들이 예술가가 될 수는 없으니 결혼이라는 제도가 만들어진 것입니다. 성적인 욕구를 사회가 인정해주는 방법으로 양심에 거리끼지 않게 발산하라는 것이지요. 결국 결혼제도는 사회 유지 차원에서 조장되는 측면이 있는 거예요. 사회가 유지되기 위해서 필요한 것이 가족이라는 소규모 단위의 경제 주체이니, 가족을 통해 계속 아이가 태어나야 사회가 유지될 수 있으니까요. 그래서 사회와 개인은 일종의 타협을 하지요. 개인은 결혼을 통해 자녀를 생산하고 양육해 성숙한 사회인으로 키우겠다는 암묵적인 약속을 합니다. 동시에 사회는 이 가족을 지켜주는 임무를 맡는 거고요.

소위 '가정파괴범'이라는 흉악범이 있지요. 사실 가족을 해체시키는 범죄는 많은데, 유독 주부를 대상으로 저지른 성적 범죄를 가정파괴범이라고 부르며 엄벌에 처하는 이유 또한 이러한 사회적 임무에서 나오는 것입니다.

하지만 결혼제도에 상관없이 어느 사회든 간에 이 기본적인 욕구를 해결해줄 수 있는 방식은 있어야 합니다. 본능이라는 것이 마치 없는 것처럼 모른 척하고 내리누른다고 없어지는 것이 아니니까요. 그래서 등장한 것이 가장 오래된 직업 중의 하나라고 일컬어지는 '매춘' 즉 성매매입니다. 모든 사람들이 '성'을 예술을 통해 승화시키거나 결혼을 통해 해결할 수 있는 것이 아니므로 매춘이라는 직업이 생겨 성적인 욕구를 해결하게 된 것이지요.

사실 어느 나라든지 성매매가 없는 나라가 없어요. 단지 그것을 공식적으로 인정하느냐 안 하느냐의 차이만 있을 뿐이지요. 가령 덴마크 같은 나라는 없앨 수 없다면 아예 인정해주고 장소를 지정해주어야 오히려 관리하기 쉽다고 해서 공창제도를 두었어요. 하지만 대부분의 나라에서는 성매매가 불법으로 규정되어 있기 때문에 음성적인 사창의 형태로 남아 있지요. 물론 오해하면 안 돼요. 지금 성매매 관행을 지지하는 것이 아닙니다. 다만 말하고 싶은 것은 단순히 윤리적 잣대로 성매매를 악으로 규정하고 강제적으로 없애려 한다고 해서 그것이 쉽게 없앨 수 있는 것이 아니라는 사실을 지적하는 것뿐입니다.

그렇다면 진짜로 성매매를 사라지게 하려면 어떻게 해야 할까요? 성적인 욕구를 사회가 인정하는 방식으로 해결할 수 있는 방법, 즉 승화시킬 수 있는 다양한 방법을 알려주어야지요. 그중 하나가 위에서 언급한 대로 예술을 통해 승화시키는 것입니다. 그래서 초·중·고등학교 때 미술, 음악 등의 예술 시간이 있는 겁니다. 예술 활동을 통해 가능한 내재된 욕구를 조절할 수 있는 역량을 키워주기 위해서지요.

하지만 현실적으로 학교에서 예술 수업이 제대로 이루어지지 않는 것이 문제입니다. 학교 수업이 입시 위주로 이루어지다 보니 예술적인 안목을 키워주지를 못하는 실정이지요. 당연히 자신의 에너지를 예술 활동을 하거나 예술 작품을 감상함으로써 승화시키는 방법을 배울 수가 없습니다. 그러니까 승화시키지 못한 에너지들이 병적으로 노출되는 것이고요. 청소년 성범죄라는 것도 그렇게 해서 날로 증가하는 것이지요.

## 우리에게 필요한 '개구멍'들

어느 사회든, 어느 조직이든 인간의 기본적인 욕구가 배설되는 출구가 있어야 합니다. 당연히 사회가 인정한 방식으로 해소하는 것이 제일 바람직하지요. 하지만 모든 사람이 그런 방식으로 해소하는 것은 현실적으로는 불가능한 일입니다. 따라서 다른 방식이 필요하지요. 비록 최선의 방식은 아닐지라도 차선의 방식이 있어야 한다는 것입니다. 소위 '개구멍'이 필요할 경우가 있다는 것이지요. 욕구를 해결할 수 있는 차선의 장치로서 말입니다.

한때 제가 대학교 기숙사 사감장을 지낸 적이 있어요. 기숙사에는 상당히 엄한 규정이 하나 있는데 방화의 위험 때문에 방에서는 절대 음식을 해먹으면 안 된다는 거예요. 그래서 원칙적으로 식당에서만 식사를 하고 정 배고프면 매점에서 빵 같은 것을 사다 먹습니다. 그런데 학생들이 새벽 1~2시까지 공부를 하거나 인터넷을 하다 보면 출출해지지요. 이 시간에는 매점이 닫혀 있고 방에서 음식을 해먹을 수는 없으니 몰래 기숙사 주변의 통닭집에 배달을 시킵니다. 통닭에다 맥주 1리터 한 세트 만 원, 뭐 이런 것들이죠. 이것은 기숙사 규칙상 금지사항인지라 첩보작전 같은 배달 과정이 펼쳐집니다. 점원이 와서 전화를 하면 학생들이 만 원짜리를 끈에다 매달아서 내려 보내요. 그러면 그 돈을 받고 통닭이랑 맥주를 그 끈에다 묶어서 올려 보내는 식입니다. 새벽 1~2시쯤 나가보면 도르래가 오르내리듯이 돈과 통닭이랑 맥주가 오르내리는 풍경이 보여요. 만약 사감장이라면 이

상황을 어떻게 처리하시겠어요?

원칙적으로는 못하게 막아야지요. 그러면 1000여 명 되는 학생 중에 방에서 라면을 끓여먹는 학생이 나올지도 모르지요. 배고픔을 해결할 수 있는 방안을 마련해주지 않으면서 무조건 참으라고만 하면 과연 효과가 있을까요? 하지만 '보고도 못 본 체한다'는 말이 있지 않나요? 중대한 결과를 초래할 위험이 있는 행동은 당연히 엄하게 금하지만, 경미한 위반 사항은 눈감아주는 것이지요.

아무튼 요지는 어느 사회나 원활하게 기능하려면 개구멍이 필요하다는 말입니다. 숨통이 트이는 공간이 조금이라도 있어야 모든 사람들이 숨을 쉴 수 있단 말이지요. 그래서 어느 사회나 이 '개구멍'적 장치를 고민하게 마련입니다. 모든 사람이 예술가가 될 수는 없는 일이니까요.


## 외설이 예술이 되기 위하여

피카소의 그림을 어떻게 생각하세요? 사실 보통사람 눈에는 이상하게 보이는 그림이 많지 않나요? 고갱의 그림은 또 어떤가요? 타히티 원시인들의 삶을 그대로 드러내는 원색적인 그림을 많이 그렸잖아요. 옷 벗고 있는 사람들이 많이 등장하지요. 그런데 누군가 피카소에게 "어떤 그림이 예술이고 외설인지 어떻게 구별하느냐?"고 질문을 했습니다. 피카소는 이렇게 말했다고 해요. "어떤 그림이든지 보는 사람이 그 그림을 보고 아름다움을 느끼면 그 사람에게 그것은 예술이 되는 것이고 그 그림을 보고 성적인 욕구를 느끼면 그것은 그 사람에게 외설이 되는 것"이라고.

어떤 작품이 예술인지 외설인지의 여부는 작품에서 나오는 것이 아니라 보는 사람의 마음에서 나오는 것이라는 말입니다. 거기서 아름다움을 찾으면 예술이 되는 것이고 성적인 욕구를 찾으면 외설이 되는 것이라고요. 기본적으로 피카소는 예술을 '나를 찾아가는 활동'이라고 정의합니다. 내가 어떤 사람이냐에 따라서 예술이냐 외설이냐가 결정되는 것이지, 그 작품 자체에서 결정되는 것이 아니라는 것이 피카소의 생각입니다.

보통 인간의 기본적인 욕구가 사회적 규범에 저촉되지 않게 표현되는 일체의 활동을 '문화'라고 부릅니다. 저촉되지 않을 뿐만 아니라 오히려 조장되기까지 하지요. 문화적 활동을 하는 밑바닥 원동력은 다 우리의 기본적인 욕구에서 나오는 것입니다. 그 에너지가 사회가 인정하는 활동으로 승화된 것이 문화라는 것이지요. 그래서 문화생활을 하는 것이 꼭 필요한 것이고요.

그런데 모든 사람이 다 문화적 생활을 즐길 수는 없어요. 왜 모든 사람이 문화적 활동을 통해 승화를 하지 못할까요? 그 까닭은 문화를 뜻하는 영어 단어 'culture'를 보면 쉽게 이해할 수 있습니다. 'culture'는 'cultivate'라는 동사에서 만들어진 단어이지요. 'cultivate'는 우리말로 '경작하다, 밭을 갈다'라는 뜻이에요. 다시 말하면, 문화생활을 즐기려면 우리들 '마음의 밭'을 옥토로 갈아야 한다는 것입니다. 자갈과 잡초가 많은 밭에서는 풍성한 수확의 기쁨을 누릴 수 없잖아요. 농사를 짓는 분들은 이 자명한 이치를 다 알아요. 그렇기 때문에 씨를 뿌리기 전에 아무리 힘들어도 밭을 경작하는 것이고요. 경작하는 수고가 없다면 풍성한 결과도 없는 것이지요,

하지만 우리는 마음의 밭을 옥토로 만들기 위해 얼만큼 노력하나요? 예컨대 우리나라 음악이 좋다고 해서 그것을 자주 감상하나요? 유네스코에서는 우리의 '종묘제례악'과 '판소리'를 세계무형문화재로 지정했어요. 하지만 우리나라 사람들 중 얼마나 많은 사람들이 우리 음악의 아름다움을 느끼고 즐기던가요? 특히 젊은이들은 대부분 우리 음악을 이해할 수 없고, 들으면 졸리다고 할 거예요. 젊은이들이 우리 음악을 즐기게 하려면 그렇게 할 수 있는 마음의 밭을 갈고 닦을 수 있는 시간과 여건을 만들어줘야 하지요. 그런데 그런 노력을 할 생각도 없고 시간도 없다면 그들이 우리 음악을 싫어하고 졸린 음악이라고 매도하는 것은 당연한 일입니다.

서양 음악을 듣고 즐기는 일도 마찬가지예요. 소위 바흐나 베토벤 같은 '클래식' 음악을 즐기기 위해서는 많은 노력과 훈련이 필요합니다. 즐길 수 있는 마음의 밭을 경작하지 않으면 역시 졸릴 수밖에 없어요. 그렇기 때문에 젊은이들이 경작할 수고가 필요 없는 자극적이고 반복적이고 강렬한 리듬의 음악을 선호하는 것 아닌가요?

경작의 과정을 거치지 않으면 문화가 안 됩니다. 성적인 욕구가 날것으로 드러나면 범죄가 되니까요. 그래서 문화생활을 하고 예술을 즐기려면 훈련 과정이 반드시 필요한 것입니다. 승화란 일정 정도의

고통의 과정을 필수적으로 거쳐야 하는 일이라고 하지 않았습니까?

하지만 모든 사람이 이 지난한 훈련의 과정을 통과하는 것은 아닙니다. 심지어 어떤 사람들은 처음부터 시도하지도 않습니다. 사회적으로도 그런 훈련을 받을 수 있는 여건이 잘 갖추어져 있지도 않고요. 만약 대학교에서 신입생을 선발하는 데 예술 활동을 할 수 있는 능력이나 감상할 수 있는 능력을 그 자격기준에 포함시킨다면 전반적으로 우리 사회의 질이 높아질지 모르지요. 그렇다면 고등학교의 교과과정이 바뀔 것이고, 부족한 학생들은 모두 학원으로 달려갈 테니까요.

그런데 굳이 예술이라고 우기지 않고도 성적 판타지를 충족시킬 수 있는 방법도 있어요. 예컨대 〈플레이보이〉 같은 잡지를 보는 것이지요. 물론 〈플레이보이〉 같은 잡지를 보는 것이 나쁘다는 것은 아니에요. 그런 종류의 잡지는 그 또한 유용한 사회적 기능이 있으니까요. 하지만 그런 종류의 잡지에 나온 사진을 보고 예술이라고 하는 사람은 거의 없잖아요. 보는 목적 자체가 명확하니까요. 다만 우리는 〈플레이보이〉보다는 피카소의 작품을 보며 희열을 느끼는 쪽으로 나아가야 좀 더 승화된 아름다움에 취하지 않겠나 하는 것입니다.


## 우리 모두 운동하자고요

혹시 누군가를 죽이고 싶은 적이 있으신가요? 성적 욕구 외 인간의 기본적인 욕구는 '공격욕구'입니다. 간단히 말해서 누구를 때리고 싶은 것이지요. 물론 정도가 지나치면 죽일 수도 있습니다. 그러니까 누구에게나 그런 마음이 있을 수 있다는 겁니다.

그런데 그 마음을 행동으로 덜컥 표현하면 큰일 나지요. 뒷골목에서 지나가는 사람을 때려눕힌다면 이것은 범죄가 됩니다. 하지만 그 마음을 사회가 인정하는 방식으로 공개적으로 표현하면 괜찮아요. 그게 바로 운동이니까요. 예를 들면, 권투의 경우 사람을 때려눕혀야 이기는 게임이잖아요. 때린다는 행위 자체에는 선악이 들어 있지 않지만 그것이 어떤 조건에서 이루어지느냐에 따라 범죄가 되기도 하고 운동이 되기도 하는 것입니다.

우리가 열광하는 운동은 인간의 공격력을 승화시키기 위해 사회적으로 마련된 공공 장치예요. 올림픽에서 우리 선수들이 금메달을 땄던 종목들을 생각해보세요. 사격, 양궁, 펜싱, 원반던지기 모두 사람 죽이기 위한 활동입니다. 또 간접적으로 '죽임'의 이미지를 갖는 운동도 많아요. 축구를 예로 들면 축구공을 찰 때를 생각해보면, 좀 섬뜩한 일이기는 하지만 아무 생각 없이 공을 찰 때보다 미워하는 사람의 머리라고 생각하고 찰 때는 더 힘이 들어가고 기분도 좋아지지요.

그리고 전쟁 시에 공로가 큰 군인들에게 훈장을 수여하잖습니까? 그 훈장의 의미가 무엇이겠어요? 적군을 많이 죽였다는 뜻이잖아요. 적군도 결국 사람이라면, 좀 미안한 말이지만 사람을 많이 죽였다는 뜻이 될 수도 있잖아요. 또는 적군을 많이 죽일 수 있는 힘든 훈련을 받은 군인도 훈장을 받거나 표식을 달고 있잖아요. 낙하산이 그려진 표식을 부착하고 있는 군인은 힘든 공수 훈련을 받았다는 뜻이지요. 군인들에게는 훈장이나 이런 표식이 영예스러운 것이지요. 그러니까 군대 내의 공격성도 국가와 국민을 지키기 위해 사회가 승인한 공격욕인 것이지요. 그리고 공격성이 강한 군인에게 우리는 존경을 표하는 것이고요.

폭력적인 범죄자를 잡는 영화를 보면, 범죄자가 폭력적인 것은 말할 나위도 없지요. 하지만 범죄자 못지않게 그를 쫓는 경찰도 폭력적인 것을 종종 볼 수 있어요. 2008년에 개봉돼 많은 관객들이 관람한 영화 〈공공의 적〉에 나오는 주인공 강철중 형사의 다음 대사는 듣기에도 섬뜩합니다. "내가 대한민국 형사예요, 형사! 사람 죽으면 시체 피 쭉쭉 빨아먹으면서 죽인 놈들 잡으러 다니고, 돈 가지고 사기 치는 새끼들 있으면 내 돈 들여가면서 이 나라 끝까지 가서 잡아오고, 영수증 하나 첨부 안 해! 대한민국 형사들 대부분이 그래요!"

비록 폭력적이라고 해도 우리는 강철중 형사를 좋아합니다. 그는 형사이니까요. 형사가 공격적이어야지 폭력범을 잡을 수 있잖아요. 즉 사회가 인정해주는 공격을 하는 것, 이것이 승화입니다.

승화된 공격성은 사회에 유익한 것이지요. 만약 무언가를 때려부수고 싶을 정도로 속이 부글부글 끓는 사람이라면 경찰이 되는 것도 좋은 방법일 거예요. 사회가 인정해주는 방식으로 공격력을 맘껏 표출할 수 있잖아요. 하지만 원한다고 해서 아무나 경찰이 되는 것은 절대 아니지요. 치열한 경쟁을 뚫고 시험에 합격해야 되는 것은 물론

이고, 오랫동안 무술을 연마하고 인성을 갖추어야 유능한 형사가 되는 겁니다. 그 과정에서 많은 어려움이 있겠지만, 그 어려움을 이기고 열심히 경작한 대가로 얻은 승화된 공격력이 존경을 받는 것이지요.

사실상 공격력을 승화시키는 대표적 방법이 운동이에요. 사회적으로 미화된 공격력이 소위 '승부욕'이지요. 승부욕이야말로 남을 밟고 이기겠다는 욕심이잖아요. 하지만 승부욕, 즉 공격욕이 없는 사람은 훌륭한 선수가 못 됩니다. 강한 승부욕이 없다면 그 힘든 훈련을 이겨낼 수 없어요. 그래서 공격성이 강한 아이들은 운동을 시키는 것이 좋아요. 운동으로 공격성을 쏟아내야 일상에서 그것이 비뚤어진 방향으로 분출되지 않으니까요.

운동 중에서 배우기 제일 힘든 종목 중 하나가 권투라고 하더군요. 체력을 기르기도 힘들고 정확하게 때리는 것이 어렵다고 해요. 그래서 뒷골목 깡패들은 그 과정을 진득하게 견뎌내지 못한다네요. 그러다 보니 훈련을 그만두고 깡패 생활에 전념하다 교도소에 가게 되는 것이지요. 하지만 힘든 훈련을 이기고 세계적인 챔피언이 되면 부와 명예를 동시에 얻는 것입니다. 똑같이 사람 때리는 일이 훈련과정 유무에 따라 결과가 이렇게 달라집니다. 날것의 공격욕과 승화된 공격욕의 차이지요.

이 사실을 잘 보여주는 예가 전 세계헤비급챔피언 마이크 타이슨입니다. 뉴욕 브루클린의 빈민가에서 태어난 타이슨은 소년 시절 소매치기를 하다 소년원에 수감될 정도로 뒷골목의 어두운 삶을 살았습니다. 그러다가 1985년 프로복싱 데뷔 이후 가공할 '핵펀치'를 앞세워 1987년에 세계적으로 가장 권위 있는 3개 복싱단체의 타이틀 통합을 이룩해서 명실상부한 세계챔피언이 되었어요.

하지만 1991년, 18세 흑인소녀를 강간한 혐의로 다시 3년 동안 복역하게 됩니다. 그 뒤 잠깐 재기하는 듯했으나 1997년 경기 도중 상대선수의 귀를 물어뜯어 선수자격 정지를 당했고 은퇴했습니다. 타이슨은 권투선수로 활동하는 동안 많은 돈을 벌었지만 결국 파산하고 말았지요. 경기장과 교도소, 파렴치한 폭력범과 세계챔피언. 언뜻 보면 도저히 어울릴 것 같지 않은 삶을 오갔지만, 공통점은 공격욕이 강한 것이었어요. 다만 그것이 날것으로 나타났는지 승화된 형태로 나타났는지의 차이가 극적인 두 삶의 모습으로 나타난 것뿐이지요.

# 마음에도 예방주사를 맞아야 해요

## 직시해야 할 '마음의 위선'

우리 속담에 '똥 묻은 개가 겨 묻은 개 나무란다'는 말이 있습니다. 사실 우리 주위에는 마음에 안 드는 사람들 천지예요. 그래서 자주 다른 사람들을 비난하면서 살아갑니다. 그런데 누군가를 비난할 때의 기준이 무엇인가요? 나는 '그렇게' 행동하지 않는데 그 사람은 '그렇게' 행동하면 그 사람을 나쁘다고 하기 쉽지요. 나는 시험 볼 때 부정행위를 하지 않는데 친구가 부정행위를 하면 그 친구는 나쁜 사람이잖아요. 그런데 우리 마음속에도 혹시 부정행위를 하고 싶은 생각은 없었을까요? 만약 그랬다면 그 친구를 비난하는 게 정당한 일일까요?

우리는 보통 스스로 양심적으로 잘살고 있는 사람이라 생각하고 싶어서 욕구를 내리눌러 무의식에 감추어두고 있거든요. 그런데 그것들을 의식화해서 다 내놓으면 나 역시 다른 사람과 마찬가지로 욕망덩어리의 존재란 것을 알 수 있단 말입니다. 사실 자신이 '똥 묻은 개'라는 것을 알게 되면 쉽게 '겨 묻은 개'를 나무랄 수 없어요. 다른 사람의 욕망을 쉽사리 비난할 수 없게 되는 것이지요.

물론 비난과 칭찬은 겉으로 드러난 행동으로 비롯되는 것입니다. 내가 남들에게 지탄받는 행동을 했느냐 안 했느냐가 중요한 것이지요. 내가 속으로는 어떤 이성에게 강렬한 성적 욕구를 느끼고 있다고 할지라도 실제로는 아무 행동도 안 하고 가만히 있으면 아무 문제가 안 되는 거지요. 하지만 우리 마음 깊은 곳에서는 내가 행동을 했느냐 안 했느냐와 내가 그런 마음을 먹었느냐 안 먹었느냐가 동일한 위상을 갖는단 말입니다.

즉 우리는 마음속으로 나의 욕구를 억압한 상태에서 "나는 그런 행동을 안 했어"를 자랑스럽게 내세우며 그렇게 행동한 다른 사람을 비난하지만 억압된 욕구를 끄집어내보면 나와 그 사람이 똑같단 말이지요. 그렇다면 누가 누구를 비난할 수 있을까요?

성숙한 삶이란 행동과 마음이 일치하는 삶입니다. 그래서 행동을 했느냐 안 했느냐의 문제가 그런 마음이 있느냐 없느냐와 동일해집니다. 종교적 가르침에서도 그렇지요. 성서에서도 "음욕을 품으면 이미 간음한 것이다"라고 가르치고 있잖아요. 불교에서도 "생각이 삿된 것은 행동이 삿된 것과 마찬가지의 잘못"이라고 가르치고 있고요. 그러니까 자신의 마음속의 진실을 깨달아야만 상대방에 대한 비난과

야유 같은 것이 줄어들 겁니다. 그리고 감사한 마음이 새록새록 차오를 테지요. 알고 보면 나도 '마음의 범죄자'인데 그래도 다른 사람들이 나를 좋아해준다면 이 아니 감사할 일이겠느냔 말이지요.

그래서 성숙으로 가는 길에서는 우선 내가 얼마나 부족한 사람인가에 대해서 깨닫는 일이 중요합니다. 마음으로 얼마나 많은 잘못을 저지르고 있는지를 말이에요. 그런데 이 사실을 무의식으로 내리누르고 사는 대부분의 사람들은 자신이 부족한 사람이라는 것을 인정하지 못합니다. 그래서 '무의식의 의식화'가 필요한 거예요. 진정 감사하고 고마워하면서 살아갈 수 있기 위해서는 평소에는 애써 피해왔던 진실, 즉 내 마음의 실상을 들여다볼 필요가 있는 것이지요.

무의식이 의식화되어 내 마음의 위선이 벗겨지면 나도 온갖 욕망을 느끼고 있는 사람이라는 것을 스스로 깨닫게 됩니다. 그래서 나쁜 행동을 한 사람을 보아도 그 사람과 나와의 차이는 행동을 하고 안 하고의 차이일 뿐이라는 것을 알게 되지요. 그리고 행동과 마음이 같은 비중이라는 사실까지 알게 되면 우리는 누구도 쉽게 '저 사람은 나쁜 사람'이라고 말하기 어려워집니다.

그러고 나면, '그렇게도 부족하고 비난받아야 마땅한 사람'임에도 불구하고 내 곁에서 나를 도와주는 사람이 있다는 사실이 고마운 것을 알게 됩니다. 그래야지 타인을 용서할 수도 있는 것이고요. 그래서 모든 종교의 가르침은 '자신이 얼마나 잘못이 많은 사람인지' 깨닫는 일부터 시작합니다. 그리고 나의 잘못을 진정으로 뉘우치는 '속죄'의 단계를 거쳐 무한한 '감사'로 넘어가는 거예요.

그런데 두려움이 큰 사람은 내가 그 죄를 가지고 있다는 것을 인정 못하죠. 인정하면 처벌받을 것 같으니까요. 하지만 두려움을 이기고 잘못에 대한 인정을 넘어 속죄에 다다르면, 그것이 용서가 되고 사랑이 되는 겁니다. 우리 마음의 순서란 것이 그렇습니다. "서로 사랑하자"고 큰소리로 외쳐보아도 공허한 메아리가 되는 것은 바로 자신의 부족함을 인정하는 단계가 빠져 있기 때문이지요.


## '망상'에서 '공상'을 거쳐 '예상'으로 가는 길

우리 속담 중에 '아이 밴 지 열 달 만에 아이가 나올 줄 몰랐느냐?'라는 것이 있어요. 무슨 말인가요? 어려움에 대비해 왜 미리 마음의 준비를 하지 않았냐는 말입니다.

요즘 산후우울증이 늘어나는 추세잖아요. 그런데 이게 마음의 준비를 미리 못해서 일어나는 증상일 수 있습니다. 아기가 없을 때와 아기가 태어나서 어머니가 되었을 때의 삶은 전혀 다른 삶입니다. 드라마틱한 변화를 겪는 것이지요. 물론 갓난아이로 인해 기쁘고 뿌듯한 마음도 있지만, 그와는 별도로 아이를 키우는 것은 실제 굉장히 힘들고 어렵거든요. 예상을 못 한 것이지요.

성숙한 방어기제 중에 '예상'이라고 하는 방어기제가 있습니다. 앞으로 닥칠 심리적 불편함을 미리 정서적으로 경험해서 실제 그 사건이 닥쳤을 때 그 부정적 영향을 약화시키는 것이지요. 그런데 보통사람은 '예상'을 사용하기가 쉽지 않아요. 아예 정신적으로 병든 사람은 예상과는 먼 '망상'을 하게 되지요. 현실과 비현실을 구별하지 못한단 말입니다. '과대망상'이나 '피해망상'이라는 용어를 들어보셨지요? 실제 현실과는 다르게 자신의 능력을 지나치게 맹신한다든지 혹은 아무도 피해를 주려는 사람이 없는데 자신은 계속 피해를 받는다고 생각하는 것이지요. 이것이 망상인 이유는 현실적으로 사실이 아니기 때문입니다.

그런데 여기서 조금 성장을 하면 미성숙한 단계로 넘어갑니다. 그러면 망상이 '공상'이 됩니다. 즉 현실과 비현실을 구분하긴 하지만 현실을 바꾸려는 노력을 안 하고 '뜬구름' 잡는 생각만 하는 거예요. 청소년들이 주로 공상을 많이 하지요.

여자친구를 사귀고 싶어 하는 소년이 있어요. 그렇다면 거부당할 위험을 무릅쓰고 마음에 드는 여학생에게 다가가서 "한번 사귀자"고 프로포즈를 해야지요. 하지만 열등감이 심하다든지 자신감이 적은 소년은 거부당할까 두려워서 결국 못하고 맙니다. 당연히 여자친구가 생길 리가 없지요. 이 소년이 결국 할 수 있는 것은 멍하니 앉아 마치 자신이 연예인처럼 멋있어서 많은 소녀들이 열광하며 따라다니는 모습을 상상하면서 혼자 히죽거리는 일밖에는 없지요. '꿈'은 있지만 '노력'은 없는 것, 이것이 공상의 한계이고 비극입니다.

그리고 공상이 다음 단계인 신경증으로 넘어가면 '이지화'라는 방어기제가 되는 것입니다. 감정이 없어지고 생각만 남는 것이지요. 안타깝다거나 슬프다거나 애처롭다거나 두렵다거나 하는 보통 살면서 느끼는 감정이 없고 단지 생각만 있는 거예요. 마치 '조화'와 같이 살아가는 것인데, 감정의 기복이 없이 담담하게 사는 것 같지만 행복하지도 않은 것이지요.

그런데 여기에 감정까지 포함되면 '예상'이라는 방어기제가 되는 것입니다. 감정이 더해진다는 것은 억압되었던 감정을 의식한다는 말이지요. 마음속에 묻어둔 부정적 감정을 느끼고 미리 대처하는 것입니다. 그래서 예상은 성숙한 사람들이 사용하는 방어기제라고 볼 수 있습니다.

예상을 하면 산후우울증에 대비할 수 있습니다. 아기를 낳고 키우는 어려움을 미리 맛보면 실제 아기가 태어났을 때 이미 마음의 준비가 되어 있을 테니까요. 대가족제도에서는 여성들이 고모나 이모의 입장에서 아이를 낳고 키우는 과정을 옆에서 지켜보거나 도와주면서 출산과 양육의 어려움을 미리 경험할 수 있었어요. 예상할 수 있었다는 말이지요.

그런데 요즘 여성들은 "닥치면 하게 되겠지. 미리 걱정할 필요가 없어"라고 마음 놓고 있다가 막상 닥치면 그 변화가 상상했던 것 이상이라서 적응하기 힘들어하지요. 그 결과 산후우울증에 걸리는 것이고요. 심해지면 아이를 버리기까지 하더군요. 그러니 이런 산후우울증을 예방하려면 아기를 낳았을 때 오는 부정적 감정을 미리 당겨서 경험해보게 해주는 교육이 필요한 겁니다.

## 마음에 맞는 예방주사

존 케네디 대통령 재임 당시에 평화봉사단이라는 단체를 만든 일이 있어요. 미국의 젊은이들을 후진국에 2년씩 파견해 견문도 넓히게 하고 후진국의 발전을 도와주는 일을 맡은 단체지요. 이 단체에서 파견시킬 젊은 사람을 선발할 때 고심을 했겠지요. 어떤 사람을 뽑아야 성공적으로 맡은 바 임무를 잘 완수하고 돌아올 것인지 심사숙고했단 말입니다.

타국에서 2년 동안이나 지내는 일인데 적응을 못해서 본인이 이상해지거나, 아니면 거기서 사고를 내거나 불미스러운 일을 저질러서 도움을 주러 갔다가 되레 욕먹고 오면 안 되니까요. 그래서 파견하기 전에 잘 적응할 수 있는 요인을 찾아내는 연구를 했어요. 일반적으로 생각할 때는, '심리적 안정성'이 중요한 요인일 것으로 보았지요.

그런데 그렇지가 않았습니다. 오히려 실제 적응을 잘한 사람들의 특징은 미래에 오는 불안, 슬픔, 부정적인 사건들을 예상하는 능력이 남다른 사람들이었던 것이죠. 바로 예상이라는 방어기제입니다. 미리 부정적인 감정을 앞당겨 경험하는 것, 다시 말하면 '마음의 예행연습'이라고나 할까요?

큰 행사를 앞두고 있다고 가정하지요. 잘할 수 있을지 걱정이 많이 되겠지요. 그렇다면 미리 예행연습을 철저히 해두는 것이 실수를 줄이고 성공적으로 행사를 치를 수 있는 최선의 방법이 아닐까요? 살아가는 것도 마찬가지겠지요. 잘살고 싶으면 미리미리 철저히 준비하는 길밖에 없어요. 그것이 바로 '예상'입니다.

예상은 '예방주사'와 마찬가지예요. 예전에는 흔한 질병이었지만 요즘에는 천연두가 없어졌지요? 예방주사를 맞기 때문이지요. '접종'을 통해 미리 천연두를 약하게 앓게 하면 그것을 이겨내려고 투쟁하는 과정에서 우리 몸에 '항체'가 생깁니다. 그러면 진짜 천연두에 감염됐을 때 물리칠 수 있는 힘이 생기는 것이고요. 우리 마음에도 이처럼 다양한 항체를 키워놓는다면 막상 어려움이 닥쳤을 때 이겨나갈 수 있겠지요.

저는 생활 속에서 이 방어기제를 이용하는 경우가 종종 있어요. 나이가 들다 보니 가끔 제자들이 주례를 부탁합니다. 그런 경우 신랑 신부가 될 사람들을 미리 만나는 자리에서 꼭 '예상'을 시킵니다. 신랑과 신부에게 각각 다음과 같은 질문을 하는 겁니다. "이 사람과 결혼하면 어려운 일이 무엇일 것 같은지 세 가지만 대답해봐라." 의도적으로 예상을 시키는 거지요. 대부분 이 질문을 받으면 처음에는 어리둥절하며 당황해합니다. 가장 행복한 순간에 어려움을 물어보다니요? 결혼을 앞두고는 '눈꺼풀에 뭐가 씌어서' 앞으로도 마냥 행복할 것 같은 기분이잖아요.

하지만 아무리 없으면 죽고 못 살 것 같은 사람과 결혼하더라도 결혼생활은 현실이기 때문에 당연히 갈등이 있고 싸움이 있기 마련입니다. 30년 가까이 서로 다른 가족 문화 속에서 성장해서 성격이며 가치관도 다르고 성별도 다른 두 사람이 같이 사는데 문제가 없다면 오히려 그게 더 이상한 것이지요. 그것을 미리 예상해보라는 것인데 이때 이런 것들을 또박또박 대답하는 쌍도 있고 그 자리에서 전혀 없을 것 같다고 고민하는 쌍도 있습니다.

누가 더 행복하게 잘살 것 같으세요? 제가 보았을 때, 전자의 경우가 결혼생활을 더 잘해나갑니다. 후자의 경우에는 의외로 싸움이 많이 일어나게 되고요.

한 예비 신부에게 "결혼하면 어떤 어려움이 있을 것 같으냐?"고 물었더니 "신랑이 홀어머니 밑에 외아들이라 아마도 시어머니와의 관계가 힘들 것 같다"고 망설이지 않고 말하더라고요. 언뜻 보면 결혼하기 전에 이런 이야기를 하는 것이 당돌해보이긴 하지만, 이 친구는 이런 말을 하면서부터 미리 마음의 준비를 하고 있는 겁니다. 자신의 생각이 확실히 표현되면 그다음에는 그 어려움에 대처하는 방법을 고민하게 되어 있어요. 그러고 나면 예비부부는 그 상황을 가정해서 서로 의견을 나누고 나름 해결책을 찾으려 노력하지요.

그러면 그때 제가 말합니다. "이제 각자 상대방과 결혼하면 어떤 어려움이 있을 것인지 알고 결혼하는 것입니다. 그러니 지금부터는 상대방을 변화시키려 하지 마세요. 서로 어려움을 알고 결혼했으니 이제부터 그 어려움은 상대방의 문제가 아니라 각자의 몫입니다."

이렇게 어려움을 의식적으로 알고 결혼해야 대처할 수 있는 방안을 의식적으로 준비할 수 있는 겁니다. 그래야 그 일이 닥쳤을 때 이겨나가는 힘이 더 강해지는 것이고요. 불편한 감정을 미리 앞서 경험해보았으니까요.

군 입대를 앞두고 두려워하는 아들에게 부모들이 보통 어떤 도움을 주나요? 대개 다음과 같이 말하면서 위안을 주려고 하겠지요. "걱정하지 말아라. 닥치면 다 할 수 있는 거니까!" 또는 "괜히 미리 걱정할 게 뭐 있냐? 걱정한다고 달라질 것도 없는데."

맞는 말씀이지요. 하지만 그 말을 듣고 위안이 되거나 걱정을 멈출 수 있을까요? 답답하고 염려되니 하는 말인 것은 잘 알지만 효과는 거의 없을 겁니다. 그러니 이제부터는 좀 더 적극적으로 오히려 예상을 시키면 어떨까요? "군대 가면 제일 어려운 일이 무엇일 것 같으냐?" 하고요. 당황하거나 머뭇거리면 억지로라도 생각해보게 하는 겁니다. 이야말로 군대 생활을 대신 해줄 수 없는 부모가 도와줄 수 있는 좋은 방법이 될 테니까요. 그리고 해결 방안까지 미리 예상해보게 하면 군대 생활에 훨씬 적응을 잘할 겁니다.

## 걱정도 팔자

'걱정도 팔자'라든지 '사서 걱정한다'는 말이 있습니다. 하지 않아도 될 걱정을 하거나 관계도 없는 남의 일에 참견하는 사람을 놀리면서 하는 말이지요. 또 비슷한 뜻으로 '내일 일은 내일 걱정해라' 또는 '백년도 못 살면서 천 년 앞을 걱정한다'는 말도 있지요. 그러면 이 말들은 '예상'하지 말라는 것인가요? '예상'과의 그 차이는 뭘까요?

현실적으로 충분히 일어날 가능성이 있는 문제에 대해 미리 대비하는 것이 '예상'입니다. 반대로 현실적으로 나타나지 않을 것들에 대해 지레 걱정하는 것은 '기우'라고 하지요. 말 그대로 앞일에 대해 쓸데없는 걱정'을 하는 것이지요. '쓸데없다'는 말의 의미를 알면 이해하기 쉬워요. '쓸 데' 즉 쓰일 데, 다시 말하면 사용할 데가 없는 걱정이라는 뜻이잖아요. 일어나지도 않을 일에 쓸데없는 걱정을 하는 것은 그야말로 '팔자'고 '병'이지요.

예를 들면, 입맛이 까다로운 청년이 입대를 앞두고 있어요. 이 청년이 입맛이 까다로워 "처음에는 군대에서 주는 음식을 잘 못 먹을지도 모르겠다"고 걱정하면 이것은 '예상'이지요. 상식적으로 충분히 있을 수 있는 일이니까요. 하지만 만약에 "군대에서 밥을 안 줄지도 모르겠다"고 걱정하면 이것은 병적 염려증입니다. 그런 일이 일어날 확률은 거의 없으니까요. 안 해도 되는 걱정을 쓸데없이 하는 것은 병입니다. 그러나 당연히 해야 할 걱정을 회피하는 것 또한 문제인 것이지요.

이렇게 앞으로 다가올 일을 미리 생각해보는 '예상'이 가능해지려면 우리의 무의식이 의식화되어야 합니다. 문제를 직시하는 능력이 의식화이거든요. 사실을 알면 알수록, 성숙해지면 성숙해질수록 우리의 무의식은 의식화되기 쉬워집니다. 성숙한 자아는 구태여 자신의 욕구를 무의식으로 내리누를 필요가 없으니까요. 그래서 성숙해질수록 의식과 무의식의 경계가 얇아져 의식화가 많이 일어나게 됩니다.

예를 들면 상담 공부를 하는 학생들이 상담을 받는 과정에서나 공부하는 과정에서 전엔 느끼지 못했던 내용들이 나타나 두려워진다는 이야기를 종종 합니다. 이 현상은 의식과 무의식 사이에 가로막혀 있던 벽이 약해져서 생기는 자연스런 현상이에요. 무의식에 꽉 억압되어 붙잡혀 있던 개념들이 위로 올라오게 된 것이지요. 의식한 후의 결과를 책임질 수 있을 만큼 자아가 강해졌으니까 예전에는 무의식으로 내리누르고 있던 것들이 의식의 벽을 치고 올라오는 것입니다. 그래서 이상한 꿈을 꾸기도 하고 갑자기 불안한 생각이 엄습해오기도 하는 것이지요.

그러나 두려워하지 말아야 하는 것이, 이러한 증상은 무의식이 의식화되는 과정에서 당연히 한 번은 거쳐야 할 느낌이거든요. 이 과정을 잘 넘기면 자아가 강해지면서 자아가 양심을 잘 컨트롤할 수 있기에 욕구의 억압 따위는 일어나지 않습니다. 하지만 우리가 스스로의 마음을 알아가는 그 과정은 고통스러울 수밖에 없어요. 내가 미리 부정적인 감정을 경험해본다는 것이 즐거울 리 없지요. 그러나 이를 해보고 이런 어려운 훈련을 거쳐야지 궁극적으로 삶의 즐거움이 생기는 법입니다.


## 두려움에 담대해지는 '예상'

항상 그렇듯이 말은 참 쉽지만 '예상'이라는 것, 결코 쉬운 일이 아닙니다. 우리 누구도 앞으로 당연히 올 것이라는 것은 알지만 미리 앞서 부정적인 감정을 경험하고 싶어 하지 않거든요. 어쨌든 부정적인 감정을 느낀다는 것은 불편한 일입니다. 우리는 어떻게든 무의식 속에 감춰놓고 있는 것을 좋아하니까요.

모든 사람들이 '예상'을 쉽게 해나간다면 이것이 성숙한 방어기제가 될 리가 없지요. 성숙한 방어기제라는 것은 성숙한 사람들만이 할 수 있는 방어기제잖아요. 누가 예상을 못하겠냐고 쉽게 이야기할 수는 있지만 실제로 행하기는 쉽지 않아요. 예상은 아무나 할 수 있는 것이 아닙니다.

그렇다면 누가 예상을 잘할 수 있을까요? 예상을 잘하기 위해서는 '사회적 지지'가 중요합니다. 사실상 사회적 지지 없이는 상대적으로 매우 적은 수의 사람만이 미래의 정서적인 불편함에 대한 계획을 세워나갈 수 있어요. 여기서 사회적 지지란 어려운 일을 당했을 때 도와줄 사람이 있느냐의 여부이지요. 만약 그런 사람이 많이 있다면 마음 놓고 어려움을 예상할 수 있는 힘이 생기겠지요. 옆에 도와줄 사람이 있으니까요.

앞서 결혼을 앞둔 신랑 신부 이야기 했잖아요. 그런데 신부가 "나는 이 사람하고 결혼하면 이런 것들이 어려울 거예요"라고 말했는데, 신랑이 함께 걱정을 나누면서 도와주겠다는 말 한마디 없이 "그러냐? 그게 왜 걱정이 되냐?" 해버리면 어떻게 될까요? 당연히 문제 해결이 되지 않을 뿐만 아니라 결혼하기도 전에 감정만 상하게 되겠지요. 그래서 어려움을 예상한 후에는 꼭 신랑에게 신부를 도와주기 위해서 무슨 일을 할 것인지에 대해 이야기하게 해야 합니다. 그래야 서로 신뢰가 쌓이고 문제 해결이 쉬워져요.

사실상 어려울 때 도와줄 사람이 얼마나 많으냐의 여부가 심리적인 부자의 척도가 될 수 있습니다. 동시에 성숙한 삶의 척도도 될 수 있고요. 비록 경제적으로는 가난할지 모르지만 힘들 때 함께 걱정하고 자기 일처럼 도와줄 사람이 많은 사람이 행복한 사람이에요. 당연히 성숙한 사람 곁에는 도와줄 사람이 많게 마련입니다. 같이 있으면 마음이 편하고 즐거우니까요. 이 점이 참 안타까운 역설이에요. 미성숙해서 실질적으로 도움이 필요한 사람 곁에는 사람이 별로 없고, 도움이 그다지 필요 없는 성숙한 사람 곁에는 도와줄 사람이 많이 모이는 현상 말이에요.

## 내 믿음의 크기가 내 자아의 크기

그런데 사회적 지지를 얻기 위해서는 기본적 신뢰가 필요합니다. 다시 말하면, 무엇보다 먼저 "저 사람이 날 도와줄 거야" 하는 마음이 들어야 한다는 것입니다. 그 마음을 '믿음'이라고 하지요. 아무리 선배가 후배를 도와주려는 마음이 굴뚝같아도 후배가 그것을 믿지 않으면 아무 소용이 없어요. 믿음은 '객관적 사실'이 아니라 '주관적 해석'에 달려 있는 것이니까요.

그리고 도움을 받는 사람의 주관적 해석이 결정적으로 중요합니다. 다시 말하면, 주위에서 아무리 많은 사람들이 나를 도와주려고 해도, 내가 그것을 믿지 못하면 나는 실질적인 도움을 받을 수 없다는 것이지요. 그래서 도움을 받을 수 있을 것이라는 믿음이 살아가는 데 큰 자산이 됩니다.

예를 들어 어린아이가 혼자 골목길에서 강아지를 만났다고 해보죠. 이 아이는 강아지가 다가오면 무서워서 울 거예요. 그런데 다음날 어머니와 손을 꼭 잡고 골목길을 가다가 다시 강아지를 만난다면 이때 이 아이는 어제와는 무서운 정도가 달라지겠지요. 옆에 엄마가 있으니까요. 그리고 어머니를 믿는 마음이 크면 "야, 너 일루와봐" 하고 큰소리도 칠 수 있을 테지요. 옆에 든든한 어머니가 있으니까요.

하지만 이 아이가 비록 물리적으로는 어머니와 손을 잡고 있지만, 심리적으로 어머니가 도와줄 것이라는 믿음이 없다면 어떻게 될까요? 자녀를 지키기 위해서는 목숨도 아깝지 않을 사랑을 어머니가 가지고 있다고 해도, 자녀가 믿지 않으면 도와줄 방도가 없는 불행한 관계가 되고 맙니다. 어머니를 믿지 못한다면 심리적으로는 어머니가 없는 것이나 마찬가지인 거예요. 그래서 믿을 수 있다는 것은 큰 힘을 얻을 수 있는 원천이 되는 겁니다. 믿음도 자아의 능력인 것이고요.

"세상에 믿을 사람 하나도 없다"고 생각하는 사람은 이 거친 세상을 홀로 고군분투하며 외롭게 살아가는 사람입니다. 이런 사람의 자아는 자기 하나의 힘밖에 갖지 못합니다. 그래서 거대한 세상과 맞서서 살아가기에는 자신은 항상 너무 약하다는 느낌을 가지고 살아가게 됩니다. 그래서 모든 일에 소극적이 될 수밖에 없고 당당하게 앞으로 나서기보다는 가능하면 뒷전으로 물러나려고 하겠지요.

반대로 주위에 있는 사람들이 다 자기를 도와줄 거라고 믿는 사람의 자아는 강하지요. 많은 사람으로부터 에너지를 받으니 얼마나 든든하겠어요. 이런 사람은 세상을 살아가는 데 두려움이 별로 없습니다. 힘들 때는 옆에 있는 사람들이 도와줄 것을 믿으니까요. 혼자서는 못하지만 여러 사람이 모이면 큰일을 할 수 있잖아요. 결국 내 자아의 힘은 나를 도와줄 것이라고 믿는 사람의 숫자만큼 강해지는 것이지요. 역시 믿는 것이 큰 자산입니다.

그런데 믿는 사람을 많이 가지라는 것이 그 사람들하고 의존적인 관계를 가지라는 말은 아닙니다. 의존적인 관계는 조금 심하게 말하면 내가 기생하는 존재가 되는 것이니까요. 그렇다면 자아가 커질 리 없습니다. 혼자서 살 수 없으니까요. 그렇기에 독립적 주체로서의 내가 믿음을 가져야 합니다. 내가 결정하는 것이어야 하지요. 그리고 믿음을 통해 힘을 얻고 열심히 사는 것이지요. 그리고 모든 결과에 대해서도 내가 책임을 져야 하고요.

사실 믿음은 종교와 밀접한 관계가 있습니다. 믿음이 없는 종교는 존재할 수 없으니까요. 종교적 믿음이란 절대자까지도 나를 도와줄 것이라고 믿는 것입니다. 그렇다면 먼저 절대자의 존재 자체를 믿어야겠지요. 물론 믿음은 주관적인 것입니다. 절대자의 존재는 객관적으로 증명할 수 있는 사실이 아니니까요. 그러나 절대자가 존재하고, 나에게 전폭적인 도움을 줄 것이라고 믿는 사람들에게는 이 믿음이 엄청난 힘을 줄 수 있겠지요. 신앙의 힘이 무서운 것은 바로 이

점 때문입니다.

절대자에 대한 믿음이든 내 옆에 있는 가족이나 친구에 대한 믿음이든 사회적 지지 기반이 잘 마련된 삶을 살고 계신가요? 그래서 앞으로 다가올 어려움을 예상하는 일이 회피해야만 하는 너무 아픈 고통은 아니신가요?

성숙한 삶을 산다는 것은 완벽하게 살아가는 것이 아닙니다.
오히려 성숙한 삶이라는 것은 완벽하게 살아가거나 완벽한 척하기보다는
내게 얼마나 부족한 점이 많이 있고 얼마나 아직 개선해야 할 점이 많은가를
솔직하게 인정하고 노력하는 삶이지요. 그러니까 성숙한 삶을 산다는 것은
언제나 100퍼센트 성숙한 방어기제만을 사용하는 삶이 아니라는 겁니다.
다만 그쪽을 지향하며 내일이 오늘보다 조금 더 성숙해지는 삶을 사는 것.
이것이 진정한 성숙한 삶인 것이지요.

## PART 03

충만한 마음,
나를 인정할 때 생기는 것

'왜' 살아야 하는지를 아는 자는
'어떠한' 상황도 견딜 수 있다.

**프리드리히 니체**

# 자아를 강하게 만들
# 훈련을 합시다

## 진정한 기쁨은 고통으로부터 오는 것

베토벤의 9번 교향곡 〈합창〉을 들어보셨나요? 환희와 인류애의 메
시지를 담고 있는 이 곡은 그야말로 클래식의 백미라고 할 만큼 가
슴 벅찬 아름다움이 빼곡히 흘러나오는 곡이지요. 베토벤 스스로도
이 곡에 부쳐 '고난을 통하여 환희로Durch Leiden zur Freude'라는 말을
남겼습니다. 이 교향곡 맨 마지막 악장에 흐르는 합창곡은 실러가
쓴 〈환희의 송가〉에 곡을 붙인 것인데, 최고 절정의 순간에서 '환희
Freude'가 용솟음치게 맘껏 노래하는 장면은 한번 접하면 잊을 수 없
는 숭고미를 느끼게 합니다.

　이 곡을 작곡할 당시 베토벤은 귀가 완전히 들리지 않았다고 해
요. 그런데 처음 귀가 멀어가기 시작할 당시에 베토벤은 자살을 하려

고 친구에게 편지를 보냈다지요. "귀가 안 들리는데 내가 어떻게 작곡을 하겠느냐"고 하면서 말이죠. 하지만 귀가 완전히 안 들릴 때는 오히려 '환희' 즉 기쁨으로 옮겨갔단 말입니다.

베토벤의 음악을 승화의 최고봉으로 꼽는 이유가 바로 이것이지요. 귀가 멀어서 안 들리는 극한의 고뇌를 이기고 그것을 기쁨으로 승화시켰으니까요. 반면에 모차르트 음악은 '해리'의 전형이라고 했지요. 모차르트 음악은 음악 자체를 놓고 보면 고통이 승화되었다기보다는 그냥 아름다운 천상의 느낌을 주잖아요. 그의 어려운 현실이 전혀 드러나지 않고 신비로운 아름다움으로만 가득 채워진 음악인 거지요. 그래서 턱없이 아름다운 모차르트 음악은 승화와는 거리가 있습니다.

승화가 되려면 항상 그 밑바닥에 고통이 깔려 있어야 합니다. 고통을 느껴보지 않은 사람은 또한 승화를 할 수가 없어요. 그래서 성숙한 삶이라는 것은 고통 없이 이루어지는 것이 아닙니다. 고통이 없는 것이 아니라 고통을 통해서 즐거움을 얻을 수 있는 삶이 '성숙한 삶'이지요. 여기서 승화의 판단 기준은 과연 무엇일까요? 바로 '즐거움'입니다. 고통이 승화되면 즐거울 수 있습니다. 하지만 고통이 승화되지 않으면 그냥 괴로울 뿐이고 살고 싶지 않을 뿐이지요.

운동할 때를 생각해보세요. 훈련하는 것은 상당히 힘들지만 그 훈련이 끝나면 여러 가지 즐거움이 있지 않습니까? 경기에서 이기기도 하고, 날씬한 몸매를 얻을 수도 있는 등 그 즐거움 때문에 운동을 하지요. 그런데 즐거움은 고통이 있어야 느낄 수 있는 것입니다.

사실 고통이 클수록 즐거움이 커지고, 고통을 느끼지 못하는 사람은 즐거움 또한 느낄 수 없어요. 그것이 무엇이든지 그렇지요. "눈물 젖은 빵을 먹어보지 않은 사람하고는 인생을 논하지 말라"는 말도 있잖아요.

## 앎이 저절로 '살아지는' 삶이어야

앞서 우리의 기본적 욕구인 공격욕이나 성욕이 왜곡된 형태로 표출되지 않게 노력해야 한다는 말씀을 드린 바 있습니다. 만약 많은 사람들이 자신의 공격욕이나 성욕을 승화되지 않은 형태로 표출한다면 그야말로 '원초적 본능이 날뛰는 정글 같은 사회'가 되겠지요. 이런 사회는 거칠 뿐만 아니라 천박하기까지 할 것입니다. '문화적'이지 못하니까요. 공격욕은 거친 형태로 나타나 폭력이 난무하는 사회가 되고, 성욕은 정제되지 않은 모습으로 강간과 같은 범죄로 나타날 테고요. 한마디로, 세련되고 우아한 모습과는 동떨어진 '짐승들의 세계'가 될 것입니다.

그러니까 사회의 격이 높아지고 명실상부한 선진국이 되려면 이 '문화'가 일어나는 과정을 즐길 수 있도록 제도적 뒷받침이 되어야 합니다. 일차적으로는 학교 교육의 내용과 교수 방식부터 바뀌어야 하는 거지요. 예술을 즐길 수 있는 '눈과 귀 그리고 손'을 학교에서 가르치고 훈련시켜주어야 합니다. 그리고 그 과정에서 당연히 겪게 되는 괴로움을 극복할 수 있는 자아의 힘을 길러주어야 하고요. '변화로 가는 힘듦'을 견디게 해주는 것이 자아의 역할인데 이 자아의 힘이 약하면 그것을 못 견디는 것입니다.

우리는 양심이 강해야지만 양심적으로 산다고 생각하지만 사실 성숙한 삶을 위해 강해져야 하는 것은 양심이 아니라 자아입니다. 도덕이나 종교 교육이 생각보다 결실을 맺지 못하는 이유가 양심을 알려주려 하지 자아를 키워주려 하지 않기 때문이에요. 양심은 지식으로 알려줄 수 있으나 자아는 지식으로는 알려줄 수 없는 것입니다.

어느 것이 옳으냐 그르냐는 지식으로 알려줄 수 있어요. 하지만 자아는 지식으로 알려줄 수 있는 것이 아니라 스스로 경험을 해봐 강해지는 것입니다. 공부를 많이 했다고 성숙하게 사는 것이 아님을 보여주는 사례를 우리 주위에서는 너무나 쉽게 접할 수 있습니다. 오죽하면 "행복은 성적순이 아니잖아요?"라는 항변이 회자되겠습니까?

어떻게 살아야 한다는 것을 아는 것과 정말로 그렇게 살아가는 것은 전혀 차원이 다른 문제입니다. 어떻게 살아야 하는지를 아는 것은 양심의 몫이지만 그렇게 '살아가는' 것은 자아의 몫이거든요. 자아가 강하지 못하면 자신이 알고 있는 방식대로 살 수가 없는 것이지요. 그렇기 때문에 어떻게 살아야 한다는 것을 머리로 아무리 잘 알고 있다고 해도 자아가 약하면 소용이 없고 오히려 죄책감만 커질 뿐이지요. 알면서도 그렇게 살지 못하니까요. 차라리 모르면 괴롭지

나 않을 텐데요. 그래서 자아를 어떻게 키워주느냐 하는 것이 모든 교육의 핵심이 되는 것입니다.


## 행동하는 훈련이 자아를 키우는 법

길을 가다가 앞선 사람이 갑자기 심장마비로 쓰러지면 심폐소생술을 하라고 교육받지 않습니까? 그런데 심폐소생술을 해야 하는 것을 알고 있다고 하더라도 막상 내 앞에서 사람이 쓰러지면 그것을 제대로 하는 사람이 거의 없습니다. 지식으로만 배워서 그렇지요. 재난영화를 봐도 그렇잖아요. 예를 들어 비행기 타면 제일 먼저 하는 일이 승무원들이 기내 위급상황 시 대처하는 요령을 설명하는 것을 지켜보는 일입니다. 그러나 막상 비행기가 위급한 상황에 처했을 때 그것을 제대로 시행하는 사람은 거의 없습니다. 단순히 지식으로 알고 있는 것은 아무 소용이 없어요. 실제 상황이 닥치면 훈련을 반복해본 사람만이 문제를 해결할 수 있는 겁니다.

그래서 실습 위주의 교육을 해야 하는 거예요. 대부분의 학교 공부가 실습을 하는 것이 아니라 지식만 알려주는 교육을 함으로써 현실에 적절히 대처하는 능력이 생기지 못하는 것이고요.

어머니가 시장에 가면서 자녀에게 사탕 세 개를 줍니다. 그리고 시장에 다녀올 때까지 안 먹고 기다리면 세 개를 더 주겠다고 약속합니다. 하지만 자녀가 어릴수록 대개는 어머니를 기다리지 못하고 사탕을 먹어버리지요. 안 먹고 참으면 세 개를 더 받을 수 있다는 것을 머리로는 알지만 먹고 싶은 마음을 제어할 자아의 힘이 약한 것이지요. 하지만 이 훈련을 되풀이하면 어느 날 자녀가 사탕을 먹지 않고 어머니를 기다리는 데 성공합니다. 자아의 힘이 강해진 것이지요. 그러고는 어머니가 돌아오자마자 세 개를 더 달라고 요구합니다. 그때는 희희낙락한 표정이 얼굴에 역력하겠지요. 아마 스스로도 자신이 대견하게 느껴질 것입니다. 어찌 기쁘지 않겠어요. 이렇게 자아는 강해지는 것입니다.

기우일지 모르나 혹시 이 책을 보시는 분들이 성숙한 삶에 대한 지식만 얻게 될까봐 염려스럽네요. 심리학적 지식이 많다고 성숙하게 사는 것은 절대 아닙니다. 그 지식을 훈련을 통해 내 것으로 만들어야 해요.

상당히 소심해서 여러 사람 앞에 나서는 것을 유난히 꺼리는 여성이 집단상담에 참석한 적이 있었어요. 이분이 두 번째 집단상담에 참가한 후 자신의 성격을 바꾸려는 마음을 먹었어요. 그는 소심한 성격을 바꾸기 위해 스스로 한 가지 결심을 했는데, 여러 사람 앞에서 노래를 해보겠다는 거였어요. 상담을 마치고 서울로 올라오는 기차 안에서 진짜 노래를 부르더라고요. 우리 일행이 아닌 다른 여행객들에게 먼저 양해를 구하고 객실 앞으로 나와 정말로 노래를 불렀어요. 물론 객실 안에 있는 많은 분들이 박수로 격려해주었지요. 이렇게 자아는 강해지고 커가는 겁니다.

머릿속으로 "여러 사람들 앞에서 노래를 부르면 내가 상당히 성숙해지겠구나"라고 아는 것만 가지고는 안 되는 것이지요. 사람들 앞에서 수줍음을 극복하고 비록 노래를 잘 부르지는 못할망정 실제로 노래를 불러보는 것, 즉 행동하는 것이 중요한 것입니다. 자아가 강하다는 것은 내면의 욕구를 왜곡시켜 표현하는 것도 아니고, 억누르는 것도 아니며, 있는 그대로 발산하는 거예요. 자신의 욕구를 인정하고 그것이 승화되는 방향으로 분출하는 훈련을 쌓아가는 것이 자아를 강화시키는 방법이지요. '구슬이 서 말이라도 꿰어야 보배'니까요.


## 모든 잘못은 '방향'의 문제

베토벤을 이야기하면서 '고통을 통해서 환희로'라고 했지요. 그런데 만약 인생에서 고통이 전부 없어진다면 환희가 솟구치는 삶이 될까요? 그렇지 않아요. 단지 고통보다 환희의 비율이 좀 더 높으면 그것이 좋은 삶인 거예요. 우리는 자꾸 고통을 낮추면 환희가 올라갈 것이라고 생각하지만 절대 그렇지 않습니다.

　예를 들면, 한국 사람들은 한이 많은 민족이라 하잖아요. 그래서 한을 풀어야 한다고 하는데 사실 한국 사람들이 한만 많나요? 한국 사람들에게 많은 긍정적 정서는 신명입니다. 신바람 나는 것 말이에요. 그런데 한 번도 한을 경험해보지 않은 사람은 신명을 알 수 없습니다. 그러니까 한이라는 것은 신명이 날 수 있는 기본전제가 되는 겁니다.

한을 신명으로 승화시킨 가장 대표적 예가 각설이타령입니다. 각설이는 거지잖아요. 거지의 삶이 신이 날 리 있나요? 그런데 거지 생활하는 것을 신나는 것으로, 이걸 예술적인 춤으로 승화시킨 분이 공옥진 여사예요. 요즘에는 이렇게 표현하지 않지만 그분이 소위 '병신춤'이라는 것을 만들었지요. 등에다가 바가지 같은 것을 집어넣고 곱사등이 흉내를 내면서 추는 춤 말이에요. 공옥진 여사의 이 춤이 문화재로까지 지정되었던데 이게 바로 그 곱사라는 고통을 가져다가 춤이라는 예술로 승화시킨 것이지요. 여기서 우리는 감동을 받고 아름다움을 느끼는 겁니다.

보통사람들은 신체적 장애를 가지고 있다는 것을 감추고 싶어 하는데 공옥진 여사는 감추고 싶어 하는 것을 춤으로 승화시킨 겁니다. 그런데 그 장애라는 것이 내가 감추고 싶다고 해서 감춰지는 건가요? 안 감추어집니다. 다만 이 사람이 감추려 하니까 상대방도 아는 척을 안 하는 것일 뿐 감추어질 수 없는 것이지요. 그런데 이것이 예술로 승화되면 감동까지 받을 수 있는 겁니다.

혹시 '조폭하고 경찰은 사주가 같다'는 우스갯소리를 들어보셨나요? 얼마 전에 우리나라에서도 상영된 〈캐치 미 이프 유 캔Catch Me If You Can〉이란 영화가 있는데, 이 영화는 실화를 바탕으로 한 것입니다. 실존인물인 주인공은 16세에서 21세까지 5년 동안 26개국 50개 주에서 위조수표를 남발하다 1969년 프랑스에서 체포돼요. 그는 5년 동안 감옥에서 수감 생활을 한 후 자신의 천재적 재능과 기술을 연방정부를 위해 사용한다는 전제하에 석방되어 법률 공무원과 FBI 요원들을 대상으로 자신의 기술을 전수합니다. 이후 25년 동안 FBI와 정부기관에서 관련 범죄에 대해 이론과 실무를 가르쳐온 그는 현재 금융사기 예방과 문서보안 분야에서 세계 최고의 권위자로 활동하고 있어요. 그는 자신이 개발한 프로그램을 통해 한 해 라이선스 수입으로 몇 백만 달러를 벌어들이고 있을 뿐만 아니라 미국 내 주요 회계법인과 법률회사의 자문 업무 또한 맡고 있지요. 또한 아내와 세 아들과 행복하게 살고 있다고 합니다.

이 주인공은 본인 자신이 유능한 사기꾼이었기 때문에 다른 사기꾼들을 잘 잡는 거예요. 그러니까 교도소에 들어가는 사기꾼과 FBI에서 수사하는 사람이 동일 인물인 겁니다. 같은 재주를 가지고 있지만 햇빛 아래서 사용하면 사회에서 인정받는 것이고, 달밤에 쓰면 범죄가 되는 것이지요. 사기꾼 재주가 없으면 사기꾼도 못 잡습니다. '과부 사정은 과부가 안다'는 꼴인가요? 그러니까 조폭하고 경찰은 사주가 같은 것이고요. 다만 방향을 어느 쪽으로 틀었냐 하는 것이 문제인 것이지요.

말썽도 아무나 부리는 것이 아닙니다. 배짱도 있어야 말썽을 부릴 수 있어요. 말썽꾸러기도 철이 들어 방향만 제대로 잡으면 말썽 한 번 안 부리던 '범생이'보다 속에서 더욱 큰 힘이 나올 수 있지요. 그런데 우리는 대개 방향만 올바르게 잡아주면 될 것을, '그애가 원래 나쁜 애'라고 생각하고 멀리하다 보니 그애가 가진 '끼'가 긍정적으로 나타나는 것을 방해하기 십상입니다.

1999년 7월, 세간을 떠들썩하게 했던 탈옥수 신창원이 탈옥한 지

2년 6개월 만에 잡혔습니다. 이 친구, 2년 6개월 동안이나 경찰을 비웃듯이 신출귀몰하게 도망 다니면서 그 와중에도 여러 여자와 동거하는 재주까지 있었지요. 이 재주를 보면 신창원이 얼마나 능력이 많습니까? 다만 안타까운 것은 이 재주가 범죄 쪽으로 갔다는 것이지요. 밝은 쪽으로 갔으면 사회를 위해 큰일을 할 수도 있었는데 말이에요. 제가 하고 싶은 말은 방향을 바꾸는 일이 중요한 것이지 재주를 없애는 일이 중요한 것이 아니라는 겁니다.

## 자아의 연금술

연금술이라고 아시지요? 쓸모없는 돌이 값비싼 보석으로 변화되는 기적을 뜻하는 말이지요. 그렇다면 고통이 즐거움으로 바뀌는 놀라운 경험 또한 자아의 연금술이라고 할 만한 것 아니겠는지요? 그러면 내가 자아의 연금술사가 되기 위해서는 기본적으로 가지고 있어야 할 것이 쓸모없는 돌, 즉 고통의 출처인 '억압'이지요. 나를 짓누르는 그것 말입니다.

그리고 그것을 내가 의식하는 일이 필요합니다. 이것이 '무의식의 의식화'입니다. 의식이 되면 그다음은 나의 자아가 현실에서 가장 좋은 방법으로 이 문제를 해결하도록 노력하게 되어 있어요. 그 노력이 크면 클수록 인생에서 값비싼 보상을 받는 것이고요. 그러니까 우선은 의식하는 일이 중요합니다. 의식을 해야 비로소 문제가 풀리기 시작하니까요.

제가 군대 시절, 신부가 되기 위해 신학대학을 다니다가 입대한 친구와 한 방을 쓴 적이 있었어요. 그런데 이 친구가 입대하기 전 같은 성당에서 일하던 수녀 한 분과 편지를 주고받기 시작했습니다. 순수하고 아름다운 마음을 지닌 친구이기에, 아무리 수녀라고 해도 여성과 주고받는 편지라 떨리기도 하고 혹시 답장이 안 올까봐 걱정이 되기도 했나봐요. 편지가 오면 저한테 보여주고 답장을 어떻게 쓰면 되느냐고 물어보곤 했어요. 그러다가 기다리던 답장이 오면 정말 기뻐하면서 저에게도 보여주고 그랬어요. 그러면 둘이서 또 답장에 대한 의견을 나누기도 하면서 같이 즐거워했지요.

그런데 어느 정도 시간이 지나면서부터는 이 친구의 얼굴에서 점점 웃음기가 사라지더니 이제는 편지가 와도 보여주지 않는 거예요. 그래서 그 이유를 물었더니 대답을 안 하는 거예요. 수녀와 무슨 일이 있었는지 물어봐도 아무 문제도 없고 '신앙의 동지'로 여전히 좋은 관계라고만 말하는 겁니다. 그렇다면 괴로워할 필요도 없는 거잖아요. 아무리 생각해도 미심쩍어서 제가 안 보여주려는 편지를 반강제적으로 뺏어서 그 내용을 보았어요.

편지를 보니, 오고가는 호칭이 '수사님', '수녀님'일 뿐이지 그 내용은 누가 보아도 금방 알 수 있는 남녀 사이에 오가는 연애편지였어요. 아마도 호칭을 '철수 씨', '영희 씨'로 바꾸기만 했다면 그 내용이 어떤 것인지 금방 알 수 있는 것이었습니다. 그 친구 얼굴에서 웃음기가 사라진 이유는 분명해졌지요. 두 사람 모두 이성하고 사랑을 하면 안 되는 신분인지라 이성 간의 연애 감정이 깊어질수록 그 관계가 힘들어진 거예요. 하지만 의식적으로는 계속 속마음을 부정하니 연애 감정이 깊어지면 깊어질수록 더 힘들어진 것이지요.

그래서 어느 날 그 친구와 근처 식당에서 소주 한잔 하면서 물었죠. "그 수녀 사랑하지?"라고요. 처음에는 펄쩍 뛰면서 부정하더군요. 자기네들은 그런 세속적인 사랑의 관계가 아니라 '신앙의 동지'일 뿐이라고. 그래서 제가 그 편지를 들이밀며 "여기서 호칭을 '수사님', '수녀님' 대신 너희들 이름으로 바꿔서 읽어봐라" 했더니 한참 동안 말이 없다가 겨우 인정하더군요. 수녀가 점점 이성으로 마음속에 자리 잡더니 사랑하게 된 것 같아서 힘들다는 고백을 했습니다. '신앙적 동지'였던 수녀가 자기도 모르게 '사랑의 대상'이 되었다는 속마음이 나온 겁니다. 그동안 얼마나 힘들었겠어요. 본 마음은 서로 사랑하는데 의식적으로는 '신앙의 동지'여야 하니 진실된 감정을 억누를 수밖에 없었겠지요. 하지만 이처럼 감정을 솔직하게 인정하면 오히려 문제를 해결하기가 쉽습니다. 이제는 선택을 할 수 있으니까요. 자기 감정을 따라서 각자 신부 수녀 그만두고 결혼해서 살든가 아니면 관계를 끊든가 둘 중 하나를 선택하면 되지요.

제가 아는 한 분이 그랬던 경험이 있습니다. 이미 타계하신 분인데, 이분은 50년대 중반에 미국에 유학을 갔다 오신 여자 교수님이셨어요. 그 당시에 유학을 다녀오셨으니 정말 시대를 앞서가는 분이셨지요. 그리고 대학교에서 강의를 하시다가 역시 교수이신 외국인 신부님을 만나 서로 사랑하게 되었지요. 이분들의 선택은 그 당시 저에게 충격이었지만 두 분이 각자 교수와 신부라는 신분을 포기하고 외국에 나가서 결혼하고 행복하게 사시더라고요.

그래서 이런 예를 들어주면서 말했지요. "네가 신부가 되어야만 하나님을 섬기는 것도 아니니 사랑하면 결혼을 하든지 아니면 이 관계를 빨리 끊을수록 좋을 것 같다. 결정을 못 내리고 질질 끌기만 하면 나중에 서로 상처만 더 커지게 될 테니" 하고요. 선택할 수 있는 상황이면 이때 자아가 결정을 할 것입니다. 감정을 따라 관계를 유지해 결혼할 것인지 아니면 이것을 그만둘 것인지. 그래서 "너는 어느 편을 택하겠느냐?" 했더니 자기가 기도하면서 찾아보겠다고 하더군요. 한동안 열심히 기도하더니만 "아무래도 관계를 정리하는 것이 두 사람 다에게 좋겠다"고 하더라고요. 그러고는 수녀에게 이제 더 이상 편지를 하지 않겠다는 것을 솔직한 이유와 함께 써서 보냈어요. 물론 편지를 보낸 후에도 한동안 많이 괴로워했지요. 아마도 생살을 찢는 아픔이었을 테니까요. 하지만 스스로 선택한 상처는 언젠가는 아물기 마련입니다.

이제 왜 무의식이 의식화가 되어야지만 성숙하게 되는지 아시겠지요? 세속적 사랑과 신부의 길 중에서 하나를 포기했을 때 당연히 고통이 있겠지요. 그러나 그 고통을 스스로 감내하면서 극복했기 때문에 아마 이후에 그 친구는 좋은 신부님이 되셨을 거예요. 그렇지 않고 '신앙의 동지'라는 명분 때문에 이러지도 저러지도 못하고 질질 끌려가는 관계를 지속했다면 아마도 지치도록 힘들었을 겁니다. '신앙의 동지' 관계는 끊으면 안 되는 관계잖아요. 아마도 이 신부님은 당연히 본인도 더 이상 이성 간의 감정에 휘말리지 않았을 뿐 아니라 성당에 다니는 신도들 중 이런 문제로 고민하는 사람에게도 상당히 도움을 잘 줄 수 있었을 거예요. 자기도 경험을 해봤으니까 말입니다. 아픔을 승화시킨 경험이 성숙해지게 만든 것 아니겠어요?

실로 아픈 만큼 성숙해지는 겁니다. 아픔을 승화시킬 때 긍정적 에너지가 나와서 성숙해지는 거지요. 이것은 마치 진주조개가 몸 안의 이물질로 인한 고통을 견디려고 오랫동안 애쓴 결과 드디어 영롱한 진주를 만들어내는 것과 같다고 할까요? 그러니까 아픔을 피하려 해서는 안 됩니다.


## 걸림돌을 디딤돌로

성숙한 삶으로의 길에서는 '걸림돌을 디딤돌로' 삼자는 말을 많이들 하지요. 그런데 사람들이 흔히 오해하는 것이 걸림돌과 디딤돌이 다른 돌이라고 생각하는 겁니다. 그래서 걸림돌은 없애버리고 디딤돌을 어디에선가 얻어와야 한다고 생각하는데, 사실은 걸림돌과 디딤돌은 같은 돌이란 거지요. 같은 돌이 걸림돌일 수도 있고 디딤돌일 수도 있다는 말입니다. 다만 이 돌이 나한테 걸림돌이 될지 디딤돌이 될지는 내게 달린 것이고요. 그리고 걸림돌을 디딤돌로 바꾸는 이 과정을 우리가 소위 승화라고 부르는 것입니다. 이것이 자아의 연금술이고요.

지금 내가 가지고 있는 어려움이나 고통, 이런 것들이 나한테 걸림돌로 작용해서 이것 때문에 내가 더 이상 성장하지 못한다면 이제부터는 이것을 디딤돌로 바꾸어야만 합니다. 그리고 그 과제는 오롯이 나 혼자만이 해야 하고 또 할 수 있는 것입니다. 부모나 친구가 옆에서 대신 해줄 수는 없지요. 만약 이 과정을 성공적으로 수행한다면 그 고통을 겪지 않았던 사람보다 훨씬 더 큰 에너지를 만들어낼 수 있어요. 그래서 상담 쪽에서는 어려움을 겪어본 사람이 좋은 상담자가 될 수 있다고 하지요. "네가 겪어본 그 고통이 바로 네가 제일 잘 도와줄 수 있는 고통이다"라는 말이 상담 분야에서 회자되고 있어요. 내가 겪어본 경험에서 우러나온 상담이 좋은 상담이거든요.

사실 승화를 통한 성숙의 과정은 나 혼자의 몫이긴 하지만 혼자하기가 쉽지 않아요. 더구나 혼자서 자신의 걸림돌을 환희로 만드는 것은 베토벤이나 오랫동안 용맹정진한 수도자들이나 할 수 있는 일이지 '보통 사람'이 하기는 힘든 일이지요. 그래서 대개의 경우 옆에 있는 가족이나 친구가 힘을 빌려줘야 합니다. 그래서 불가佛家에서도 같이 뜻을 품고 함께 공부하는 벗, 즉 도반이 중요하다고 강조하는 것이겠지요. 많은 연구 결과가 원만한 부부관계를 유지하거나 친밀한 인간관계를 맺고 있는 사람이 더 성숙한 삶을 살 확률이 많고 장수한다고 알려주고 있어요.

그런데 만약에 주위에 나를 도와줄 배우자나 친구들이 없다면 이때 상담이 필요한 것이지요. 상담이란 '내담자의 약한 자아를 상담자가 자신의 강한 자아로 도와주어 내담자의 자아가 커지게 도와주는 과정'이라고도 해요. "네가 혼자서는 못하니까 언제든지 내 손을 잡아. 그러면 내가 도와줄게" 하고 말이지요.

부모 자녀의 관계도 그렇고 부부간의 관계도 그렇고 종교에서 말하는 절대자와의 관계도 그렇고 모든 관계가 다 그렇습니다. 내가 혼자서는 약하기 때문에 걸림돌을 디딤돌로 만들지 못하고 걸림돌에 눌려서 주저앉게 되는 경우가 많은데, 이때 상대의 힘을 받아서 이 걸림돌을 디딤돌로 바꿀 수 있는 거예요. 그 도움의 힘이 무엇이든 간에 그것의 존재가 중요한 것이지요.

# 하고 싶지만
# 하지 않으면 위대해져요

## 억압에서 억제로

'억압'과 '억제'의 차이를 아십니까? 자기가 어떤 생각이나 감정을 가지고 있다는 것을 본인이 의식하지 못하는 것은 억압이고, 의식은 하지만 행동으로 옮기지 않는 것은 억제입니다. 자아는 강해지면 강해질수록 모든 것을 가능한 한 왜곡하지 않은 상태에서 받아들이는 능력이 발달하는데, 이때 왜곡하지 않고 자제하는 것이 억제입니다. 왜곡하는 것은 억압이고요. 한마디로 약한 자아는 욕망을 억압하고 강한 자아는 욕망을 억제하는 것이지요.

내가 너를 미워할 때 미운 마음에 욱하고 가서 한 대 때리면 행동화입니다. 이때 밉다는 감정을 무의식으로 눌러서 의식하지 못하면 억압이 되는 것이고요. 그리고 억압으로도 조절이 안 되니까 거꾸로

이 대상을 존경하는 것처럼 행동하면 그것이 반동형성이라고 했습니다. 그런데 억제라는 것은 내가 미움이라는 감정을 가지고 있다는 것을 의식하는 것입니다. 하지만 행동은 하지 않습니다. 그리고 이러한 감정에 걸맞은 행동을 할 수 있을 만한 좋은 여건이 될 때까지 참습니다. 그러다가 여건이 되면 이러한 감정을 표현하는데 이때 그 표현은 행동이 아닌 말로 하는 것이지요.

감정을 무의식에 감추고 있는 억압은 바람직하지 못합니다. 의식을 안 하는 것뿐이지 사실은 미운 감정에 걸맞은 행동을 하고 있기 때문이지요. 그러나 내가 밉다는 감정을 가지고 있다는 것을 모르기 때문에 자신이 왜 그런 행동을 하는지 그럴듯한 이유를 들면서 합리화하게 됩니다. 그리고 본인은 미워서 그러는 게 아니라고 생각하지만 이것을 당하는 대상은 싫어한다는 느낌을 받습니다. 이게 억압이에요. 그런데 이제는 내가 대상을 미워한다는 것을 알지만 그 감정에 걸맞은 행동을 할 수 있을 때까지 그 감정을 자제하면 억제인 것입니다.

행동화하는 사람들, 즉 행동이 먼저인 사람들은 언뜻 보면 굉장히 충동적인 느낌이 들지요. 반면 억압하는 사람은 경직되어 있고요. 그리고 억제하는 사람은 자제력이 강한 것처럼 느껴집니다. 이렇게 한 단계 한 단계 성숙해나가는 과정이 바로 성숙한 삶으로의 길입니다. 즉 성숙의 과정은 '충동', 그다음에 '경직' 그리고 마침내 '자제'로 나아가는 거지요.

## 아름다운 억제의 대가 '바흐'

저는 음악의 전문가는 아니지만 개인적으로 바흐의 음악을 들을 때마다 억제라는 것이 참 아름답게 표현되었다고 느낍니다. 사실 바흐의 음악을 처음 들으면 시작도 없고 끝도 없는 것 같아요. 비슷한 멜로디가 계속 이어지니까 졸리기도 하는데, 나중에 많이 듣다 보면 그 질서정연한 아름다움이란 것이 귀에 착 감기게 되지요. 모든 서양 음악은 "바흐에서 시작해서 바흐로 끝난다"는 말이 있는데, 아마도 그 이유가 바흐의 음악이 넘치지도 않고 모자라지도 않게 딱 알맞은 수준의 감정 통제가 잘 되어 있어서 그런 게 아닌가 생각합니다.

반면 이미 말했지만 승화의 아름다움이 음악으로 표현된 것은 베토벤의 곡이고, 해리 증세로 나타난 아름다운 음악은 모차르트의 음악이라는 것이 제 개인적 견해입니다.

그럼 억압을 음악으로 표현한 작곡가는 왜 없을까요? 아, 당연히 있을 수 없죠. 예술은 본질적으로 감정을 표현하는 것이니까 억압을 하면 음악이 안 나올 테니까요. 감정이 없는데 음악이 나올 수가 없지요. 억압을 하면 에너지가 무의식에 내리눌려 묶여 있으니까요. 그런데 억제를 하게 되면 에너지가 묶이지 않습니다. 그리고 이 에너지들이 우리 자신을 지키려는 목적으로 자유롭게 발산된다면, 묶여 있는 에너지가 많이 풀리면 풀릴수록 더 성숙해지는 방향으로 나아가겠지요. 이 에너지는 자아를 더 강화하는 쪽으로 쓰이니까요. 억압이 풀리면 자유롭습니다. 그래서 바흐의 음악을 들으면 자유롭고 편안한 억제의 미가 느껴지는 겁니다.

그런데 억압이 강한 사람들은 자유롭지 못한 것이 특징이지요. 매사에 경직되어 있고 항상 다른 사람에 대해 비판적입니다. 비난을 많이 해요. 하지만 억제를 하게 되면 비난하지 않습니다. 내게도 그런 마음이 있다는 것을 알기 때문이지요. 다만 나는 행동으로 안 하는 것뿐이고요.

그러니까 누군가 잘못을 저질러도, 나도 그럴 수 있기 때문에 그 사람을 정죄할 근거가 없어집니다. 그래서 억제가 강한 사람은 이해하고 포용하며 용서해주는 능력이 발달해 있습니다. 나도 그런 감정을 가지고 있으니까 다른 사람이 그런 행동이나 감정을 가지고 있다고 해서 뭐라 비난하지 않는 것입니다. 반면 억압은 나는 안 그렇다고 생각하기 때문에 상대를 비난하게 되는 것이고요.


## 사랑과 용서가 가능해지기 위하여

억압을 죄의 측면에서 생각해봅시다. 예를 들면 내가 어떤 이성을 보고 마음속으로 성적인 욕구를 느꼈단 말입니다. 그런데 이 욕구를 억압하고 행동으로 옮기지 않으면 실제 생활에서는 아무런 문제가 없어요. 내가 혼자서 마음속으로 욕망한 것은 아무 행동을 일으키지 않으니까요. 따라서 범죄로 처벌받을 이유가 없지요. 그런데 법의 잣대가 아닌 우리 마음속에 있는 양심의 잣대를 따른다면 이러한 욕구 자체가 있었다는 것 또한 죄가 됩니다. 행동을 한 것과 마찬가지로 보는 것이지요.

이게 일반 범죄하고 종교에서의 죄하고의 차이입니다. 따라서 우리는 범죄를 저지르지 않았기 때문에 사회적인 처벌을 받지 않더라도 얼마든지 혼자서 죄책감을 느낄 수 있습니다. 남이 알고 있느냐 아니냐가 중요한 게 아니란 말입니다. 내가 알고 있으니까요. 종교적 측면에서는 우리가 마음속으로 갖는 욕구 또한 행동으로 옮긴 것과 동일한 효력을 갖습니다. 종교는 사회가 요구하는 수준보다 훨씬 높은 단계의 도덕성을 요구하니까요.

그래서 억압이 아닌 억제 수준의 삶을 살아가는 사람이라면 내가 단지 행동을 안 했기 때문에 행동을 한 사람보다 더 도덕적으로 우월한 삶을 살아간다는 생각을 못하게 됩니다. 나쁜 행동을 한 사람을 정죄하지 못하게 되는 것이지요. 너나 나나 마음속으로 들어가보면 똑같으니까요. 그래서 이웃을 적극 포용하고 사랑과 용서가 쉽게 이루어지는 것입니다.

앞서도 이미 말한 바 있듯, 이런 억제가 가능하려면 우리의 무의식이 의식화가 되어야 합니다. 그래서 나도 다른 사람과 같은 욕망을 갖는 사람이라는 것을 깨달아야만 합니다. 그래야 다른 사람하고 좋은 관계를 맺을 수 있어요. 내게도 마음속에 온갖 욕구가 있다는 것을 두려움 없이 인정하라는 것이 모든 종교의 기본 아니겠습니까. 우리의 마음을 이미 알고 있는 사람이 절대자입니다. 그러니까 감춰보았자 감춰지지도 않는 것이니 감추려 하지 말라는 것이지요. 이렇게 우리의 잘못을 쉽게 드러내는 데 도움을 줄 수 있는 쪽으로 가야 건강한 종교입니다.

그래서 나의 잘못을 수용하고 타인의 잘못을 용서하는 삶이 가능해지는 '무의식의 의식화'가 이루어진다는 것은 드디어 삶에의 '통찰'이 가능해진다는 말입니다. 그러니까 모든 상담의 기본은 내담자에게 통찰을 주는 것이지요. 통찰이 생기면서 점차적으로 성숙해져가게 되면 내가 억눌려왔던 것을 쉽게 의식화하게 됩니다. "아 내가 이런 사람이었구나", "아 내가 이래서 이런 행동을 했구나" 하는 의식화가 쉽게 일어나는 것이지요. 그러다 보면 뭔가 감추기 위해 무의식으로 내려 보내려는 욕구가 적어집니다. 이처럼 억압에서 억제로 가는 과정은 그야말로 우리 삶에서 질적 변화를 가져오는 과정인 것이지요. 사랑과 용서가 가능해진다는 게 보통 일이 아닌 거예요.


## 세상을 향한 따뜻한 호의, '이타주의'

상식적으로 생각해도 성숙한 사람들이 남을 잘 도와줄 것이라는 점은 쉽게 이해할 수 있어요. 우리는 학교에서 도덕 시간에도 남을 도와주는 것이 올바른 삶이라는 것을 배웁니다. 서로 어울려 살아가야 하는 세상에서 다른 사람, 특히 어려움을 겪는 사람들을 도와주는 것은 필수적인 일이지요. 모든 종교의 핵심적인 가르침도 '서로 사랑하라'는 말로 정리될 수 있을 테고요.

다른 사람을 위하는 것을 '이타주의'라고 합니다. 이타적인 행동은 다양하지요. 지진이나 태풍 등의 자연재해 때문에 많은 피해를 받은 사람들에게 직접 도움을 주는 행동을 할 수도 있어요. 아니면 구호품이나 구호금을 보낼 수도 있고요. 그 외에도 도움을 필요로 하는 사람이나 상황은 매우 다양하기 때문에 이타적 행동도 당연히 다양합니다.

하지만 방어기제로서의 이타주의는 그 정의가 조금 제한적이에요. 여기서 말하는 이타주의는 "자신이 갖기를 원했거나 원하는 것을 다른 사람에게 줌으로써 기쁨을 느끼는 것"입니다. 단지 남들에게 기쁨을 주는 것만으로는 성숙한 이타주의라고 부를 수 없다는 것이지요. 진정한 이타주의가 되기 위해서는 먼저 '자신이 원했지만 가지지 못했다'는 아픔이 전제되어야 해요.

예를 들면, 태풍 피해를 입었을 때 대기업이나 사회 저명인사들이 수재의연금으로 거금을 희사합니다. 물론 고마운 일이고 많은 도움이 되지요. 하지만 이런 행동을 '이타주의'라고 부르기엔 뭔가 부족한 느낌이 들지 않나요? 부자라고 해서 다 많은 돈을 희사하지는 않으니까 물론 고마운 일임은 맞습니다. 수백억의 재산을 가지고 있는 부자가 1억을 희사했다고 할 때 고마운 행동이긴 하지만 성숙한 행동이라고 부르기에는 뭔가 내키지 않는 점이 있지요.

학교 근처에 제가 학생들과 자주 찾는 식당이 있어요. 음식이 맛이 있기도 하지만 제가 이 집을 찾는 이유는 또 다른 데 있습니다. 식당을 운영하는 여주인인 최필금 여사 때문이지요. 이미 여러 신문에도 그녀의 선행이 소개된 적이 있는데, 그녀는 형편이 어려운 학생들을 위해 써달라며 2010년 대학교에 1억 원을 기부했어요. 여기서 중요한 건 기부금의 액수가 아니라 그 동기입니다.

경남 밀양에서 초등학교에 다닌 그녀는 형제가 많고 집안 형편도 어려워 학교에 신고 갈 신발이 없을 정도였다며 "부산으로 이사한 뒤로는 돈을 버느라 다니던 야간 고등학교도 마치지 못해 교복 입은 학생을 보면 그렇게 부러울 수가 없었다"고 했습니다. 그녀는 23세이던 1979년 부산에서 상경해 시장에서 라면을 끓여 팔거나 낚시터에 밥을 지어가 낚시꾼들에게 팔며 악착같이 돈을 벌었습니다. 그리고 상경 6년 만인 1985년, 서울의 한 대학교 근처에 있는 방 7칸짜리 건물에 세를 얻어 학생 10명을 받아 하숙을 시작했지요.

최씨는 "하숙집을 시작한 지 2년이 지났을 때는 임대료를 못 내 쫓겨난 적도 있지만 이후 빚을 내 건물을 짓고 결국은 내 하숙집을 마련했다"고 했습니다. 25년이 흐른 지금까지 무려 1000명의 학생이 그녀가 운영하는 하숙집을 거쳐 갔다고 해요. 지금도 학교 근처 건물 두 곳에서 하숙생 100명을 돌보고 있고요. 그리고 18년 전부터 식당을 차렸고, 대학교 운동부 선수들의 아침밥도 지어주고 있어요.

그녀는 "평소 학업을 다 마치지 못한 게 아쉬웠고, 열심히 공부하는 사람들에게 도움이 되고 싶어 하숙집을 해왔다"며 "매달 꼬박꼬박 부어온 곗돈을 타게 됐는데 학생들을 위해 의미 있게 쓰고 싶다"면서 1억 원을 기부했습니다. 대학에서는 그 고마운 마음을 기리기 위해 새로 지은 건물의 한 강의실을 그녀의 이름을 따 '유정 최필금

강의실'이라고 이름을 짓고 현판을 걸었지요.

이 미담이 우리의 마음을 훈훈하게 하는 것은 기부금의 액수 때문이 아닙니다. 중요한 점은 자신이 하고 싶었지만 못했던 공부, 즉 야간 고등학교도 마치지 못한 아쉬움에 교복 입은 학생만 보면 그렇게 부러울 수가 없었던 바로 그 공부를 다른 학생들이 할 수 있도록 도움을 주었다는 것입니다. 아마도 그녀는 공부를 못한 것에 '한'이 맺혔을 테지요. 아마도 그녀 연배 중에는 가정 형편이 어려워 공부를 못한 여성들이 많이 있을 거예요. 그렇게도 극성스럽게 '공부', '공부' 하는 나라에서 고등학교도 채 마치지 못했다는 것은 한스러운 일이지요.

하지만 그녀는 자신이 공부 못한 한을 다른 사람들이 공부할 수 있도록 도와주면서 풀었습니다. 누가 하라고 억지로 시켜서 한 것이 아니라 본인이 스스로 한 것이지요. 그리고 그 선행을 하면서 기쁨을 느꼈고요. 이것이 성숙한 이타주의입니다.

이렇게 설명하니까 이타주의는 뭔가 남들보다 훌륭한 일을 해야 하는 것 같지만 사실은 아닙니다. 살아가면서 우리 모두는 원했던 것을 다 하면서 사는 경우가 거의 없어요. 누구에게나 원했지만 이루지 못하고 가지지 못해서 안타까운 일들이 있어요. 바로 그 일들을 다른 사람들이 하도록 도와주면서 기쁨을 느끼면 이타적으로 사는 것입니다.

## "내가 한 고생 넌 하지마"

제가 잘 알고 있는 현재 90세가 된 할머니가 계십니다. 이분은 20세에 외아들과 결혼해서 거의 50년 동안을 호된 시집살이를 하셨더랬어요. 그런데 이분은 현재 자신의 세 며느리에게 참 잘해주십니다. 1년 전 남편과 사별하고 혼자 사시는데 어느 며느리에게도 시집살이를 시키지 않을 뿐만 아니라 특별한 날 아들집을 찾을 때에도 전혀 며느리들의 살림살이에 간섭하지 않으십니다. 최근에 그분은 며느리들이 "살림을 잘 못할 때는 야단쳐주세요"라고 말하자 다음과 같이 말씀하셨답니다.

"50여 년의 시집살이를 하는 동안 두 가지가 제일 괴로웠다. 하나는 시부모님을 모시고 사는 것이고, 또 하나는 시어머니가 살림살이 간섭하는 것이었다. 그래서 나는 며느리에게 내가 싫었던 그 두 가지를 절대 시키지 않겠다고 맹세했다. 그리고 그 맹세를 지키고 있다"고 말씀하시며 눈시울을 붉히셨답니다. 이분은 당신이 며느리로서 생활하면서 힘들었던 것들을 당신 며느리에게는 되풀이하지 않게 하시면서 사시는 겁니다.

물론 이타적으로 사는 사람들이 모든 면에서 완벽하게 산다는 것은 아닙니다. 우리 모두 불완전한 인간이기 때문에 결점이 다 있어요. 성숙하게 산다는 것은 결점 없이 완벽하게 사는 것을 의미하는 것이 아니지요. 그렇다면 성숙하게 살 수 있는 인간은 없을 겁니다. 다만 내가 싫었던 것을 남에게 시키지 않고, 내가 하고 싶었던 것을 다른 사람들이 하게끔 도와주면서 즐겁게 사는 것이 성숙한 삶입니다. 그것이 바로 생의 황금률이지요.

우리 속담에 '못된 시어미가 못된 며느리 만든다'는 말이 있어요. 시집살이를 호되게 한 며느리가 후에 시어머니가 됐을 때 며느리에게 심하게 구는 경우가 많아서 이런 속담이 생겼겠지요. 제가 70년대 초 군대생활을 할 때도 이와 같은 경우가 종종 있었어요. 졸병일 때 심하게 고생한 병사가 고참이 되면 또다시 졸병을 못살게 구는 일 말입니다. 아마 이 고참병의 마음속에는 "나도 졸병 때 고생했으니 너도 한번 당해봐라. 그래야 공평하지" 하는 마음이 들어 있을 거예요. 하지만 이런 일이 계속 되풀이된다면 '고통의 대물림'밖에는 안 되겠지요.

반면에 "시어미한테 괄시 받아본 며느리라야 후에 며느리 괄시하지 않는다"는 말도 있어요. 이 경우가 앞에서 말한 할머니의 경우겠지요. 시집살이 고통을 누구보다 잘 알고 있기 때문에 며느리에게 그 고통을 주고 싶지 않은 것이지요. 며느리로서 고통당한 것은 같지만, 시어머니가 됐을 때 며느리를 어떻게 대하는지는 크게 달라질 수 있는 것입니다. 이것이 미성숙한 삶과 성숙한 삶의 차이입니다. 성숙한 사람은 옆 사람에게 기쁨을 주지만, 미성숙한 사람은 옆 사람에게 고통을 준다는 것.

위에서 소개한 식당 여주인은 대학교에 장학금을 기부한 것뿐만 아니라 인근 초등학교의 한 교사로부터 "굶는 학생이 많다"는 얘기를 듣고는 2004년부터 매년 소년소녀 가장 20명에게 장학금을 주고 있습니다. 자신의 이름을 딴 장학회를 만들어 해마다 400만 원씩 지원한다고 해요. 그녀는 "각박해지는 세상 속에서도 좀 더 서로 아끼고 살자는 게 내 바람입니다. 힘닿는 데까지 하숙집과 식당을 해서 어려운 학생들을 위해 장학금을 계속 주고 싶어요"라고 말합니다.

진정한 이타주의가 어려운 것은 스스로가 진정으로 감사하게 되는 그 무엇을 경험해야 가능하기 때문이에요. 이기주의에서 이타주의로 가기 위해선 '감사'라는 다리를 지나야 하는 거지요. 이 다리를 지나지 않는다면 '남을 도와주어야 한다'는 생각은 단지 생각으로 그치고 행동으로 나타나기가 쉽지 않으니까요. 지금까지 죽도록 고생하면서 모은 재산을 다른 사람을 위해 내놓기가 어디 쉬운 일이겠어요. 하지만 감사라는 다리를 건너면 자연적으로 이타적이 됩니다. 최필금 여사는 "학생들 덕분에 가족들이 먹고살았으니 이제 갚아주어야 합니다"라고 말합니다. 용서와 감사가 세상을 살 만한 곳으로 만들어주는 것이지요.

# 세상에서 가장
# 우아한 자기객관화

## 진정한 즐거움을 얻는 '유머'

웃음이라는 것이 상당히 인간적인 행동이지요. 혹시 애완동물이 웃
는 것을 본 적 있으신가요? 사실상 사람만이 크게 소리 내어 웃지
않나요? 이런 이야기를 했더니 농촌에서 어린 시절을 보낸 친구가 그
러더군요. 소가 웃는다고. 우리말 표현 중에 '지나가던 소가 웃을 일'
이라는 말이 있잖아요. 그래서 제가 "너 정말 소 웃는 거 봤냐?" 했
더니 봤다고 그래요. 그래서 "언제 소가 웃더냐?" 했더니 숫소가 교
미하고 내려오면서 웃는 걸 봤다는 겁니다. 그래서 제가 그랬어요.
"그건 사실이 아니라 투사야"라고. 지금 제가 농담을 했는데 만약 웃
으셨다면 이 책을 잘 읽은 분들입니다.

　아무튼 웃을 수 있다는 것은 인간의 특징 중 하나인데, '일소일

소 일노일노一笑一少 一怒一老'라는 표현도 있지 않습니까? 한 번 웃으면 한 번 젊어지고 한 번 화내면 한 번 늙는다는 말이지요. 우리가 보통 상담소相談所라고 할 때의 '소所'자는 '장소'를 뜻하는 말이에요. 즉 상담소는 상담을 받는 장소라는 뜻이지요. 하지만 저는 '웃을 소笑'자를 써서 상담소相談笑라고 표현하는 것을 좋아합니다. '상담을 통해 웃게 만든다'는 뜻이지요. 우리말 중에는 '소문만복래笑門萬福來'라는 말도 있어요. 웃는 집에 만복이 들어온다는 겁니다. 이렇듯 '웃고 사는 삶'은 너무 중요한 것인데 안타깝게도 웃음에 대한 연구는 거의 없습니다. 아마도 누군가가 웃음에 대한 연구를 하면 '대박'이 날 거예요. 하긴 벌써 '웃음치료'라는 분야가 활성화되고 있기는 하지요.

이제 웃음을 유발하는 유머가 성숙한 방어기제가 된다는 말씀을 드리려고 합니다. 그런데 이렇게 말하면 유머를 제일 많이 알고 있고 잘 사용하는 개그맨들이 제일 성숙한 사람들이냐고 묻는 분들이 있어요. 하지만 그분들에게 죄송하지만 꼭 그렇지는 않습니다. 성숙한 방어기제로서의 유머 개념은 사회통념상 사용하는 유머하고는 그 내용이 상당히 다르기 때문이지요. 그렇다면 무엇이 다른 걸까요?

일상생활에서 우리가 유머라고 하는 것은 사실 재치라든가 익살, 풍자 등과 동의어로 사용합니다. 하지만 실상은 많이 다릅니다. 이것들은 감정이 전위되거나 감추어진 것입니다. 즉 내가 정말로 싫어하는 대상에 대해 직접 표현하는 것이 아니라 그 대상을 살짝 바꿔서 나타내거나 감정을 속이거나 하는 것이 재치, 익살, 해학 등이지요. 하지만 유머는 그렇지 않습니다. "즐거움을 방해하는 고통스러운 감정이 있음에도 불구하고 그것을 극복하고 즐거움을 얻는 것"이 유머입니다. 그러니까 유머는 우선 솔직해져야만 가능한 것이지요.


## 웃지 못할 아픔을 웃음으로

유머가 무엇인지 잘 설명하기 위해 일단 제가 경험한 예를 하나 들어보겠습니다. 제가 알고 지내던 친구 중에 모 대학교 사회복지학과에서 교수로 봉직하던 친구가 있었어요. 애석하게도 지금은 고인이 되셨는데, 이 친구의 독특한 점은 시각장애인이었다는 것이지요. 미국에서 유학할 때 처음 만났는데 저는 심리학을 공부하고 이 친구는 사회복지학을 공부하면서 두 학문이 서로 만나는 지점이 많다 보니 강의실에서 자주 만나다 친해졌어요.

그래서 알게 된 사실인데, 우리나라에는 맹아학교가 고등학교까지밖에 없어서 아주 특별한 경우가 아니면 대부분의 시각장애인이 대학 공부하기가 어렵더라고요. 이 친구가 교수 생활을 하기 전에 잠깐 장애인 복지에 관련된 기관에서 일을 했는데, 이 점을 무척 안타까워했어요. 그러던 중 '독학사자격증' 제도가 생기자 이 친구가 시각장애인들에게 학사학위를 딸 수 있는 길을 열어주려고 교육을 시작했어요. 그리고 유학 시절에 같이 공부했던 친한 교수들에게 독학사자격증 관련 과목을 하나씩 맡겼어요. 그래서 저도 시각장애인들에게 '심리학개론' 강의를 하게 되었지요.

학기가 거의 끝나갈 즈음해서 어느 날 이 친구가 저녁을 한번 사겠다고 해서 함께 음식점에 갔습니다. 이 친구가 자주 가는 횟집이었는데, 시각장애인들은 한번 손으로 각각의 음식이 있는 자리만 알려주면 그다음부터는 혼자서도 잘 먹습니다. 맥주도 잘 따라 마시고요. 그렇게 먹고 마시면서 이야기하는데 이 친구가 얼마 전 보건복지부 장관하고 같이 청와대 들어가서 대통령과 대화를 나눴다고 하더라고요. 그러면서 장관은 대통령 앞이라 아무 말 못하는데 자기는 할 말 다 하고 왔다고 해요.

그래서 "어떻게 그럴 수 있었느냐?"고 물었더니 글쎄 이 친구가 천연덕스럽게 "내가 눈에 뵈는 게 있냐?" 이러잖아요. 전 그 이야기를 듣자마자 긴장이 탁 풀리면서 나도 모르게 음식점이 떠나갈 듯이 웃었어요. 생각해보세요. 이 친구는 진짜 보이는 것이 없지 않습니까? "난 지금 눈에 뵈는 게 없어." 사실 이런 표현은 눈이 보이는 사람이 하는 것이잖아요. 그런데 진짜로 보이지 않는 사람이 그런 이야기를 하니까 우스워져서 크게 웃었지요. 지금까지는 아무리 친구라도 제가 혹시라도 이야기하다 잘못해서 눈이 안 보이는 이 친구의 마음을 아프게 하지 않을까 조심한 면이 없지 않아 있었는데, 오히려 이 친구가 그렇게 말하니까 그런 마음이 없어지고 아무 말이나 편하게 할 수 있더라고요.

그렇게 편하게 웃고 이야기를 하다 보니 접시에 회가 한 점 남은 게 눈에 띄었어요. 이런 상황에서는 대개 접대 받는 사람이 먹는데 이 친구가 집어먹더라고요. 그래서 전 안 보여서 그런 줄 알고 "마지막 남은 걸 왜 네가 먹냐?" 그랬더니 이 친구가 또 하는 말이 이래요. "내가 눈치가 있냐?" 이 친구도 한 점 남은 것을 알았던 거예요. 그래서 또다시 큰소리로 웃으면서 그랬지요. "그래, 너 눈치 없어서 좋겠다." 둘이서 낄낄거리며 한참 웃었어요.

그날 밤 잠을 자려고 누웠다가 저녁에 있었던 일이 다시 생각이 나서 혼자 낄낄 웃었더니 아내가 궁금해했어요. 사연을 이야기해주었더니 아내도 큰소리로 웃었지요. 아내도 이 친구를 알고 있었거든요. 그런데 둘이서 그렇게 막 웃다가 갑자기 둘 다 웃음을 딱 멈추고 말았어요. 그리고 동시에 서로 같은 생각을 하게 되었음을 알아차렸지요. "이 친구가 눈이 안 보인다는 사실을 웃을 수 있는 소재로 삼기까지 얼마나 힘든 세월을 보냈을까?" 하는 생각이 문득 드니까 갑자기 더 이상 웃지를 못하겠더라고요.

열두 살 때 갑자기 망막염을 앓아 시력을 잃어버린 사건을 이 친구는 어떻게 받아들이고 견디었을까요? 초등학교 4학년 때 앞산에 연분홍색 진달래가 활짝 피어 있는 모습을 본 것이 마지막으로 기억나는 모습이라고 하더군요. 아마도 그 사건은 어린아이가 감당하기에는 너무도 엄청나고 괴로운 경험이었을 거예요. 얼마나 노력했으면 이 힘든 경험을 이겨내고 자신이 눈이 안 보인다는 것을 웃음의 소재로 삼을 수 있게 되었을까요? 여기까지 생각이 미치자 갑자기 이 친구가 얼마나 '큰 사람'인가 하는 생각이 들면서 아무리 친구지만 존경까지 하게 되더군요.

이것이 유머입니다. 이 일화를 소개하는 것이 이미 고인이 된 친구에게 조금이라도 누가 되지 않기를 바랍니다. 다만 제가 지금까지 생활하면서 겪은 경험 중 가장 아름다운 경험이기에 소개하는 것이고 동시에 존경한다는 제 마음을 표하고 싶은 거예요.


## 유머러스한 것과 유머는 달라요

유머는 고통스러운 것을 바탕에 깔고 있는 것입니다. 즐거움을 느끼는 일을 방해하는 그 고통을 딛고 일어선 감정을 표현하는 것이 유머이지요. 고통스러운 감정을 느낄 때 짜증을 내거나 울거나 하는 것은 쉬워요. 하지만 고통스러운 감정을 소재로 웃다니요. 이건 '승화'도 보통 승화가 아니지요. 그래서 아무나 못하는 것이기에 성숙한 방어기제 중에서도 가장 뛰어난 방어기제라고 하는 겁니다.

위 상황을 조금 다르게 각색해서 다시 한 번 무대에 올려볼까요? 앞을 못 보는 친구와 제가 저녁식사를 합니다. 그리고 그 친구가 대통령 앞에서도 할 말을 다했다고 이야기합니다. 그때 제가 "넌 참 좋겠다. 눈에 뵈는 게 없어서 아무 앞에서나 하고 싶은 말을 다 할 수 있으니까"라고 농담을 했다고 해요. 그리고 또 "넌 눈치가 없어서 좋겠다. 네 하고 싶은 대로 다 할 수 있어서"라고 말하면서 그 친구랑 같이 웃었다고 해요. 그러면 이게 진정한 유머일까요?

물론 아닙니다. 이것은 재치이거나 위장된 공격성일 뿐이에요. 같이 웃는다고 다 유머가 아닙니다. 유머가 되기 위한 제1조건은 '자신의 고통'을 웃음의 소재로 삼아야 한다는 것입니다. 우리는 보통 다른 사람의 아픔이나 괴로움을 소재로는 쉽게 웃을 수 있습니다. 철모르는 어린 시절 다리가 불편한 친구를 따라다니면서 절뚝거리는 흉내를 내고는 재미있게 웃었던 창피한 기억이 나는군요. 말을 더듬는 친구를 흉내 내면서 놀리다가 자신도 말을 더듬게 되어 곤욕을 치른 사람도 있지요.

보통 사람의 경우, 대개는 자신의 핸디캡이라든가 불리한 점은 방어하려고 노력합니다. 그리고 다른 사람이 그것을 지적하거나 웃음거리로 삼으면 불쾌해하지요. 어느 누가 자신의 약점을 가지고 웃음거리로 삼는데 좋아하겠어요. 아마도 일가친척까지 나서서 심하게 방어하고 공격할 겁니다. 그러니 다른 사람의 아픔을 가지고는 얼마든지 웃을 수 있지만 자신의 고통을 아무 방어 없이 웃음의 소재로 만드는 것이 어디 그리 쉬운 일이겠습니까? 아무나 못하는 일이지요.

유머를 하기 위해서는 먼저 자신의 고통을 마치 남의 고통처럼 받아들일 수 있어야 합니다. 다른 사람의 고통에 대해 아무리 진한 공감을 한다고 해도 자신의 고통만큼 아프지는 않잖아요. 심리학에서는 이 현상을 '자기객관화'라고 부릅니다. 자신을 객관화시켜 마치 다른 사람처럼 여긴다는 뜻이지요. 그러면 다른 사람의 고통을 웃음의 소재로 삼는 것 같은 입장이 되니 쉽게 자신의 고통을 웃음의 소재로 만들 수 있겠지요. 다시 말하면, 유머를 할 수 있게 되는 거지요. 또한 유머를 하기 위해서는 자신의 고통이 이미 고통이 아니어야 합니다. 물리적인 아픔이야 계속 남을 수 있지만 고통에 대한 심리적 반응은 주관적으로 달라질 수 있는 것이니까요. 제 친구의 예를 다시 들면, 눈이 안 보이는 괴로움은 절대 없어지지 않을 겁니다. 계속 불편하겠지요. 하지만 눈이 안 보이는 것 때문에 겪는 심리적 고통은 어떨까요? 이미 심리적으로는 물리적인 고통을 극복했겠지요. 아무리 자기 약점을 이야기하며 상대를 즐겁게 해준다 해도 이야기하는 당사자가 고통스럽다면 상대방이 웃을 수 있는 분위기가 만들어지지 않을 테니까요.

언젠가 TV를 보니 한 코미디 프로그램 중에 각자 약점을 가지고 있는 주인공들이 나와서 "그래, 나 키 작다" 하는 식으로 자신의 약점을 크게 밝히며 방어하는 코너가 있더군요. 물론 재미있으니까 사람들이 그 프로그램을 보면서 웃었겠지요. 그러면 그 코너의 내용이 유머일까요? 아직 고통이 승화되지 않았기 때문에 유머가 아닙니다. 느낌으로 알 수 있습니다. 자신의 약점을 웃음의 소재로 삼는 것이 승화된 유머인지 아니면 위장된 방어인지를 말입니다.

비록 유머는 아니지만 그래도 그 코너는 상담의 측면에서 보면 꽤 괜찮은 프로라고 생각합니다. 일단 불편한 감정을 표현을 하니까요. 예컨대 "너희들 나 뚱뚱하다고 무시하지 마"라고 한다면, 이 사람은 자신이 뚱뚱하다는 사실을 일단 인정하는 거잖아요. 그리고 남들이 자신을 놀리거나 무시할 때 느끼는 감정을 울분으로 토로하잖아요. 비록 그 부정적 감정을 이기고 승화시켜서 웃음으로 삼은 것이 아니라서 성숙한 방어기제로서의 유머하고는 거리가 멀지만 그래도 자기 생각과 감정을 표현할 수 있다는 것은 마음 건강에 좋은 일이에요.

우리가 평소에 자주 사용하는 '유머'와 성숙한 방어기제로서의 '유머'는 용어는 같지만 많은 차이가 있어요. 일반적으로 우스갯소리를 많이 하고 좌중을 웃기고 분위기가 무거울 때 한번 판을 바꾸는 사람을 유머러스하다고 하지요. 그런 사람들이 인기가 좋습니다. 그러나 우리가 지금 여기서 가장 성숙한 방어기제라고 하는 유머는 단지 우스갯소리를 잘한다 해서 되는 것이 아닙니다. 자기 고통을 뛰어넘는 승화를 수반하지 않으면 안 되는 것이 유머니까요.

## '나, 이런 사람이야'가 되어야

고통이라는 것이 수반되지 않은 성숙은 없습니다. 유머도 그렇고 억제도 마찬가지 아닙니까? 내가 누구를 미워한다는 감정을 의식하면서도 행동으로 옮기지 않고 그 사람하고 관계를 하는 것이 얼마나 불편한 마음이겠어요? 그러니까 성숙이라는 것은 고통이라는 대가를 치르지 않으면 안 되는 것이지요.

이지선씨를 아시나요? 본인의 표현에 따르면, '예쁜 거, 화장하고 거울 보는 거 좋아하는 공주과 여학생'이었던 그녀는 이화여대 유아교육과 4학년에 재학 중이던 2000년, 만취 운전자가 낸 7중 추돌사고로 얼굴을 포함한 전신 55퍼센트에 3도의 중화상을 입었습니다. 주위 사람들은 "살아 숨 쉬는 게 기적"이라고 했고, 살아남았다 한들 "까맣게 타서 일그러진 얼굴로 어떻게 살아갈 것인가?" 하는 주위의 탄식과 절망을 자아냈던 그녀입니다. 그녀는 "30번 넘게 수술하다 보니 더 이상 갖다 쓸 피부가 없다"고 했습니다.

그런 이 친구가 얼마 전에 인터뷰한 것을 보고 놀란 일이 있어요. 이 친구는 어떤 질문을 받더라도 머뭇거리지 않고 솔직하게 대답하더라고요. 그러자 인터뷰를 하던 아나운서가 "이지선씨는 굉장히 화끈하신 분이네요"라고 말했지요. 그랬더니 그녀가 "제가 온몸이 홀랑 탄 여자예요" 이렇게 웃으면서 대답하는 것 아니겠어요? 저는 그 대답을 듣는 순간 온몸에 전율을 느꼈어요. 아! 32세밖에 되지 않은 여성이 이런 대답을 웃으며 할 수 있다니! 이게 아무나 할 수 있는 대답이 아니잖아요.

이지선씨는 "장애인을 비롯해 사회에서 소위 '주류'에 속하지 못하는 사람들을 위해 일하고 싶어서" 2004년 봄부터 미국의 명문 보스턴대학교에서 재활상담학 석사를, 컬럼비아대학교에서 사회복지학 석사학위를 받은 뒤 2010년 가을부터는 캘리포니아대학교 로스앤젤레스캠퍼스에서 사회복지학 박사 과정을 밟고 있습니다. 그녀와 인터뷰를 한 기자는 "그녀는 유머가 많았다"고 평했습니다. 기자가 "연애는 안 하느냐?"고 묻자, "이제 '지도자'도 되었으니 하나님도 남자를 주실 때가 된 듯한데 아직 아무 기별이 없다"고 해서 기자를 웃게 만들었습니다.

자신의 불행보다 만취한 상태에서 사고를 내고 도망치려다 경찰에 붙잡힌 가해자를 오히려 염려하면서, 그녀는 인터뷰에서 다음과 같이 말합니다. "사고 난 날이 일요일 밤입니다. 가족과 따뜻하게 보내야 할 시간에 혼자서 소주를 다섯 병이나 마시고 운전했을 그분의 곤고하고 마른 가슴이 가엾다는 생각이 들었어요. 그 사람에 비하면 제가 훨씬 낫지 않은가요? 아프고 불편하지만 가족의 사랑을 받고 있으니까요. 사고 당시 우리 가족은 누구를 미워하고 원망할 정신이 없었습니다. 그냥 어쩔 수 없는 천재지변처럼 사고를 받아들였던 것 같아요." 그러면서 어마어마한 액수의 화상치료비에 대해 묻자 "가해 자분이 다행히 보험을 들어놓아 큰 어려움 없이 치료를 받았습니다. 집도 안 팔았고요"라고 웃으면서 말했습니다. 더 이상 무슨 말이 필요한가요?

저는 비슷한 사고를 당했지만 결과는 다르게 살아간 한 여자분을 알고 있습니다. 그분도 대학 다닐 때 상당히 예뻤던 여학생이었습니다. 집은 경제적으로 넉넉했지만 자신이 벌어서 대학교에 다니겠다고 아르바이트로 과외를 했어요. 그런데 과외하는 집 큰아들이 이분을 짝사랑하게 된 거예요. 가르치는 것은 작은아들이었는데요. 어느 날 큰아들이 좋아한다는 자신의 감정을 고백하면서 사귀자고 청을 했 어요. 그런데 이분이 거절을 하니까 앙심을 품고 얼굴에 염산을 뿌렸어요. 그래서 얼굴에 화상 자국이 생겼지요. 그 후 이분은 자신의 화상당한 흉한 얼굴을 남들에게 보여주기 싫다고 평생 결혼도 안 하 고 집밖에도 거의 나오지 않고 살고 있어요. 상처 때문에 은둔자가 된 이분 마음도 이해는 되지요.

그런데 이지선씨는 자신의 상처를 감추지 않고 떳떳하게 드러내며 사회에서 살아가고 있잖아요. 하지만 이렇게 되기까지 이지선씨는 얼마나 절망과 고통의 시간을 보냈을까요? 하나님을 원망하지 않았느냐는 질문에 그녀는 "당연히 원망했어요. 통증이 심할 땐 나를 살려주셨다는 하나님이고 뭐고 다 싫었어요. 그때 엄마가 하루 한 가지씩 감사할 거리를 찾자고 제안하셨어요. 내 발로 걸어서 화장실 간 날, 내 손가락으로 환자복 단춧구멍 하나를 채우게 된 날, 아랫입술과 윗입술이 겨우 닿아 오빠를 '오까'라고 부르게 된 날 등등 '감사 찾기'를 했더니 진통제가 결코 줄 수 없는 마음의 평화가 찾아오더라고요. 그러면서 고난 자체가 가장 큰 축복이 될 수도 있음을 깨달았어요. 사고가 일어나지 않았다면 제가 평생 가질 수 없었던 보물들이지요. 생명이 얼마나 소중한 것인지, 사랑이 얼마나 따뜻한 것인지, 절망이 얼마만큼 사람을 죽일 수 있는 것인지, 기쁨과 감사는 얼마나 작은 것에서부터 비롯되는지, 내가 앞으로 마음을 쏟고 시간을 바쳐야 할 영원한 가치는 무엇인지 지난 10년의 시간이 제게 알려주었습니다."

이처럼 유사한 사건을 경험하고도 거기에 반응하는 모습은 사람에 따라 다양합니다. 사람마다 사용하는 방어기제가 다르고, 어떤 방어기제를 쓰느냐에 따라 삶의 모습이 달라지는 것이지요. 따지고 보면 대부분의 사람이 겉만 멀쩡하지 사실 속을 들여다보면 많이 다치고 힘들고 상처투성이인 사람이 많은 게 사실이지요. 우리는 이러한 자신의 내면을 방어하고 감추기에 급급한데 "그래, 나 이런 사람이야" 하고 자신의 그 고통을 웃음의 소재로 끄집어낼 수 있다는 것은 보통 성숙하지 않고서는 불가능한 일입니다.

내가 하고 싶었으나 못한 것을 다른 사람이 하게 해주면서 기뻐하는 '이타주의'나 고통을 환희로 바꾸는 '승화'나 모두 다 이런저런 다양한 고통을 통해 성숙해져가는 것입니다. 그러니까 성숙이라는 것은 고통이라는 것을 자양분으로 먹고 자라는 것이라고 말할 수 있겠네요. 그리고 그 성숙한 삶의 최고 정점에 유머가 있는 것입니다. 나의 아픔을 웃음의 소재로 삼는 일 말입니다. 그럴 수 있다는 것은 나를 가져다가 너의 위치로 놓을 수 있는 자기객관화라는 것이 이미 많이 이루어졌다는 뜻입니다.

나를 너인 양 볼 수 있는 것, 이것을 자기객관화라고 하지요. 그렇게 되면 우리가 흔히 상대방의 아픔을 가지고 쉽게 대화에 올릴 수 있는 것처럼 나의 아픔을 가지고도 대화에 올릴 수 있게 되는 것입니다. 이 자기객관화 능력을 가지고 있어야 내 자아가 상처를 안 받고 웃음의 소재로 넘어갈 수 있는 것이고요.

그러니 이 자기객관화 능력이란 게 얼마나 중요한 것인지 아시겠지요? 그러니 이 능력을 훈련해야 하는 것이지요. 이 책을 읽는 분들이 지금 어느 정도의 고통으로 괴로운 삶을 살고 있는지는 모르겠으나 그 고통도 노력과 훈련의 과정이 지나면, 어쩌면 아무것도 아닌 것이 될 수도 있지 않을까요?


## 도망가지 않는 삶

자기를 한번 돌아보세요. 나에 대해서는 그것이 뼈아픈 고통일지라도 숨김없이 다 털어놓을 수 있는 것이 성숙해지는 길입니다. 그리고 그 털어놓음이 유머까지 가려면 그것을 소재로 웃게 만들어야 하는데, 그렇게 성숙해지려면 머리도 좋아야 하는 것이지요. 우리가 아무리 성숙해지려 해도 머리가 안 따라서 성숙해지지 못하는 사람이 있어요. 우스갯소리를 상황에 따라 해낼 수 있다는 것은 머리가 잘 돌아가지 않으면 할 수 없는 일이거든요.

좋은 머리와 승화된 고통 등 많은 것을 갖춘 사람들만이 쓸 수 있는 것이 유머입니다. 그러니까 유머가 되는 사람들과 있을 때는 존경스러운 느낌이 드는 것이지요.

성숙한 삶을 산다는 것은 남보다 뛰어난 삶을 산다거나 도덕적 윤리적으로 흠이 없는 삶을 산다거나 또는 사회적으로 크게 성공했다는 것과는 다른 개념입니다. 사회적인 통념상 상당히 비도덕적이라고 생각되는 사람도 심리적으로 성숙한 삶을 살 수 있고, 사회적으로 성공했다고 칭송받는 사람도 성숙한 삶이라는 입장에서 볼 때는 미성숙한 삶을 살아가는 경우도 얼마든지 있을 수 있거든요.

다만 성숙한 삶이란 내가 무엇이 부족한지, 나의 약점이 무엇인지를 알고 인정하는 삶입니다. 이것을 가능한 한 감추고 남이 알까봐 방어하다 보면 나의 에너지가 방어하는 데 묶이기 때문에 약점을 보완하고 성숙한 삶 쪽으로 가는 에너지가 막히는 삶을 살아가게 됩니다. 삶을 살아가는 데 있어서는 누구나 어려움을 겪어요. 알고 보면 집집마다 사람마다 아픔이 있고 힘든 일들이 있기 마련이지요. 문제는 그것에 반응하는 양상입니다. 그 양상에 따라 우리는 성숙한 삶을 살 수도 있고 미성숙한 삶을 살 수도 있는 것입니다.

결국 성숙한 삶을 살기 위해서는 현실 속에서 구체적 경험을 통해 나의 자아가 커져야만 하지요. 이 자아라는 것은 실제 경험을 통해 확장되는 것이지 어떤 지식을 많이 배우는 것으로 성장하는 것이 아니니까요. 그래서 모든 문제를 직접 겪는 것이 중요하지요. 그러니 절대 달아나지 마시기 바랍니다. 유머까지 가는 길이 꽤나 멀긴 하지만, 우선 부닥친 문제로부터 도망가지 않는 삶을 사시길 바랍니다.

# 내 부족한 점을
# 인정하고 인정받자고요

## 가치 있는 삶은 어느 곳에?

에리히 프롬이라는 유명한 심리학자 겸 정신의학자가 있습니다. 《자유로부터의 도피》,《사랑의 기술》,《건전한 사회》 등의 책으로 우리에게도 잘 알려진 분인데, 이분은 인간의 성격을 5가지 유형으로 나눕니다. 그중 첫 번째가 '수용적' 성격이고 두 번째가 '착취적' 성격인데 이 두 가지는 본질적으로 같은 것입니다. 내가 살아가는 데 중요한 것들을 나 스스로 만들어내거나 가질 수 없다고 생각하는 것이지요.

그렇다면, 내가 자율적으로 만들 수 없다면 외부에서 받아와야 하겠지요. 그래서 이것을 가지고 있는 사람에게 의존하고 수동적으로 아첨해서 내가 필요한 것을 얻어오는 사람들이 '수용적'인 사람인 것이고, 반대로 내가 필요한 것을 가서 뺏어오는 사람들이 '착취적'인 사람인 것이지요. 이 두 성격의 사람은 '내가 스스로 만들 수 없다'는 인식은 동일한데 그것을 얻는 방법에서 차이가 있을 뿐입니다.

그다음 유형으로 자본주의 시대에는 세 번째인 '저장적' 성격과 네 번째인 '시장적' 성격이 많이 나타납니다. '저장적'이라는 것은 말 그대로 한번 들어가면 나오지 않는 것을 말합니다. 가장 대표적인 인물이 찰스 디킨스의 소설 《크리스마스 캐럴》의 주인공 스크루지 영감이지요. 이런 성격을 가지고 있는 사람들은 변비가 많아요. 웃기는 말이지만, 그것도 내보내기 싫어서 저장하고 있는 것이지요. 이런 성격의 사람들의 특징을 한마디로 하면 인색함입니다.

다음으로 '시장적' 성격입니다. 자신을 하나의 시장의 상품으로 간주하는 성격의 사람들을 가리킵니다. 이 사람들에게는 자신의 가치가 시장의 수요와 공급에 따라 달라집니다. 사람들이 많이 원하는 자격이라든가 스펙을 갖추게 되면 내 가치가 올라갈 것이라고 생각하니까 이런 성격의 사람들에게는 '내가 하고 싶은 일이 무엇인가?'가 중요한 것이 아니라 '요즘 사회에서 제일 비싸게 팔리는 것이 무엇인가?'가 제일 중요해집니다. 그리고 비싸게 팔리는 물건을 만들 듯이 자신을 비싸게 팔 수 있도록 만들어가려고 노력합니다.

시장적 성격의 사람들은 사람을 사귈 때에도 그 사람의 진정한 모습을 보고 사귀는 것이 아니라 그 사람의 시장적 가치를 보고 판단합니다. 그와 사귀면 내가 덩달아서 가치가 올라가고 얻어올 것이 많겠다고 생각하면 접근하는 것이지요. 그래서 만약 시장적 성격하고 착취적 성격이 결합하게 되면 내가 뺏어올 것이 많은 사람과 주로 사귀게 되는 것이고요. 그렇지 않고 이 시장적 성격이 수용적 성격과 합쳐지면 나의 값을 올리기 위해 필요한 것을 남한테 아양을 부려서라도 가져옵니다. 그래서 '나'라는 상품을 그럴듯하게 치장해서 시장에서 잘 팔리게 하지요.

## 소유적 삶과 존재적 삶

프롬은 자본주의가 수정할 부분이 많은 불완전한 제도라고 생각합니다. 왜냐하면 자본주의에서는 저장적 성격과 시장적 성격의 사람들이 양산되기 때문이지요. 그래서 사실상 프로이트의 이론과 카를 마르크스라는 공산주의자의 이론을 합친 이론을 주장하면서 자신을 '변증법적 인본주의자'라고 부릅니다. 아무리 경제적으로 발달해서 사람들의 먹고사는 것이 해결된다 하더라도 기본적으로 자본주의는 인간적이지 못하다는 것이 그의 생각입니다. 자본주의에서 인간은 자기 자신을 하나의 시장 상품으로 간주하게끔 스스로를 교육시키고 세뇌시키니까요.

요즘 대학생들을 보면 취업이 어렵다고 하니까, 무엇을 통해서 내 삶을 살아갈 것인가에 대해 관심을 가지지 않고 취업이 잘되는 스펙을 쌓느라 바쁘잖아요. 시장적 성격을 가지고 살아가는 것이지요. 그러다 보니 요즘 학생들은 사회에 대한 관심도 별로 없고 대부분이 시장에서 자신의 값을 올리는 데만 열중하는 삶을 살아가게 됩니다.

프롬에 따르면 이런 사람들이 사는 사회는 건전하지 못한 사회입니다. 이들의 삶이 '자유로부터의 도피'인 것이고요. 여기서 말하는 자유는 넓은 길을 놓아두고 '좁은 길로 가는 자유'인데, 사람들은 대개 그 '자유'를 불안해합니다. 혼자 자신만의 길을 간다는 것은 웬만한 용기 없이는 가능하지 않아요. 잘못 가는 길일지언정 함께 가면 덜 불안하고 잘못돼도 다 같이 잘못되니까 위안이 되거든요.

그런데 사람들이 많이 가는 길로 가게 되면 빠지는 딜레마가 자신의 값을 올리기가 어렵다는 것이에요. 남들과 똑같은 스펙을 쌓아놓으니까 오히려 그것은 공통사항이 되어서 경쟁력이 없습니다. 나만의 독특한 것이 있어야 하는데, 그것을 가지려면 혼자만의 길을 가야 하는데 혼자는 불안해서 못 가고 결국 남이 가는 길을 따라 가니까 다 같이 비슷한 스펙을 쌓게 되는 악순환에 빠지는 것입니다. 결국 다 같이 스펙을 쌓았다는 것은 다 같이 안 쌓았다는 것과 마찬가지가 되지요. 이것이 자본주의가 가지고 있는 문제예요.

프롬이 주장하는 것이 이 지점에서 나와요. '왜 그렇게 사느냐'고 문제제기를 하는 것이지요. 그가 하고 싶은 말은 자신이 원하는 것을 찾아 혼자 가는 용기가 있어야 한다는 것입니다. 그래서 용기라고 하는 것이 인본주의 심리학에서 상당히 중요한 성정이 됩니다. 인본주의 심리학에서는 사람을 'being'의 존재로 보지 않고 'becoming'의 존재로 보는데, 이 말인즉 우리는 이미 완성되어 있는 존재가 아니라 항상 만들어져가는 존재라는 것이지요.

프롬 역시 인본주의 심리학을 한 사람입니다. 그러니까 그는 자유로부터 도피하는 성격은 건강하지 못한 성격이고 자유스럽기를 두려워하는 것이라고 말하는 것이지요. 그가 말하는 자유라는 것은 'free to choose'를 말합니다. 내가 선택할 수 있는 자유를 의미하는 것이지요. 그런데 우리는 선택할 수 있는 자유를 두려워합니다. 잘못 선택할 수 있다는 두려움 때문이지요. 그러면 그저 다른 사람에게 묻어가는 삶을 살게 됩니다. 그래서 이 시장적 성격과 저장적 성격이 자본주의의 두드러지는 특징이 되는 것입니다. 돈을 벌면 저금부터 하라고 교육시키는 것은 저장적 성격을 키우는 것이고 네 몸값을 올리도록 스펙을 쌓아서 시장에서 너를 제일 잘 팔리는 물건으로 만들라는 것이 시장적 성격을 키우는 일입니다.

그러면 프롬의 5가지 인간 유형에서 이제 한 가지가 남았습니다. 그것이 그의 이론에서 가장 바람직한 성격인 '생산적' 성격입니다. 이는 바로 자기실현이 가능한 삶을 살게 하는 성격이지요. 우리 삶의 목적이 바로 자기실현 아닙니까? 그러니까 자기를 실현해가면서 살아가는 존재가 되어야 하는 것은 당연한 일인데 그렇지 못할 뿐이지요.

프롬이 쓴 책 중에 또 유명한 책이 《소유냐 존재냐》인데, 이 책에서는 '존재적인' 양식으로 살아가는 사람과 '소유적인' 양식으로 살아가는 사람을 구분해놓습니다. 자기가 얼마나 많은 것을 가지고 있느냐에 비례해서 자신의 삶의 가치를 재는 사람이 소유의 양식으로 삶을 판단하는 사람입니다. 내가 소유한 재산, 즉 살고 있는 집이 몇 평인지, 타고 다니는 차종이 무엇인지 등 내가 가지고 있는 물건으로 나의 가치를 바라보는 사람이지요.

반면에 존재적으로 살아가는 사람은 내가 얼마나 하고 싶은 것을 잘하고 있는지, 나의 진짜 모습을 잘 드러내고 살아가는지에 관심이 있습니다. 이것이 소유냐 존재냐의 차이입니다. 그러니까 존재적 양식으로 살아가는 사람이 생산적 성격의 소유자인 것이지요.

## 성격의 어울림이 빛나는 사회를

이상의 다섯 가지 성격 구분은 프롬의 초기 이론입니다. 이 중에서는 생산적 성격만 바람직하고 나머지는 모두 좋지 않은 성격이라는 것인데, 그는 후에 이 이론을 좀 바꿉니다. 좋지 않은 성격이라고 규정했던 네 가지 성격을 그 자체로 나쁘다고 보기보다는 결국은 이 네 가지가 생산적인 성격과 만나는 비율이 중요하다는 것입니다.

예를 들면 수용적 성격과 생산적 성격이 만나도 이 사람은 성숙하고 좋은 성품인 경우가 있더라는 것이지요. 수용적이라는 것은 다른 사람과 좋은 관계를 맺어서 그 사람에게서 내가 필요한 것을 얻어오는 성격인데, 그게 생산적이라는 것을 통해서 어떤 결과를 나타내느냐에 따라 얼마든지 좋은 성격일 수 있다는 것입니다. 착취적인 것도 생산적인 것과 결합이 되면 좋을 수가 있고요.

또한 저장적인 성격 역시 생산적인 것과 많이 결합되면 좋은 성격이 될 수 있어요. 내가 하고 싶었으나 못했던 것을 남들이 하게끔 해주면서 내가 즐거워하는 것이 이타주의잖아요. 그런데 남들이 하도록 도움을 주려면 내가 가진 것이 있어야 하지 않겠어요? 저장된 것이 있어야 하는 것이지요. 가진 것이 없는 사람이 남한테 해줄 수 있는 것이 뭐가 있겠어요? 어떤 사람이 그랬죠. "가난이 슬픈 것은 먹을 것이 없어서가 아니라, 누구를 도와주고 싶어도 도와줄 아무것도 없어서 슬픈 것"이라고.

저장적 성격의 대표 인물로 꼽은 스크루지 영감도 나중에 악령들에게 시달리다가 그렇게 모아두었던 재산을 풀기 시작하면서 많은 사람들을 도와주게 되잖아요. 그러니까 저장해두는 것 자체가 나쁜 것이 아니고 이게 생산적인 것과 얼마나 강하게 결합이 되느냐가 중요한 것입니다. 현실에서 대표적인 경우가 '김밥할머니'지요. 들어보셨나요? 평생 시장에서 김밥 말아서 번 돈 몇 억을 대학 장학금으로 기부했다는 사연 말입니다. 이분이 단지 모으는 것으로 끝났다면 바람직하지 않은 저장적 성격의 사람이 되었겠지만 '기부'를 통해 생산적 인물로 변모하신 것이지요.

시장적인 것도 마찬가지예요. 내가 누구에게 도움을 주거나 큰일을 하려면 일단 내가 가진 자원이 많아야 합니다. 다른 사람이 원하는 자격을 갖추고 난 다음에 많은 것을 얻어서 베풀면 되거든요. 그러니까 시장적 성격인 사람이 사회적으로 필요한 자격을 갖추는 것이 나쁜 것이 아니라 다만 그것으로 끝나느냐 아니면 그것이 생산적인 것과 어느 정도 결합이 되느냐가 더 중요하단 말입니다. 프롬은 이렇게 자신의 이론을 변화시켰습니다.

우리는 보통 재벌이 착취적이라고 이야기하지만, 사실 큰 재벌이 한번 무언가를 마음먹고 이루려고 하면 돈이 없는 사람은 할 수 없는 큰일을 이룰 수 있습니다. 그것이 국가적으로 사회적으로 발전적인 방향의 일일 수 있고요. 중요한 것은 내가 가진 것이 아무것도 없으면 '선한 의도'를 실현할 수 없다는 것입니다. 당연히 재벌 그 자체가 나쁜 것이 아니라 단지 그 부를 착취적이고 저장적으로 사용하는 데 그치는지, 아니면 국가 경제와 개인의 생활에 도움이 되도록 생산적으로 사용하는지가 중요한 것이지요. 그래서 '시장적'인 것 역시 생산적인 것과 얼마나 결합이 되느냐가 중요하다는 말입니다.

## 너무도 슬픈 '미성숙'의 삶

우리가 성숙한 삶을 살아가고 적응을 잘한다는 것은 이상적으로 설명하면 신경증적 기질이 하나도 없이 성숙한 방어기제만 사용하는 삶이어야 하지만 사실 그렇게 살아가는 사람은 없습니다. 심리학적으로 우리는 대개 적당히 억압하고 반동형성하며 적당히 예상하고 살아가는 것입니다. 하지만 가끔 이타주의 쪽으로 넘어가기도 하고 억제나 승화도 가끔씩 경험하는 것이지요. 아, 나만 못하는 것이 아니구나 싶으니까 좀 위로가 되시나요?

하지만 그렇다고 미성숙한 방어기제를 사용하는 쪽으로 삶이 흘러가면 결코 행복하지 않습니다. 이건 연구결과로도 확인된 사실이에요. 성숙한 방어기제를 사용하는 사람들이 훨씬 더 본인의 삶을 행복하다고 느끼며 살아갑니다. 사회적으로 부와 지위를 갖는 데도 유리하고요. 그리고 성숙한 방어기제를 사용하는 사람 중에 직업 외에도 왕성한 공공 봉사활동을 하는 사람들이 많습니다. 그로부터 느끼는 행복감을 아는 것이지요. 폭넓은 친구관계를 갖는 것은 물론이고요.

우리가 어떤 사람이 성숙했느냐 성숙하지 못했느냐를 제일 쉽게 알아볼 수 있는 것이 바로 대인관계입니다. 인간관계를 얼마나 잘 맺고 친구를 얼마나 폭넓게 사귀느냐가 성숙과 미성숙을 가르는 제일 지점이지요. 친구를 잘 사귀니 성숙한 사람들은 재미있게 놀기도 잘 놉니다. 게다가 성숙한 사람들이 운동도 잘합니다. 미성숙한 사람들은 경쟁적 운동을 잘 하지 않아요. 왜일까요?

우리의 두 가지 내재적 욕망이 성적인 것과 공격성인데 공격성이 승화된 형태로 나타나는 것이 운동이라고 하지 않았습니까? 그러니 미성숙하면 공격성이 승화가 안 되어서 운동을 하지 못하는 것이지요. 미성숙한 의식으로는 운동을 하면 상대방이 날 해칠 것 같으니까 경쟁적 운동은 하지 못하죠. 미성숙한 상태에서는 상대에 대한 신뢰를 가질 수 없거든요.

그리고 성숙과 미성숙의 차이는 일상생활에서 여러 가지 형태로 나타납니다. 미성숙하면 정서적으로 문제가 있는 것이니까 우울증 등 정서적 질환에도 잘 걸리고 휴가기간에도 제대로 삶을 즐기지 못해요. 다른 사람하고의 관계를 잘 못 맺으니까 여러 사람하고 어울려서 같이 놀고 휴가 보내는 것을 못하는 것이지요. 그래서 이런 사람들은 혼자서 하는 활동을 하거나 집에서 혼자 빈둥거립니다. 휴가 일수를 다 채우지도 못하고 집에서 TV나 보느니 차라리 일찍 회사에 나가서 근무수당이나 타는 것이 낫겠다 싶어 회사에 미리 와 있기도 하지요. 슬프지 않나요?

지난 연휴 때 보니까 고속도로가 꽉 막혀 옴짝달싹할 수 없던데, 이제는 우리도 여가를 즐기고 휴가를 맘껏 쓰겠다는 사람들이 많아져가잖아요. 이건 그만큼 우리도 조금씩 집단적으로 성숙해져가는 사회가 되어간단 말일 수도 있겠습니다.

## 적극적으로 '나' 드러내기

그런데 여기서 한 가지 의외라고 느끼실 수가 있는 게 무엇이냐면, 미성숙한 사람보다 성숙한 사람이 타인에게 공격적일 수 있다는 사실입니다. 우리는 일단 공격적이라는 것을 나쁜 것으로 보잖아요. 그런데 어떻게 성숙한 사람이 공격적일 수 있느냐, 그래서 이상하다 느낄 수 있다는 것이지요. 성숙한 사람이라면 상대방에게 덜 공격적일 것 같은데 말이에요. 그런데 알고 보면 실제로 성숙한 사람이 더 공격적입니다.

그런데 이때의 공격적aggressive이란 용어는 우리나라 사람이 이해하기에 좀 애매한 부분이 있어요. 영어를 번역한 것이라서 그 원어의 뉘앙스를 잘 살펴야 하거든요. 이 'aggressive'의 뜻은 두 가지가 있습니다. 좋게 이야기하면 'assertive'로 이것은 '자기 주장이 강한'의 뜻입니다. 내 생각을 분명히 주장하는 것이지요. 그리고 다른 하나가 'violent' 즉 폭력적인 것인데, 이게 우리말의 공격적이라는 뜻과 상통하지요.

그래서 우리는 어떤 사람이 공격적이라고 하면 그것을 폭력적이라는 뜻으로 받아들이는데 영어권에서는 자기를 주장하고 드러내는 사람이라고 봅니다. 제가 미국에서 유학할 때 겪은 부끄럽기도 하고 안타깝기도 한 경험이 있습니다. 제가 열심히 학기말에 보고서를 제출하면 꼭 지적받는 것 중 하나가 '공격적'이지 못하다는 것이었거든요. 즉 자기주장이 없다는 것이지요. 자신을 강하게 드러내기보다는 다른 사람 글을 인용만 하는 글쓰기가 대부분이었거든요. 왜냐? 우리나라에서는 모난 돌이 정 맞는다고 나서지 말고 중간만 가라고 하잖아요. 그래서 좀처럼 자기 생각을 이야기하지 않는 게 습관화된 거지요.

그때 미국 교수들의 지적이 'more aggressive' 즉 좀 더 공격적으로 쓰라는 것입니다. 자신의 생각을 더 드러내라는 것이지요. 우리나라 사람은 다른 사람의 생각을 요약하는 데는 능하지만 자기 생각을 밝히는 데는 대체로 약한 것 같아요.

그리고 지적의 마지막에는 "so what?" 즉 "그래서 어쨌다는 건데?"라는 말로 끝맺습니다. 네 생각이 뭔지를 밝히라는 것이고 이때 'aggressive' 즉 공격적이라는 단어를 쓰는 것입니다. 그때부터 저는 '내 생각은 무엇이지?'라고 반문하는 것이 습관이 되었습니다.

미성숙한 사람은 자기를 드러내지 못합니다. 이것을 우리는 '착하다'고 하는데 착한 게 아닙니다. 드러낼 수 있는데 안 드러내는 것이 착한 것이고 못 드러내는 사람은 겁이 많은 사람일 뿐이지요. 이것을 잘 구별해야 합니다. 항상 할 수 있는데 안 하는 것이 성숙한 것이고, 할 수 없어서 못하는 것은 성숙한 것이 아닙니다.

프로이트는 우리의 기본적 욕구 두 가지를 성과 공격성이라고 보았지요. 그는 이 두 가지 욕구를 다른 말로 '사랑과 일Lieben und Arbeiten'이라고도 했습니다. 성이 승화되면 사랑Lieben으로 나타나서 제도적 결혼으로 가는 것이고, 공격성이 승화되면 일Arbeiten로 가서 직업이 된다는 것이 그의 생각입니다. 여기서 '사랑과 일'은 '성과 공격성'과 같은 의미입니다. 그래서 우리가 직업을 갖는 것의 의미는 돈을 버는 것도 있지만 그것보다 더 본질적인 것이 그 일을 통해서 나를 드러내려는 기본적인 욕구가 실현되는 것입니다. 그러니까 프로이트는 성과 공격성을 원시적인 형태로 나타내지 말고 사랑과 일로써 승화된 형태로 나타내라고 이야기하는 것입니다. 이때의 승화가 다른 말로 문화라고 하는 것이지요.

그러니까 '공격적'이라는 것이 미성숙한 상태에서는 폭력적으로 나타나지만 성숙한 공격성은 '자기를 드러내는' 일이라는 것을 우리가 알아야 합니다. 그것이 폭력적으로 나타나는 것을 경계해야지 공격적인 것 자체가 나쁜 것이 아니에요. 우리는 자기 일에 열중하는 공격적 삶을 살아야 합니다. 우리가 다른 사람하고 어떤 룰을 갖고 논쟁을 벌이는 것도 상당히 바람직한 공격성의 발현인 것이지요.

## 다만 내일이 오늘보다 성숙해지도록

보통 우리는 나이를 먹으면 그런대로 성숙해지지 않나 생각하는데 그렇지 않습니다. 심리적인 성숙이라는 것은 단지 나이를 먹는다 해서 저절로 생겨나는 것이 아니에요. 어느 정도 성숙한 후에 그 성숙함이 고착되는 삶도 있지만 다시 미성숙한 삶으로 퇴행하는 경우도 있어요. 지금 나이가 몇 살이든지 간에 우리 삶의 방향은 세 가지로 구분됩니다. 앞으로 좀 더 바람직한 방향으로 나아가느냐(성숙), 안 그러면 이 자리에 머물러 있느냐(고착), 아니면 오히려 뒤로 물러서느냐(퇴행).

우리는 이미 완결된 존재로서 'being'의 상태로 있는 것이 아니라 계속 만들어지는 'becoming'의 존재라고 하지 않았습니까? 우리는 신경증적인 방어기제를 줄이고 성숙한 방어기제를 많이 사용하는 삶을 살아야 합니다. 사실상 우리는 죽을 때까지 계속 성숙한 쪽으로 성장해가는 삶의 과정에 있는 것이니까요. 그러니까 완전히 모든 것을 다 이루었다고 할 수 있는 사람은 없습니다.

IMF가 터지고 회사가 부도가 나면서 많은 가족들이 해체되고 노숙자들이 많이 생겼다고 하지요? 그런데 회사가 부도가 났다고 해서 모든 사람이 노숙자가 되는 건 아니잖아요? 그리고 가장이 직장을 잃었다고 해서 모든 가정이 해체되는 걸로 끝이 나는 것도 아니잖아요? 그러니까 IMF 때문에 힘들었다는 것은 좀 더 정확하게 이야기하면 IMF에 대해 사람들이 가지는 주관적인 의미의 문제입니다.

똑같은 문제에 맞닥뜨려도 사람들이 사용하는 방어기제의 수준에 따라 결과는 달라지는 것입니다. 무조건 IMF가 인생을 망가뜨렸다고 할 수는 없다는 말이지요. 다만 통계적으로 보면 그것 때문에 이혼이 늘 수는 있겠지만, 그러나 그런 집은 이미 불화의 여건이 조성되어 있는 집입니다. 간신히 유지되던 집안이 어떤 충격을 받으면 기다렸다는 듯이 깨지는 것이지요.

성숙한 삶을 산다는 것은 완벽하게 살아가는 것이 아닙니다. 오히려 성숙한 삶이라는 것은 완벽하게 살아가거나 완벽한 척하기보다는 내게 얼마나 부족한 점이 많이 있고 얼마나 아직 개선해야 할 점이 많은가를 솔직하게 인정하고 노력하는 삶이지요. 그러니까 성숙한 삶을 산다는 것은 언제나 100퍼센트 성숙한 방어기제만을 사용하는 삶이 아니라는 겁니다. 다만 그쪽을 지향하며 내일이 오늘보다 조금 더 성숙해지는 삶을 사는 것, 이것이 진정한 성숙한 삶인 것이지요.

성숙해진다는 것은 나와 너와 세상에 대한 믿음의 크기를
키워간다는 것과 같은 말입니다. 믿음은 삶에 대한 긍정의 결과지요.
고개 돌리지 않고 나의 밑바닥을 정면으로 응시하며
나와 내 삶의 정체를 기쁘게 받아들여야 합니다.
내가 행복하지 않다고 짜증내거나 화를 낸다고 해서
삶이 행복이라는 밥상을 냉큼 차려주지 않습니다.
하지만 삶을 따뜻하게 안아보면 내 안에서 즉시 행복의 밥상이 차려지는 것이지요.

PART 04

긍정의 마음,
행복을 이끄는 강력한 힘

인간이 자신의 힘을 펼쳐가면서
스스로 인생에 부여하는 의미 이외에
인생에 다른 의미란 없다.

**에리히 프롬**

# 열등감은 살아가는
# 힘이 되기도 한답니다

## 왕자와 공주, 세상 밖으로 나오다

혹시 인생 최초로 당황스러웠던 때를 기억하시나요? 모르긴 몰라도
유치원이나 초등학교 입학하고 나서가 아닐까 싶네요. 가정이라는
하나의 작은 왕국에서 누구나 귀한 존재로 살던 '공주님'과 '왕자님'
이 갑자기 신분 전락을 하게 되니까 말입니다.

학교에 들어간다는 것은 아이들에게 또 하나의 도전과 위기를 느
끼게 하는 일입니다. 우리들 자아의 확장은 크게 두 가지 영역을 갖
는데 그중 하나가 주로 생활하는 장소이고 다른 하나는 주로 만나는
사람들입니다. 즉 아이들이 학교에 들어간다는 것은 지금까지 살아
왔던 가정이라는 공간에서 학교라는 공간으로 생활환경이 넓어지는
일이지요.

기본적 신뢰, 자율성, 자기결정력까지는 아이들이 가정에서 부모하고 관계를 맺어가면서 발달시켜가는 자아의 역량들입니다. 그다음 발달과정으로 이제 아이들이 학교에 가면서 키워지는 자아의 역량이 '근면성'으로 나타납니다. 근면은 문자 그대로 '부지런히 일하는 것'이지요. 그러면 왜 이때 근면성이 발현되는 걸까요? 가정에서 부모와 생활하는 것과 학교에서 교사와 생활하는 것의 차이 때문이지요. 가정에서 살아갈 때는 모든 아이들이 부모님 품 안에서 '우리 공주님', '우리 왕자님'으로 살지 않습니까?

이때는 부모로부터 사랑이나 인정을 받기 위해 특별하게 본인이 노력할 필요가 없어요. 그 집에서 태어났다는 존재 자체로 사랑을 받는 것이니까요. 그런데 이 각자의 아이들이 학교에서 만난다는 것은, 만약 한 반 인원이 30명이라면, 각국의 왕자와 공주가 30명이 모이는 일이 됩니다. 그러면 왕자나 공주라고 하는 것은 이제 공통요인이 되니까 더 이상 특별하지 않아요. 그래서 아이들은 학교라는 공간에서 사랑과 인정을 받기 위해서는 뭔가를 해야 합니다. 나만의 것을 보여주어야 한단 말이지요.

이것이 어린아이들이 초등학교를 가면서 느끼는 대단히 중요한 변화입니다. 아무것도 안 하고 있어도 사랑과 인정을 받던 시절이 사라진 것이지요. 학교에서 선생님한테 인정받고 사랑받으려면 내가 선생님한테는 집에서처럼 왕자나 공주가 아니라는 사실을 빨리 깨달아야 해요.

제가 가르치는 대학생들을 보면 똑같은 어려움을 토로합니다. 고등학교 때까지는 공부도 잘하고 학생회장이고 해서 스스로 자부심과 긍지를 가지고 살아왔는데, 대학에 와보니까 모두가 다 그랬던 학생들인데다 오히려 나보다 훨씬 잘난 아이들이 많은 것 같아 태어나 처음으로 심각하게 열등감을 느낀다는 것입니다. 그러니까 내가 뭔가를 더 보여주어야 하는데 그게 없으니까 이 아이들이 당황스러워하는 모습을 많이 보게 됩니다. 근데 이러한 당황스러움은 사실상 어렸을 때 다 경험을 한단 말입니다.

가정에서 공주로 살던 여자아이들은 학교에서 인정받기 위해서는 내가 공주가 아닌 '무수리'라는 사실을 빨리 깨달아야 합니다. 그리고 무수리로서의 삶을 살아가야지만 이 아이가 인정을 받습니다. 그런데 학교에서도 계속 공주 대접을 받으려고 하면 이 아이는 왕따 0순위가 되는 것이지요. 그리고 나이가 들어서도 계속 이러고 살면 이것을 공주병이라고 부르는 것이고요.

왕자병도 똑같은 순서를 밟아요. 집안에서 왕자였던 아이도 집밖을 나오자마자 자신이 '머슴'이라는 사실을 깨달아야 합니다. 그래서 뭔가 내가 일을 해주고 성과가 있어야지만 인정받는다는 것을 알아야 하는 겁니다. 그렇지 않고 여전히 내가 왕자나 공주인 척하고 있으면 아무도 나를 거들떠보지 않는다는 삶의 중요한 현실을, 아이들이 학교에서 배우기 시작하는 겁니다. 그렇기 때문에 가만히 대접받고 있는 것이 아니라 열심히 무언가를 하기 시작하는 때, 그때가 초등학교 시절이라는 것이지요.

## 열등감은 앞으로 나아가는 에너지

옛날 같은 원시사회라면 남자들은 이 시기가 되면 아버지 따라 다니면서 사냥하는 것을 배우게 됩니다. 사냥을 배우기 전까지는 각각 자기 집에서 다 왕자로 대접을 받았지만 이제 동네 어른들과 같이 사냥을 다닐 때면 같은 나이 또래 중에서도 빨리 뛰는 아이, 활 잘 쏘는 아이 등이 인정받습니다. 그러니까 이제부터는 내가 열심히 노력해서 활을 잘 쏜다든가, 달리기를 잘해서 동물을 잡아온다든가 해서 뭔가를 보여야 하는 것입니다. 그러려면 열심히 기술을 연마하거나 필요한 능력을 열심히 익혀야 한다는 것을 배우게 되는데 그게 바로 '근면성'입니다. 요즘이라면 학교에서 공부 잘해 좋은 성적을 내는 일 등이 되겠지요.

열심히 공부해서 성적이 좋다든가 남들보다 운동을 잘한다든가 아니면 남들보다 뛰어난 뭔가가 있어야 내가 인정받는다는 것을 알게 되는 것이 초등학교 시절이고, 이때 근면성을 배웁니다. 그런데 이때 다른 사람보다 나은 점이 없어서 인정받을 것이 없다고 여겨지면, 이 아이들이 생애 최초로 심각하게 느끼는 것이 '열등감'이에요. "아, 나는 다른 사람보다 능력이 부족하구나" 하는 사실을 절절히 깨닫는 것이지요. 항상 진실은 불편한 겁니다.

가정 안에서는 심각한 열등감이 존재하지 않았어요. 가만히 있어도 존재 자체로 사랑받는데 무슨 열등감이 있었겠어요? 그런데 학교를 오게 되면 비교와 경쟁 체제로 들어서면서 바야흐로 뭔가를 보여주어야만 하는데 그렇지 못하면 열등감이 폭발하는 것입니다.

그런데 이 열등감이라는 것 또한 그 자체로 나쁜 것이 아니에요. 열등감이 없는 삶이 중요한 게 아니라, 마찬가지로 근면성이 열등감을 누를 수 있는 정도가 되면 괜찮아요. 우리 주위에서는 열등감을 나쁜 것이라 생각하고 "너 열등감 좀 버려라" 이렇게 이야기하는 사람이 있는데, 그렇지 않습니다. 열등감은 버려야 할 것이 아니에요. 남보다 부족한 점이 있다는 것을 깨닫지 못한 사람이 어떻게 더 훌륭하게 되려고 노력하겠어요? 그 노력의 에너지가 어디서 나오겠냐는 겁니다.

열등감이라는 것은 내가 앞으로 나아갈 수 있는 에너지의 원천입니다. 다만 우리가 조심해야 하는 것은 근면성을 넘어서는 크기의 열등감이지요. 이렇게 되면 이 사람은 열등감에 함몰되어 근면하려고 하는 동기와 열정이 사라지니까요. 그래서 열심히 노력해보았자 나는 아무것도 할 수 없는 사람이라고 생각하면 이 사람은 열심히 일하려는 근면성까지 발달이 안 되는 것입니다.

그런데 아무리 열등감이 커도 근면성 또한 그것을 극복할 만큼의 크기라면 문제는 달라집니다. 본인이 부족하고 열등하다는 느낌이 강하면 강할수록 그것을 극복하고 더 잘 되어보려는 힘이 생길 테니까요. 그러니까 이 열등감이라는 것도 항상 상대적이란 말입니다. 열등감 자체가 나쁜 것이 아니라 근면함과의 관계 속에서 어느 정도의 몫으로 자기 행세를 하느냐가 문제일 뿐이란 말이지요.

## 질투는 나의 힘

한국영화 중에 〈질투는 나의 힘〉이란 영화가 있었는데, 혹시 보셨나요? 질투라는 감정을 잘 드러냈던 영화였지요.

질투가 어떤 감정인가요? 부러워하고 샘을 내고 이러는 것이지요. 그런데 질투가 나쁜 것일까요? 잘나거나 잘된 사람을 보고 내가 질투가 나고 샘이 난다는 것은, 나도 더 열심히 해서 그 사람처럼 되겠다는 힘으로 작용할 수 있는 것이니까 나쁜 것만은 아닙니다. 그래서 '질투는 나의 힘'이라고 하는 거지요.

다만 그 질투에 함몰되어서 정말 내가 해야 하는 긍정적인 일을 못한다면 문제가 되는 것이고요. 사실 열등하다는 느낌이 없는 사람은 더 잘하려는 힘도 없습니다.

그런데 초등학교 때에는 이 열등감을 너무 심하게 느끼지 않도록 하는 선생님들의 배려가 필요해요. 아이들이 내가 다른 아이들보다 못났다는 느낌을 갖게 하지 않도록 노력해야 합니다. 그래서 공부 잘하는 아이에게는 공부 잘한다고 상주고, 달리기 잘하는 아이에게는 달리기 잘한다고 상주고, 청소 잘하는 아이에게는 청소 잘한다고 상을 주어야 하는 거지요. 뭐라도 잘한다고 칭찬해주어야 열등하다고 느끼지 않으니까요. 심한 열등감 때문에 삶이 흔들리는 상황이 되면 안 됩니다.

## 나를 일으켜세운 열등감

제 이야기를 조금 해볼까요? 저도 열등감이 참 많은 편입니다. 사실이에요. 하지만 학생들에게 이렇게 말하면 깜짝 놀랍니다. 그러고는 묻습니다. "교수님도 열등감이 있어요?" 당연하지요. 열등감이 없는 사람이 어디 있습니까? 하지만 전 슬픈 경험이 있어서 어릴 때부터 열등감이 남달리 강했습니다. 지금도 마찬가지이고요.

제가 어렸을 때는 특수 초등학교가 두 곳이 있었습니다. 하나는 서울사대부속초등학교이고 또 다른 하나는 서울교대부속초등학교였어요. 이 두 초등학교는 일반 초등학교와는 다르게 입학시험을 치르고 합격해야 다닐 수 있었습니다. 그런데 서울사대부속초등학교에 입학시험을 보았다가 불합격하고 말았어요. 그러고는 할 수 없이 집에서 가까운 일반 초등학교에 진학했는데 마음이 많이 상했나봅니다. 학교생활을 불성실하게 해서 어머님이 학교에 불려가셨더랬어요. 결국 담임선생님의 권고로 학교를 그만 다니게 되었지요. 그러자 할 일이 없어졌어요. 친구들이 다 학교에 갔기 때문에 혼자서 시간을 보내야 했습니다. 그렇게 1년을 보내고 이번에는 서울교대부속초등학교에 시험을 보았어요. 결과적으로 1년 재수를 한 셈이지요. 이번에는 다행히 합격해서 즐거운 마음으로 학교를 다녔습니다. 하지만 1년 전 입학시험에 불합격했던 슬픈 기억은 마음속에 남아 있었지요.

그 당시에는 모든 학생들이 중학교에 진학하기 위해 입학시험을 보았어요. 중학교도 소위 일류학교의 서열이 정해져 있었지요. 공부를 제일 잘하는 학생은 'ㅇㅇ중학교'에 가기를 원했어요. 그런데 저는 5학년 2학기부터 6학년 1학기까지 건강이 좋지 않아 공부를 거의 못했고, 그래서 제가 원하던 중학교가 아니라 두 단계 아래 중학교에 지원을 했습니다. 하지만 결과는 그 학교에도 불합격이었어요. 그래서 자존심이 무척 상해서 "1년을 더 공부해서 ㅇㅇ중학교에 가겠다"고 고집을 부렸습니다. 하지만 부모님이 "넌 초등학교도 재수해서 다녔는데 중학교도 또 재수하려고 하느냐?"고 질책하시는 통에 어쩔 수 없이 마음에 들지 않는 중학교를 다녔습니다. 물론 초등학교 때 친했던 공부 잘하던 친구들과는 인연을 끊었지요. 그 친구들을 만나면 열등감이 느껴져서 마음이 아팠거든요.

그 후로 저는 '공부'라는 영역에서 심한 열등감을 느끼며 살게 되었어요. 그리고 무엇인가 시험을 보고 결과를 평가받아야 하는 상황에서는 긴장하고 미리 피하려는 경향이 강하게 생겼고요. 그래서 속으로 "내가 이 정도밖에 안 되는 사람인가?"라는 질문을 혼자 수없이 했어요. 그렇지만 다행스럽게도 한편으로는 "열심히 공부해서 내가 이 정도의 학교에 다닐 사람이 아니라는 것을 보여주어야지" 하는 '오기'도 생겼습니다.

하지만 이후에도 공부를 열심히 하지 않고 열등감에 함몰되어 세상을 불평하며 소위 '삐딱한' 학생으로 소설책이나 보면서 불성실하게 학교생활을 했습니다. 그러다 중학교 3학년이 됐는데, 어느 날 교감선생님이 저 혼자 있는 교실에 들어오시더라고요. 다른 학생들은 점심 먹고 나가서 다 공 차고 노는데 혼자 교실에 앉아 소설책을 보고 있는 모습을 보신 거예요.

당시 이 교감선생님도 제 상황을 잘 알고 계셨거든요. 교감선생님이 가까이 오시니까 제가 인사를 하려고 일어났지요. 그랬더니 교감선생님이 문득 저를 안아주시더니 "성열아, 너 아직도 그렇게 마음이 아프니?"라고 말씀하시는 거예요. 그런데 그 말을 듣는 순간 갑자기 속에서부터 통곡이 나오더라고요. 지금까지 누구도 저한테 그런 이야기를 해준 사람이 없었거든요. 그래서 교감선생님한테 안겨서 엉엉 울었어요.

그전에도 여러 선생님들이 "넌 소설책만 읽고 공부는 안 하냐?" 이러시면서 여러 교훈적인 말씀을 하셨지만 마음으로는 잔뜩 화가 나서 받아들여지지 않았는데 교감선생님이 이렇게 말해주시니까 설움이 북받치더라고요. 그렇게 엉엉 울고 나서 정신을 차리고 나니까 교감선생님이 지금도 아주 또렷하게 기억이 나는 말씀을 하셨지요. "성열아, 분단된 조국산하를 바라보면서 슬픈 민족의 아들임을 잊지 말아라." 그때는 학교 선생님들께서 학생들에게 큰 꿈을 꾸도록 하는 말씀을 해주셨어요. 그래서 '조국' 운운하는 그런 이야기를 많이 해주셨지요.

그때부터 공부를 참 열심히 했어요. 초등학교와 중학교 입학시험 실패의 경험은 저에게 열등감을 심어주었지만 동시에 그것이 열심히 공부하게끔 하는 힘이 되어주기도 했습니다.

## 끼보다는 오기가 있는 삶이어야

열등감은 누구나 다 가지고 있는 것입니다. 계속 양지에서 사는 사람도 있겠지만 저처럼 음지에서 양지로 갈 수도 있어요. 중요한 것은 지금 여기에서부터 또다시 양지 쪽으로 방향을 틀어낼 수 있어야 한다는 것입니다. 그럴 수 있는 사람, 열등감과 함께 근면성이 잘 발달된 사람은 '유능감'이라는 덕성을 가집니다. 유능감은 '내가 어떤 목표를 세우고 열심히 노력해가면 그 목표를 이룰 것'이라는 일종의 자신감입니다.

이 유능감은 근면성에서 나옵니다. 보통 사람들이 이렇게 말하잖아요. "야, 너는 왜 자신감이 없냐? 자신감 좀 가져라." 그런데 이 유능감이라는 것은 가지라고 해서 가질 수 있는 것이 아니에요. 이것은 열등감보다 근면성을 잘 발달시킨 사람이 가질 수 있는 것이기 때문에 그렇지요.

우리가 시중에서 많이 보는 자기계발서들이 대체로 "당신도 이렇게 하면 잘살 수 있다"고 이야기하는데, 그 책들에서 말하는 '이렇게'는 노력한다고 얻을 수 있는 것이 아니에요. 누구나 노력해서 얻는 것이라면 그런 책이 왜 계속 나오겠어요. 노력보다는 살아가면서 꾸준히 근면성만 발달시키면 유능감이라는 것은 저절로 따라오는 덕성이에요. 유능감은 하나의 좋은 품성인 것이지 기술이 아니거든요. 당연히 자기계발서 한두 권 읽었다고 삶이 달라지지 않아요. 그러니까 역설적으로 자기계발서들이 꾸준히 나오고 또 꾸준히 팔리는 거잖아요. 왜냐하면 훌륭한 덕성들은 책을 보고 배울 수 있는 것이 아니거든요.

제가 교직생활을 하면서 제일 안타까운 학생들이 누군가 하면, 분명 잠재력이 있는 학생인데도 본인은 자기가 잠재력이 없어서 못한다고 지레 겁먹고 물러서는 학생들이에요. 이런 학생들은 어떻게도 도와줄 수가 없어요. 아무리 제가 "너는 할 수 있어"라고 이야기를 해주어도 본인이 자신을 못 믿기 때문에 '소 귀에 경 읽기'가 되는 것이지요. 그리고 결국 이 학생들은 노력을 열심히 안 해요. 그러고난 다음에 이 학생들이 하는 말이 "그것 보세요, 선생님. 제가 못한다고 했잖아요"예요. 이 학생들은 못한다는 생각에 열심히 하지도 않거든요.

어떤 사람이 큰일을 하려면 '오기'가 있어야 합니다. 자신이 현재 객관적으로 바라볼 때는 남들보다 좀 뒤진다고 볼 수도 있지만 사실 '나는 그런 사람이 아니다'라는 생각, 그래서 언젠가 내가 어떤 사람인가를 보여주겠다는 이 오기가 있어야 하는 것입니다. 그런데 이 오기라는 것은 책에서 가르쳐줄 수 있는 것이 아니거든요. 그래서 제가 늘 하는 말이 말썽도 아무나 부리는 게 아니라는 겁니다. 오기도 있어야 하지만 배짱도 있어야 하니까요.

그래서 말썽부리는 아이에게 그 말썽의 방향만 잘 돌려주면 상당히 큰 힘을 발휘하게 됩니다. 비록 열등감이 있던 아이라도 교사가 성취감을 고취시킬 수만 있다면 유능감을 키울 수 있는 겁니다. 유능감의 바탕이 되는 근면성은 교사와의 관계에서 생기는 것이니까요. 그래서 어릴 적 교사를 잘 만나는 것이 중요한 자산이 되는 것이지요. 이때가 대개 초등학교 때이고, 그래서 초등학교 교사가 학생들에게 끼치는 영향력이 부모 다음으로 큰 것입니다.


## 자신 있는 삶은 '근면'으로부터

선생님을 잘 만나는 일이 진짜 중요합니다. 그러면 지금까지 불신과 수치심과 회의가 많던 아이들도 근면성을 가질 수 있는 하나의 기회를 갖게 되니까요. 위인전 같은 것을 봐도 부모한테서는 별로 인정받지 못했던 아이들이 학교 가서 선생님한테 인정받아서 인생이 바뀐 경우가 가끔 나오잖아요. 'TV는 사랑을 싣고'라는 프로그램을 보면 연예인들이 초등학교 선생님을 찾는 경우가 있는데, 그때 보면 공부도 못하고 열등감에 빠져 있던 자신을 선생님이 구해줬다는 말을 많이 합니다.

선생님에게서 "너는 사람들 앞에서 웃기는 재주가 있으니까 한번 웃겨봐"라는 말을 듣고 그때부터 개그맨이 되기로 결심했다든가, "너는 연기를 잘하니까 배우 한번 해봐" 그래서 연기과를 갔다든가 하는 것이지요. 그렇게 선생님 덕분에 삶이 바뀌었다는 이야기를 많이 들을 수 있는데, 모두가 가정이 아닌 학교에서 좋은 선생님을 만난 덕분이라는 공통점이 있어요. 그로부터 그들의 유능감이 발달한 것입니다.

유능감이라는 것은 자기도 자신 있게 할 수 있다는 것입니다. 예를 들면 학교에서 선생님이 학생들에게 "우리가 앞으로 이런 일을 하려고 하는데 할 수 있는 사람 손들어봐" 그러면 할 수 없을 것 같은 아이도 "제가 한번 해볼게요" 하고 손드는 아이가 있는 반면, 선생님이 보기에는 잘할 수 있을 것 같은데 시키면 "전 못해요" 이러는 아이가 있지요. 이것이 유능감의 차이입니다. 유능감이 잘 발달된 아이들은 설사 안 되는 한이 있더라도 해보겠다고 하는 것이고, 유능감이 발달되지 못한 아이들은 억지로 시키면 잘할 수도 있지만 한 번도 자기가 자발적으로 먼저 해보겠다고 나서지 않는 것이지요.

유능감이 있고 없고의 차이는 살아가는 삶의 양상을 많이 다르게 합니다. 유능감이야말로 삶의 행복을 만들어주는 자양분인데, 그것을 키워주기 위해서는 먼저 근면성이 발달해야만 하는 것입니다. 그리고 이 근면성은 '나만의 장점'을 꾸준히 단련하는 일이라는 것이지요.

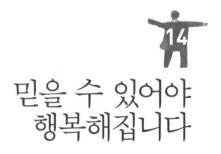

# 믿을 수 있어야
# 행복해집니다

## 잘 사는 삶의 공식

인간의 신체적인 성장은 진행 과정이 어느 정도 정해져 있어요. 특별한 질병이 있지 않은 한 나이에 따라 동일하게 발달하다가 어느 순간 멈추게 되지요. 그러나 심리적인 성숙은 사람마다 그 진행 속도가 다릅니다. 한평생 어린아이처럼 정신병적 방어기제를 쓰는 단계에 머물러 있는 사람도 있지요. 이 사람은 우리가 소위 정신병자라고 하는 사람입니다. 그리고 한평생 청소년기의 미성숙한 방어기제를 사용하는 단계에 머물러 있는 사람은 성격장애자라고 합니다. 성인이면서도 신경증적 단계에 머물러 있는 사람은 신경증적 환자가 되는 것이고요.

그러니까 사람은 시간이 흐른다 해서 저절로 성숙해지는 것이 아닙니다. 그리고 어느 한 단계에서의 진행방향은 세 가지로 나뉩니다. 더 성숙해지는 쪽으로 가든가, 고착되든가, 퇴행하든가. 이 세 가지 중 어느 방향으로 갈 것인가는 항상 우리가 현재 노력하기에 달려 있는 문제이고요. 앞서도 이야기했지만 성숙한 방어기제만 가지고 살아가는 삶은 없기 때문에 우리는 죽을 때까지 지속적으로 성숙해져 가는 과정을 밟아나갈 뿐이지요. 다만 오늘보다 내일, 어제보다 오늘이 조금만 더 성숙해지면 되는 것입니다. 그러한 삶을 살아가도록 노력하면 되는 것이지요.

프로이트의 제자인 정신의학자 겸 심리학자 에릭 에릭슨은 우리의 발달은 전 생애에 걸쳐 일어나는 것이라는 주장을 했습니다. 스승 프로이트가 성격 발달은 5세 이전에 이미 결정되고 청소년 이후에는 특별한 사건이 없으면 거의 변하지 않는다고 한 주장을 수정 보완한 것이지요. 이분이 프로이트보다 훨씬 더 발달적인 시각을 유지하고 있습니다. 발달적 시각은 심리학적 방어기제가 나이가 들어가면서 점차 발달해간다는 시각이지요. 그리고 태어나서 죽을 때까지 심리적 발달은 지속된다는 것입니다. 심리적 성숙의 진행 속도는 비록 사람에 따라 다르지만 어쨌든 우리 삶은 성숙한 삶을 지향하며 계속해서 발달 과정에 있다는 것입니다.

5세 이전의 건강한 아이들이 처음 정신병적 방어기제를 사용하다가 청소년이 되면 미성숙한 방어기제를 쓰고, 성인이 되면 신경증적 방어기제를 쓰다가 그중 더욱 성숙해진 사람들이 성숙한 방어기제를 쓰는 것이 다 순서가 있는 것이라는 말이지요.

## 삶의 바탕이 되는 기본적 신뢰

에릭슨의 발달단계를 심리사회적psychosocial 발달이라고 부릅니다. 에릭슨은 우리들의 성격 발달이 다른 사람들과 어떤 관계를 맺느냐에 따라 결정된다고 보았기 때문에 이런 이름이 붙은 것이지요.

심리사회적 발달에서는 우리 자아가 어떻게 발달해가느냐가 중요합니다. 어린아이가 태어나서 1세까지 '영아기'라 부르는 시기에 맨 처음 발달시켜야 하는 자아의 역량은 '기본적 신뢰'입니다. 이때 갓난아이들은 어머니의 몸 밖에 나와 있지만 어머니의 몸 안에 있는 느낌으로 1년을 살게 해주어야 합니다. 발달단계의 관점에서 본다면 인간은 다른 동물에 비해 1년 먼저 세상에 태어나는 것이거든요. '동물의 왕국' 같은 프로그램을 보면 새끼들이 태어나자마자 일어나서 어미를 따라다니잖아요. 그런데 인간이 그럴 수 있기까지는 1년 정도가 걸립니다.

그리고 동물들은 태어나자마자 자기네 종족 특유의 의사소통법을 알아서 의사소통을 하는 반면에 인간은 언어를 가지고 의사소통을 한단 말이에요. 그러니까 아이가 언어를 가지고 어머니와 의사소통을 하는 데도 1년이 걸립니다. 그래서 '첫돌'이라고 하는 것이 중요한 개념이 되는 거예요. 즉 갓난아이들은 1년 동안 사실은 어머니하고 나하고가 분리되어 있는 존재라는 것을 모르는 겁니다. 그렇기 때문에 태어나서 1년 동안은 어머니 몸 밖에 있지만 어머니 몸 안에 있는 것과 같은 양육 분위기에서 키워주어야 하는 것이지요.

그리고 그 1년 동안에 어린아이가 갖추어야 하는 정서적 감정이 '신뢰'인 것입니다. 맨 먼저 나를 돌보아주는 사람이 믿을 만한 사람이라는 것을 깨닫는 것이 삶에서 매우 중요한 문제가 되는 것이지요. 여기서 믿을 만하다는 것은 내가 필요할 때마다 언제든지 나를 도와줄 것이라는 느낌이 있는 것입니다. 이 느낌이 차츰 뭉쳐지면 '기본적인 신뢰'라는 것이 발달되는 것이고요. 그래서 어머니들은 어린아이를 키울 때 일관성, 예측성, 온정성을 가지고 돌보아주어야 해요. 그러니까 인간이 제일 먼저 배우는 것은 '너를 믿는 것'입니다. 여기에는 나라는 개념이 없어요. 우선 너를 신뢰하는 것을 배우고 그다음에 나를, 그다음에 세상을 신뢰하는 법을 배우는 것이지요. 이 세 가지 능력이 우리 삶에서 믿음의 대상이 되는 것입니다.

너를 믿고 나를 믿고 세상을 믿는 삶의 기본적인 신뢰가 갖추어지는 데 있어서 가장 일차적인 핵심은 '내가 어려울 때 네가 나를 도와줄 것'이라는 신뢰인 것이고 이것이 인간이 태어나 1년 안에 받아 지녀야 할 덕목입니다. 그렇지 못하면 신뢰 대신 '불신'이 형성되는 것입니다.


## 신뢰를 만드는 불신

그런데 불신이 나쁜 것이 아닙니다. 불신이란 믿지 않는 것이지요. 그런데 믿지 않을 수 있는 능력이 없는 사람은 믿을 수 있는 능력도 없는 사람입니다. 무엇을 '안' 믿을 수 있는 사람이 믿을 수도 있다는 것이지요. 남이 하는 것을 무조건 맞다고 생각하는 사람은 믿는 것이 아니에요. 불신할 줄 모르는 사람은 신뢰도 할 줄 모르는 것입니다. 예를 들어 내가 열 가지 사항에 대해 열 가지 모두를 다 그냥 옳다고 생각한다면 이것은 믿는 것이 아니라는 것이지요. 믿는다는 것은 믿을 만한 것과 믿을 만하지 못한 것을 구별할 줄 아는 능력이 있을 때 가능한 것입니다.

그래서 불신이 나쁜 것이 아니라는 말입니다. 그런데 중요한 것은 그래도 신뢰가 불신보다 커야 한다는 것이지요. 신뢰도 있고 불신도 있어야 하지만 신뢰가 불신보다 조금 더 커야 믿지 않으면서도 믿을 수 있게 될 테니까요. 예를 들면 어린아이들이 가장 믿어야 할 대상은 어머니잖아요. 하지만 어머니라는 대상이 100퍼센트 믿을 만한 대상인 것은 또 아니에요.

어머니도 못 믿을 점이 많아요. 내가 진짜 필요할 때 나를 안 도와줄 수도 있고 나를 언짢게 할 수도 있기에 어머니를 안 믿는 것도 중요한데, 그래도 어머니에 대한 믿음이 더 커야 기본적 신뢰가 형성됩니다. 우리가 자꾸 잘못 생각하는 것이 불신이 하나도 없어야지 신뢰가 생긴다고 생각하는 것인데 그렇지가 않아요. 불신이 신뢰를 만든다는 말이지요.

에릭슨의 발달단계에서 제일 먼저 나오는 가장 기본적인 것이 이 '믿는 것'입니다. 그러니까 태어나서 1세 때까지 믿는 것을 배우지 못한 사람은 기본이 흔들리게 되고 이것이 앞으로 그 사람의 삶에 계속 영향을 미치게 됩니다. 한평생 흔들리는 삶을 살아야 하는 것이지요. 그래서 이때의 신뢰를 에릭슨은 '기본적 신뢰'라고 이름 붙였습니다.

## 어머니와의 관계 맺기

심리학 이론 중에 '대상관계론'이라는 것이 있습니다. '대상관계론'은 우리가 태어나서 제일 먼저 의미 있는 관계를 맺는 그 사람과의 관계 패턴이 그 이후에 다른 사람하고 관계 맺는 패턴의 전형이 된다는 것이지요. 여기서 그 사람은 대개 어머니가 되지만 꼭 어머니일 필요는 없어요. 어머니를 대신해 자신을 돌보아주는 누군가가 있으면 그 사람이 되는 것이지요. 그래서 그 사람과 애초에 신뢰 관계가 학습이 되면 아이는 자라면서 만나는 모든 인간관계에서 신뢰를 바탕에 깔고 있을 수 있는 겁니다.

그러나 맨 처음 관계에서 불신이 형성되면 아이는 그 이후에 사람을 계속 믿지 못하게 되지요. 한번 못 믿기 시작하면 계속 못 믿게 되는 겁니다. 성인이 되어서 이성 관계나 친구 관계를 가진다거나 할 때, 기본적으로 상대방을 믿지 못하면 관계를 이루지 못합니다. 내가 누군가와 가까워진다는 것은 나에 대한 개방이 많아지는 일이잖아요. 그런데 내가 나를 많이 공개한 그 사람과 관계가 나빠지면 나는 상처를 많이 받게 됩니다. 그렇기에 나에게 등을 돌리지 않을 것이라는 믿음이 없으면 우리는 자기를 누구한테 개방하지 못하지요.

그런데 내가 나를 개방하지 못하면 어떤 사람하고도 친밀한 관계를 못 맺게 돼요. 그러니까 우리가 누구하고 좋은 관계를 맺는다는 것은 항상 이 사람이 나를 배반할 것이라는 불신을 깔고 있음에도 불구하고 믿음의 크기가 클 때 형성되는 것입니다. 이렇게 기본적인 신뢰를 갖추게 되면 이 사람은 한평생 좋은 덕성을 가지게 되는 것이지요. 이 사람은 '희망'이라는 좋은 덕성을 가지고 살아가는 것입니다. 우리 속담에 '하늘이 무너져도 솟아날 구멍이 있다'는 말이 있잖아요. 이게 바로 희망이라고 하는 것인데, 이것은 바로 기본적 신뢰로부터 나오는 것입니다. 기본적 신뢰가 없으면 절대 희망을 가질 수 없어요.

'희망'은 가르쳐서 가지게 되는 것이 아니에요. 기본적인 신뢰를 가지게 되면 그에 따라 저절로 나오는 것이지요. '우리 모두 희망을 가집시다'라고 캠페인을 벌인다고 가져질 수 있는 것이 희망이 아니란 말입니다. 신뢰가 없으면 희망은 나올 수 없고, 신뢰를 쌓아주지도 않고 희망을 가지라 하면 말이 안 되는 것입니다. 희망을 누가 안 가지고 싶어서 안 가지나요? 못 가지게 되니까 문제인 것이지요.

자기를 태어나게 해준 어머니조차 믿지 못하는 마음이면 어떻게 희망을 가지겠습니까? 희망을 쌓을 기반이 없는데 말이에요. 그래서 이러한 기본적 신뢰를 쌓는 과정은 삶의 핵심이기 때문에 '종교적 차원'의 과정이라고도 해요. 모든 종교의 기본 역시 믿음이니까요. 종교적 믿음의 핵심이 "내가 너와 항상 같이 있으니까 두려워하지 말라"

라고 하지 않았습니까? 그리고 또 하나가 "내가 너에게 힘을 줄 테니까 그 힘으로 뭐든지 다 해라"입니다. 이것이 신앙의 본질이지요. 그런데 자기 옆에 있는, 눈에 보이고 만질 수 있는 인간하고도 관계를 잘 맺지 못하는 사람이 눈에 보이지 않는 절대자와 관계를 맺기는 어려운 일 아니겠습니까?

## 자아의 강도, 믿음의 세기를 높여야

자아에는 강도가 있습니다. '믿는데 얼마나 강하게 믿느냐'가 중요하다는 말입니다. 우리가 오해하기 쉬운 것이 불신을 낮추어주면 신뢰 즉 믿음이 더 강해질 것이라고 생각하는 것입니다. 그래서 '의심하지 말라'고 하는 것인데, 이게 잘못된 것입니다. 언제나 불신보다 신뢰가 크기만 하면 된다고 했는데, 이때 신뢰의 크기가 더욱 커지려면 불신의 크기도 커야 하는 것이지요.

예를 들어 불신이 2인 상태라면 신뢰는 3의 크기만 있으면 되지요. 그러면 불신이 7이라면 신뢰의 사이즈는 8이 되어야 한단 말입니다. 3하고 8하고 어느 쪽이 큰가요? 당연히 8이 크잖아요. 그래서 이 상황에서의 믿음의 강도가 세단 말입니다. 사람들은 결과가 동일하다면 불필요한 에너지를 쓰지 않습니다. 예를 들면, 3의 에너지를 써도 문제가 해결되는 상황에서 8의 에너지를 쓰는 사람은 없단 말이지요. 다른 곳에도 써야 할 에너지가 많은데 말입니다. 이게 모든 경제학의 기본인 '최소노력의 원리'지요. 소위 능률적인 삶이고요.

그런데 만약 갑자기 외부에서 5정도의 강도로 불신을 할 수밖에 없는 사건이 발생하면 당연히 3정도의 신뢰를 가지고 안정적으로 있던 친구들은 완전히 불신으로 바뀌어버립니다. 하지만 원래 7이라는 불신을 이기고 8정도의 신뢰를 가지고 있는 사람들은 5정도의 불신은 아무것도 아닌 것이지요. 이미 7을 견디었기 때문에 그렇게 관계가 깨질 만큼 강한 것이 아니게 됩니다. 다만 그럴 수 있는 사람이 많지 않다는 것이 문제지요. 평상시에는 3만 가지고도 충분히 안정적인 삶을 살 수 있는데 구태여 8의 에너지를 거기에 쏟아붓지는 않으니까요.

그래서 우리는 느닷없이 불신의 강도가 커질 때 그 사람의 진면목을 볼 수 있는 겁니다. 그 상태에서도 신뢰를 유지하는지 아니면 갑자기 불신으로 급선회하는지를 보면 알 수 있으니까요. 등 따시고 배부르면 누구나 상대에게 호의적일 수 있어요. 그런데 그 사람의 진정한 '참모습'은 힘들 때 나타나지요. 그때도 남을 도와줄 수 있는지 없는지 이것을 보면 알 수 있는 것입니다. 아무튼 중요한 것은 불신보다는 신뢰가 더 큰 상태를 유지해야 한다는 것이지요.

불행하게도 허구한 날 불신의 늪에 빠져 허우적대는 사람들은 불신의 강도를 줄여주어야 합니다. 그게 상담입니다. 그래서 부정적인 감정을 자꾸 표현하라고 하는 겁니다. 부정적인 감정을 가지고 있으면서 상대방에게 호감을 가지려면 너무나 큰 에너지를 투입해야 하는데 그것을 낮추어주면 그렇게 많은 에너지가 들어가지 않더라도 호감과 신뢰가 가능해지니까요. 그렇게 만들어주자는 것이 상담인 것이지요.

## 내 인생은 나의 것

에릭슨의 발달이론에서 신뢰와 불신에 이어 등장하는 두 번째 대립 관계가 '자율성' 대 '수치심'입니다. 이제 태어나 1년 정도가 지나면 '대상의 영속성'이라는 것이 생겨 어머니하고 자신이 분리되어 있는 존재라는 사실을 깨닫습니다. 전에는 어머니가 몸 밖에 있지만 항상 몸 안에 있는 것처럼 느끼고 살았으니까, 또 어머니가 항상 내 눈 앞에 있으니까 어머니와 나는 "하나다"라고 생각하다가 아니라는 사실을 알게 되는 것이지요. 그러면 어머니와 분리되어 있는 존재라면 이제부터 결정은 자신이 내려야 하는 것입니다. '내 인생은 나의 것'이 되는 것이지요. 여기서 자율성이 나오는 것입니다.

이때가 두 살 정도가 되는데 자율성이 나타나면서 "내가 할래", "내 꺼야" 이런 표현을 많이 하게 됩니다. 부모가 무엇을 하자고 하면 "싫어"라고 고집을 부리는 소위 '미운 세 살'이 되는 것이고요. 그런데 그렇게 행동하는 것이 밉다는 것은 부모 입장에서 하는 말이고 아이 입장에서는 아주 중요한 자아의 역량을 또 하나 키우고 있는 것입니다. "내 인생은 내가 결정해야 한다"는 것을 익혀가고 있는 것이지요. 어머니가 먹여주면 입 벌리고 받아먹던 아이가 "내가 먹을래" 하면서 음식물을 거의 다 흘리면 어머니는 치우기 싫으니까 "내가 해줄게"가 되는데 이때 너무 심하게 아이를 윽박지르고 자신이 할 수 있는 기회를 주지 않으면 이 아이는 '수치심'이 지나치게 강하게 발달하게 됩니다.

수치심이 무엇인가요? '다른 사람 눈에 내가 바람직하지 않게 보이는 것을 느끼는 감정'이에요. 그러니까 어머니가 "내가 해줄게" 하면 아이는 어머니 눈에 내가 바람직하게 보이지 않는다는 느낌을 받는 것이지요. 발달단계라는 게 다 그때는 그 성정이 나올 필요가 있다는 것을 알려주는 것입니다. 그런데 자율성이 생겨 "내가 선택을 하겠다" 이랬는데 내가 선택을 했다가 만약에 잘못되는 경우는 어떻게 하겠어요? 부모에 대한 기본적 신뢰가 있는 사람들은 그때는 부모가 도와줄 것이라는 생각을 가지고 있으니까 극복이 쉽지요. 그래서 부모를 믿는 사람이 오히려 부모로부터 더 빨리 독립하게 되는 것입니다.

그런데 만약에 부모를 믿지 못하는 사람들이라면 계속해서 부모 옆에 붙어 있어야 안심이 돼요. 엄마가 시장 갈 때 "엄마 갔다 와. 나 놀고 있을게"라고 하는 아이와, 잘 놀고 있다가도 엄마가 어디 나가는 것 같기만 하면 놀라서 달려와 엄마 치맛자락 잡고 졸졸 따라다니는 아이, 이 두 아이 중 어느 아이가 어머니를 믿는 아이일까요? 어머니를 못 믿는 아이가 따라나서는 것이지요. 갔다가 안 올 거란 느낌이 있으니까요.

어머니가 갔다가 올 것이라는 사실을 알면 따라가지 않습니다. 그러니까 제대로 애착 관계가 형성이 되면 따라다니지 않는 것이고 불완전 애착이 되면 불안하니까 따라다니는 것입니다. 따라서 내가 스스로 결정을 하되 만약에 실패하더라도 믿을 데가 있다는 것을 알고 있는 사람이 자율적 인간이 됩니다. 반면 내가 조금이라도 잘못하게 되면 나를 도와줄 사람이 없다고 생각하는 사람은 자율적이기보다 타율적 삶을 살게 되는 것이고요.

수치심이 많은 사람은 다른 사람 눈에 내가 잘못 보이는 것에 민감하기 때문에 어떤 결정을 내릴 때 다른 사람 눈에 드는 결정을 하게 됩니다. 타율적 결정을 하는 것이지요. 자신감이 없는 성격도 마찬가지입니다. 나는 못하니까 다른 사람이 하라는 대로 해야 되겠구나 생각하는 것이지요. 이것도 타율적인 것이고요. 이렇게 타율적이라는 것은 수치심과 회의로 나타납니다.


## 결정은 스스로 할 수 있도록

자율성이 잘 발달되면 그다음에는 '의지'라는 좋은 덕성을 갖게 됩니다. 대개 의지력이 약한 아이들은 뭐 하나 하려다가 조금만 힘들면 "안 해" 하고 그만두는 경향이 있지요. 이 아이들은 수치심이나 회의 때문에 안 하는 것입니다. 그러나 자율성이 강한 아이들은 자기가 선택한 것이니까 끝까지 밀고 나가는 힘이 있어요. 이 힘이 바로 요즘 긍정 심리학에서 연구하고 있는 인간의 긍정적인 덕성 중의 하나인 '의지력'입니다.

이 긍정적 덕성인 의지력은 자아가 시기에 맞게 잘 발달하면 자연스럽게 나오는 덕성이에요. 그러니까 나중에 자녀들에게 의지력을 키워주기 위해 '해병대 캠프'에 보내 일부러 고생하게 만들지 말고 어렸을 때부터 자율성을 잘 키워야 한다는 것이지요. 그래서 요새 심리학에서 성숙하게 살기 위해 필요하다고 강조하는 '자기결정력'을 잘 키워주어야 한다는 것입니다. 자율성이 곧 자기결정력이지요. 그러니까 어떤 결정을 하게 될 때 본인이 결정하게 해주어야지 더 책임을 지고 잘하려고 노력한다는 것입니다.

## 자율의 밑바탕이 되는 수치심

그런데 수치심을 느낀다는 것이 나쁜 것이 아니에요. 동양철학에서 성품을 이야기할 때 등장하는 사단칠정四端七情에서 사단의 가장 처음이 '수오지심羞惡之心'인데, 여기서 '수羞'자라는 것이 부끄러워할 줄 아는 마음입니다. 이 마음이 '의義'의 근본이라 했어요. 의롭기 위해서는 부끄러움을 아는 마음이 있어야 한다는 것이지요.

다른 사람 눈으로 볼 때 내가 무언가가 좋지 않게 보일 수도 있다는 마음이 있어야 사람이 의로워지고 어질어집니다. 그게 없는 사람, 즉 수치심이나 회의가 전혀 없는 사람은 안하무인으로 행동하게 되지요. 그래서 수치심을 느낄 수 있는 기본 바탕 위에서 결단력이 나와야 하는 겁니다. 그것이 고금동서를 막론한 리더의 조건이지요.

임금에게 요구되는 덕목 중에 '제왕무치'라는 것이 있어요. 제왕은 부끄러움이 없어야 한다는 말인데, 임금이 만약에 "내가 이런 판단을 내리면 다른 사람들이 나를 어떻게 볼까?"라든가 다른 사람이 나보다 더 좋은 판단을 내릴 수 있다고 생각하면 단호한 결정을 내리지 못합니다. 그래서 임금에게 가장 중요한 덕목이 제왕무치 정신인 겁니다. 어떤 결정을 내리든 임금이 부끄럽지 않다는 것이지요. 그래서 더욱이 최선의 선택을 하도록 노력해야 하는 것이고요.

지금의 대통령 역시 대통령 재임기간에 했던 정무적인 판단에 대해서는 형사처벌 대상이 되지 않습니다. 만약에 대통령이 어떤 결정을 내린 것이 대통령 임기가 끝난 다음에 처벌대상이 된다면 대통령은 아무 판단도 내리지 못하게 될 테니까요. 물론 이 정신이 오용되면 절대 안 됩니다. 만약에 지도자는 '무치'임을 남용해서 그 권력과 권위를 부정한 일에 사용하거나 사리사욕을 위해 사용하면 안 되지요. 제왕무치의 정신은 그렇게 오용하라고 있는 것이 아니라, 최고지도자의 결정은 '무치'일 정도로 엄중한 것이라는 하나의 다짐 같은 것입니다. 그렇게 해서 당연히 결정에 따르는 모든 결과는 지도자의 책임이 되는 것이지요. '제왕무치'는 '무한책임'과 동의어입니다.

제가 대학 때 유학을 준비하려고 〈뉴스위크〉 동아리에 들어가서 영어공부를 했는데, 그 〈뉴스위크〉 동아리 대표는 4학년 중 영어실력이 제일 좋은 사람이 선출되어 맡았습니다. 그때 대표가 하는 일이 바로 '결정'이었지요. 매주 〈뉴스위크〉 커버스토리가 나오면 영어 좀 한다는 학생들이 나름대로 옳다는 해석을 하면서 난상토론을 벌입니다. "이 문장은 이렇게 해석해야 한다" 혹은 "아니다. 이렇게 해석하는 게 더 옳다" 하고 자기들끼리 논쟁이 붙는 것이지요. 논쟁을 하는 과정에서 어느 한쪽으로 의견이 기울면 좋은데 끝까지 양쪽이 팽팽하게 의견이 좁혀지지 않는 경우도 종종 발생해요. 이때 대표가 "이 문장은 이렇게 해석하는 것이 옳다"고 결정하는 것입니다. 그러면 거기에는 토를 달면 안 돼요.

그 결정이 마음에 안 들면 그 팀을 나가야 하는 것이지요. 이게 대표의 권위입니다. 왜 그렇게 하겠습니까? "이게 맞다", "저게 맞다." 그러면서 싸우기만 하면 진행이 되지 않고 지리멸렬하게 흐르거든요. 그래서 누군가가 최종적으로 결정을 해주어야 합니다. 그리고 이 결정권자에게는 절대적인 권위를 주어야 합니다. 그리고 리더의 마지막 결정은 항상 맞는 '무치'의 결정이 되는 것이지요. 그래서 모든 권한과 책임을 지는 리더는 외로운 법입니다.

그런데 리더가 된 사람이 자율성보다 수치심이나 회의가 더 많으면 그 사람은 뭐든지 결정하지 못하겠지요. 스스로 결정하지 못하면서 다른 사람들이 어떻게 생각할까 이것만 걱정하면 리더가 될 수 없어요. 이런 성격을 가진 사람들은 '우유부단'한 행동을 하지요. 소위 '햄릿증후군'을 가진 사람들이지요. 이런 사람들은 "사느냐 죽느냐 이것이 문제로다!" 식의 탄식만 하다 결국 중요한 시간을 놓치는 것이지요. 당연히 이런 사람은 크든 작든 조직의 리더가 되면 안 됩니다.

그렇다면 어떤 사람이 리더가 되어야 할까요? 수치심보다는 자율성의 크기가 상대적으로 훨씬 더 큰 사람이어야 합니다. 그리고 그 사람이 정말로 자율성을 가지려면 자신이 잘못 결정을 내릴 수도 있다는 점을 먼저 깨달아야 하고요. 그래야 좋은 결정을 내리도록 노력하게 될 테니까요. 그러니까 자신이 부족하다는 것을 깨닫는 사람이 더 완전해지고자 노력한다는 것입니다. 자신이 부족하다는 것을 모르면 자율성이 나오지 않아요.

자타가 없어지면 아무것도 없는 것입니다. 네가 있어야지 내가 있지 '너'가 없는데 '내'가 어디 있겠습니까? 논리적으로도 성립이 안 되는 것이지요. 그러니까 불신이 있어야 신뢰가 있고 타율이 있어야 자율이 있는 것입니다. 우리는 보통 부정적 심리가 불필요하다고 생각하기 쉬운데 그렇지 않아요. 불신이라든가 타율이라든가 이런 부정적 심리들은 긍정적 덕성들이 나오기 위한 전제조건입니다. 다만 계속 말하는 것이지만 부정적 심리보다 긍정적 심리가 더 강해야 할 뿐이지요.


## 모순투성이의 삶을 꿰뚫어야

사실상 '제왕무치'라는 것은 임금이 세상을 보다 크게 볼 수 있는 능력을 가질 것을 부추기는 말입니다. 그런데 임금뿐인가요? 우리도 세상을 크고 넓게 볼 수 있어야 해요. 그래야 모순투성이의 삶을 이해하고 그 삶에 잘 적응해서 살아갈 수 있단 말이지요.

예컨대 중국 황제들은 보통 음식을 먹을 때 200가지 반찬이 나온다고 합니다. 언뜻 생각하면 이건 말이 안 되는 거지요. 황제라고 식성이 일반인과 다르지 않을 텐데 어떻게 200가지 반찬을 먹을 수 있겠어요? 그래서 우리는 황제가 사치스런 생활을 했다고 쉽게 판단합니다. 물론 그런 측면이 없는 것은 아니지만 그 이유를 살펴보면 말이 됩니다. 황제의 밥상은 전국 마을에서 나오는 특산품으로 차려지거든요. 그러니까 황제의 밥상에 진상이 된다는 개념이 있어야지 그 동네에서 그것을 잘 만들어낸단 말입니다.

그런데 이렇게 크게 생각하지 않고 언뜻 "200가지 반찬이라니" 하면서 이 임금은 굉장히 사치스러운 사람이라고 판단하면 안 된단 말입니다. 진상품이라는 것은 지금도 광고에 많이 사용되고 이는 효과가 있다는 말이잖아요. 예컨대 '이천 쌀' 하면 임금님한테 가는 쌀이라는 것 때문에 이천에서는 지금도 좋은 쌀을 만들어내려고 노력한단 말이죠. 그러니까 황제가 먹지 않아도 상에다 차려주어야 하는 겁니다.

이처럼 여러 가지가 얽혀 있는 것이 우리 삶입니다. 그리고 얽혀 있는 것들을 종합적으로 볼 수 있는 것이 어린아이들과 다른 어른식 사고의 특징이고요. 세상일은 항상 모순이 있는 것이고, 선이 있으면 악이 있는 것입니다. 서양 속담에도 그런 말이 있지요. 지도자가 전쟁을 할 수 있는 용기가 있어야 전쟁이 안 일어나게 할 수 있다고요. 만약에 부모가 아이에게 의지력을 키우라고 야단을 치면서 자율성을 안 주면 이 아이가 어떻게 의지력을 키울 수 있을까요? 의지력을 키우려면 자율성을 주어야 합니다. 그리고 자율성의 밑바탕에는 수치심이나 회의가 깔려 있음을 알아야 합니다.

아무튼 믿음은 우리 삶의 전제조건이라는 것 잊지 마세요. 우리는 믿을 수 있어야 행복해집니다. 성숙해진다는 것은 나와 너와 세상에 대한 믿음의 크기를 키워간다는 것과 같다는 말, 꼭 마음에 새기시기 바랍니다.

# '나'는 누구인지
# 치열하게 고민해야 해요

## 나는 누구인가

우리들 삶의 발달과정은 '안정적인' 시기와 '불안정한' 시기가 계속 교차하면서 나타납니다. 진자운동을 하듯이 안정, 불안정, 안정, 불안정 이렇게요. 그냥 한번 안정으로 가든가 한번 불안정으로 계속 밀고 나가는 것이 아니라 안정한 시기를 지나면 불안정한 시기가 있고 이 불안정한 시기를 지나고 나면 다시 안정한 시기가 있고 하는 것이지요.

그런데 대개 언제 불안정하게 되냐 하면 우리들의 심리적 에너지, 즉 관심이 안으로 쏠릴 때 그때 불안정해지는 것이고, 밖으로 향하면 안정적이 되는 것입니다. 그렇다면 에너지가 안으로 쏠린다는 것은 무슨 말일까요? 나에 대한 고민을 한다는 것입니다. '나는 누구인가라는 실존적 문제에 부딪히는 것이지요. 그리고 이렇게 심리적 에너지가 안으로 들어오는 시기에는 불안정한 삶을 보내게 됩니다. 이러한 대표적인 시기는 바로 청소년기지요.

청소년 시기의 갈등의 본질은 어린아이를 벗어나서 어른이 되어가는 준비 과정에서의 심리적 혼란이라고 할 수 있습니다. 청소년기의 방황은 여기서 비롯되는 것이지요. 아이도 아니고 그렇다고 어른도 아니라는 것, 그로 인한 정체성의 혼란입니다.

그렇다면 아이와 어른의 기준이란 대체 무엇일까요? 몸의 기준으로 이야기한다면, 생식을 할 수 있느냐 없느냐가 어른과 아이의 차이입니다. 청소년기에 제2차 성징이 나타난다고 하지 않습니까? 여자는 어머니가 되는 준비를 할 수 있도록 몸이 바뀌어가고 남자는 아버지가 되는 준비를 할 수 있도록 몸이 바뀌어간다는 것이지요. 그래서 이 청소년기를 지나면서 성인이 되면 생식을 할 수 있는 부모로서의 능력을 다 갖추게 되는 것입니다.

심리적 기준으로 볼 때는 어떨까요? 독립적으로 살아갈 수 있느냐 아니면 의존적으로밖에 살 수 없느냐로 어른과 아이를 구별합니다. 아동기는 사실 자기 이름이 있더라도 실질적으로는 '○○의 자녀' 또는 '○○의 학생'으로 살아가는 것입니다. 그래서 아이들은 아무리 큰 잘못을 저질러도 형사처벌 대상이 되지 않아요. 스스로 자기 행동에 대한 책임을 질 만큼 성숙하지 않다고 보기 때문이지요. 대신 이 아이들 양육에 책임이 있는 부모나 교사가 아이들에 대한 책임을 져야 하는 것이고요.

그런데 이 시기를 넘기고 어른이 된다는 것은 이제 누구의 자녀나 누구의 학생이 아닌 명실공히 자기 이름을 가지고 살아가는 독립적인 인간이 된다는 것을 의미합니다. 그러면 아이도 아니고 어른도 아닌 청소년 시기는 무엇을 하는 시기일까요? 누구의 자녀나 누구의 학생으로 살아가던 삶에서 이제는 본인의 이름을 갖기 위해서 그 '누구'를 찾아야 하는 시기인 것이지요. 그래서 청소년기에는 '나는 누구인가'에 대해 질문하고 그 답을 찾아나가는 과정을 가져야 하는데 이것을 소위 '정체성 확립'이라고 부르는 것입니다.

## 정답 없는 세상의 딜레마

그렇게 해서 내가 누구인지 확실히 알게 되면 그다음부터는 '나'라고 하는 것에 기초해서 앞으로의 삶을 살아가면 되는 것입니다. 그러니까 청소년기에 가져야 할 첫 번째 질문은 "나는 누구인가Who Am I?"가 되는 것이고, 두 번째 질문은 "나는 앞으로 무엇을 하면서 살아가야 할 것인가What am I?"가 됩니다. 이게 자기정체감 확립의 두 가지 요인이에요. 그러므로 어린아이에서 어른이 되기 위해서는 무엇보다 뚜렷하게 '나는 누구'라는 것이 있어야 하는 것입니다.

만약에 이것을 정확하게 하지 못하면 역할혼미 상태에 빠지게 됩니다. "나는 앞으로 어떤 역할을 하면서 세상을 살아가야 되지?", "과연 내가 하는 일이 옳은가?" 하는 계속된 방황을 하면서 살아가게 되는 거지요. 그런데 사실은 이러한 청소년기의 고민은 인류 역사상 20세기에 처음 나타난 것들입니다. 그전에 살아가던 사람들에게는 자기정체성 획득 같은 것이 별 의미가 없었거든요.

예를 들어 제가 조선시대에 농부의 아들로 태어났단 말이죠. 그럼 나는 그냥 농부가 되는 것이에요. 또 어부의 아들로 태어났으면 어부로 살아가는 것이고요. 이런 삶에서 내가 누구인가를 알고 말고 할 것이 뭐가 있겠어요? 여성들은 엄마 따라 다니면서 살림하면서 아이 키우는 것을 배우면 그만이고요. 내가 무엇을 할 것인가 말 것인가를 고민할 필요가 없는 것이지요. 그런데 여기서 여성과 남성의 차이가 생깁니다.

여성인 경우에는 살림하고 아이 키우는 것이 농촌이나 어촌이나 거의 비슷하니까 이쪽 마을에서 저쪽 마을로 시집가면 되는 것입니다. 하는 일이 똑같으니까 어디서나 적응하며 잘 살아갈 수 있어요. 그런데 농부의 아들이 농사짓는 것만 배우다가 나중에 어촌으로 가서 고기 잡으며 살려고 하면 굉장히 뒤처진 사람이 됩니다. 고기 잡는 방법을 모르니까요. 그래서 남자들은 여기저기 다닐 수가 없어요. 자기가 일 잘하는 곳에서 붙박이하는 수밖에 없지요. 이게 여자와 남자의 전통적 차이입니다.

그런 차이는 있지만 전통생활에서는 기본적으로 남자나 여자나 자기정체감을 찾아나가는 과정에서 고민할 필요는 없습니다. 제 할머니는 15세에 결혼해서 18세에 아버님을 나으셨어요. 그 당시에는 다 그렇게 사셨지요. 그러니 이분들에게 청소년기가 어디 있었겠어요. 청소년기로 갈 때 결혼해서 이미 아버지 어머니가 되어 있었는데 말이에요. 갓난아이 업고 다니는 청소년이 있나요? 아이를 업고 다니면서 '나는 누구일까'를 고민하는 사람은 없지요. 아이를 키워야 하는 일이 정해져 있는데 무슨 고민이 필요하겠어요. 그러니까 오히려 그때는 고민이 없던 시절이지요.

그런데 지금의 10대는 고민이 많지요. 자신이 무엇을 해야 하는지에 대해서 끊임없이 고민하잖아요. 15년 전만 해도 미스코리아 선발대회에서 마지막 남은 사람들 인터뷰할 때 뭐가 되고 싶은지 물어보면 대개 "저는 현모양처가 되고 싶어요" 이랬어요. 잘하는 요리가 뭐냐고 하면 된장찌개, 김치찌개였고요. 옛날에는 그게 정답이었거든요. 하지만 요즘은 그렇게 말하지 않지요. 정답이 없어졌으니까요. 지금은 사실상의 정답이 없는 세상이지요.


## 너만 아프냐, 나도 아프다

그런데 달라진 지금 세상에서는 선택지가 많은 만큼 선택에 대한 책임이 따르기 때문에 고민이 많아집니다. 요즘에 젊은이들이 많이 '아프다'고 합니다. 그런데 저는 학생들이 '아프네', '힘드네' 하면 그러지 말라고 꾸짖습니다. "이 녀석들아, 징징거리고 살지 말아라!" 하고 나무라는 편이지요. 세상에 안 아픈 시절이 어디 있습니까? 어느 때 치고 쉬운 세상이 있었겠어요? "너희만 아프냐? 나도 아프다" 이렇게 맞서는 것이지요. 아픈 이유와 종류가 다를 뿐이지 세상 사람들 누구나 아픕니다.

그런데 제가 이렇게 말하면 "그래도 교수님은 교수시니까 그렇게 말씀하시잖아요" 이러는 학생들이 있어요. 그러면 제가 그러죠. "내가 태어날 때부터 교수냐? 나는 나이 스물여섯에 결혼해서 서른여섯에 처음 월급 받아봤다. 그동안 아이 셋을 키웠다. 그것도 외국에서." 그러면서 제가 잘 쓰는 비유가 개구리가 올챙이 적 시절 기억 못하는 것도 안타까운 일이지만, 세상의 모든 올챙이들은 개구리를 보면서 개구리는 태어날 때부터 개구리인 줄 안다는 것이에요.

처음 태어날 때부터 개구리인 개구리가 어디 있어요? 다 올챙이 시절을 겪는 것이지요. 제가 부족한 사람이기 때문에 그렇겠지만 지금껏 살아왔던 삶을 되돌아보면 '한 번도 쉬웠던 때'가 없습니다. 매 시기마다 다 아팠어요. 그러니까 저는 학생들에게 "너희들만 아프다고 징징거리지 말라"고 하는 것입니다.

저는 학생들의 고민에 답을 해주는 편인데, 아프다는 학생들에게는 대부분 "아프다고 하지 말라"는 내용의 답을 해줍니다. 그런데 의외로 안 그럴 것 같은 학생들 중에 제가 해준 말 덕분에 정신 차렸다고 하는 학생들이 있어요. 그런데 어떤 학생들은 계속 징징대는데, 대개의 경우 이 학생들은 '나'를 찾는 데 소홀하거나 힘드니까 회피하는 학생들이에요.

## 방황해도 괜찮아

그런데 요즘 젊은이들은 왜 그렇게 아파하는 것일까요? '나는 누구인가'라는 질문에 답을 찾아내지 못했기 때문이지요. 자신이 누구인지를 안 다음에 거기에 알맞은 '무엇을 할 것인가'를 찾아나서야 하는데, 요즘 젊은이들은 거꾸로 '내가 무엇을 할 것인가'를 찾아낸 다음에 거기에다 자신을 맞추는 경향이 있습니다. 그런데 '나'가 없는 상태에서 무엇을 하려고 하니까 다들 우리 사회에서 많은 사람들이 하려는 것을 똑같이 하려고만 하는 것입니다. 이래저래 내 것이 아무것도 없는 상태에서는 이왕이면 남들에게 인정받는 것을 해야 하니까요. 그러면 일단 성공한 것처럼 보이잖아요.

그러니까 남들이 가는 길에 자기도 붙어서 계속 경쟁해 나아가는 것입니다. '나'를 알고 있으면 그것에 맞추어 자신이 할 일을 결정하면 되는데, '나'를 안 찾아내니까 '일'을 가지고 자신을 정의하려 한단 말이에요. 그러니까 요즘 젊은이들이 소위 인정받는 스펙 쌓기에 굉장히 바쁘지만, 마음속으로부터 오는 보람이나 즐거움을 느끼기는 힘들죠. 자기가 좋아하는 일을 하는 것이 아니니까요.

그런데 젊은 시절이 길어봐야 20대까지 아닙니까? 이 시기에는 적극적으로 '나'를 찾기 위해 방황해야 해요. 그래서 내가 누구인지를 알아낸 다음에 앞으로의 70년을 살아가야 하는 것이지요. 그러니까 나를 찾는 방황이 남들보다 1~2년 늦는다고 해서 걱정할 일이 아니에요. 앞으로의 70년을 그 기반 위에서 살아야 하니까요. 그런데 이게 만약 제대로 안 되고 흔들흔들해지면, 앞으로 인생 70년이 계속 흔들흔들해지는 것이지요.

정말로 자기가 무엇을 원하는가를 찾을 수만 있다면 1~2년의 방황은 괜찮습니다. 맘껏 방황해도 괜찮아요. 도종환 시인의 시구처럼 '흔들리지 않고 피는 꽃'이 어디 있겠습니까? "이 세상의 그 어떤 아름다운 꽃들도 다 흔들리면서 핀 것"들이지요. 서정주님의 말씀처럼 "한 송이의 국화꽃을 피우기 위해 소쩍새는 봄부터 울어야 하고, 천둥은 먹구름 속에서 또 그렇게 울어야" 하지요. 그래야만 결국 "인제는 돌아와 거울 앞에 선 내 누님 같은 꽃"이 피겠지요.

이제 우리 젊은이들이 진정한 자신을 찾기 위해 마음껏 방황할 수 있도록 좀 내버려두면 어떨까요? 너무 빨리 무조건 취직하라고 다그치지 말고 좀 여유를 가지고 방황해도 되니 마음껏 '마음의 여행'을 하라고 오히려 권유하면 어떨까요? 조금만 기다려주면, 길어도 몇 년만 기다려주면 시행착오를 거쳐 다들 자신의 몫을 찾아서 즐겁게 살수 있을 겁니다.

그렇게 흔들리는 방황 끝에 자신이 누구인가를 찾아내 '자기정체감'이 확립되면 그로부터 나오는 좋은 덕성이 '충직성'입니다. 충직성이란 '자기가 선택한 것에 대해서 끝까지 그것을 견지할 수 있는 능력'이에요. 예를 들면 어린아이들은 병원에 갔다 오면 "나 의사 될래" 하다가, 우연히 소방관이 불 끄는 것을 보면 "나 소방관 될래" 하잖아요. "군인 될래", "수녀 될래" 하면서 하루에도 수십 번씩 하고 싶은 일이 달라지잖아요. 그러다가 이 아이가 스스로를 파악해가면서 이

중에서 결국은 하나를 선택하는 것이지요.

그런데 그 일이 어떤 것이든지 간에 거기에는 좋은 면과 아쉬운 면이 다 있어요. 어느 직업이든지 각각 그 직업에 따르는 보람이 있고, 사회에서 인정해주는 가치가 있지요. 하지만 100퍼센트 좋은 점만 있고 나쁜 점이 하나도 없는 직업은 없어요. 우리 사회에서 상대적으로 좋은 점이 많고 적을 수는 있지만 모든 직업에는 장단점이 있지요. 충직성은 그것을 아는 능력이에요.

## 미련 없이 살아야 좋은 삶

옛날보다 요즘 젊은이들이 힘들다는 것은 선택의 폭이 너무 넓은 데서 오는 문제이지요. 그러다 보니 로버트 프로스트의 시 〈가지 않은 길〉에서처럼 자신이 선택하지 않은 것에 대한 동경이 있고, 동시에 자신이 선택한 것에 대한 후회가 있기 마련인 것이지요. 충직성이 없다면 말입니다.

예를 들면 두 젊은이가 서로 다른 이유로 교사를 선택했다고 해보지요. 한 젊은이는 오랜 방황 끝에 자신이 정말 아이들과 같이 있고 그들을 가르치는 것을 좋아한다는 것을 깨달은 후에 교직에 몸을 담았어요. 또 한 젊은이는 다른 사람들이 교직이 안전하다고 권유해서 교사가 되었고요. 어쨌든 교직을 선택했다면 다른 직업을 선택했을 때 얻을 수도 있는 것을 모두 포기하는 일이 됩니다. 그리고 내가 그것을 선택 안 했으면 지지 않아도 되는 부담을 가지고 가는 일이 됩니다. 그래서 선택이 어려운 것이지요.

즉 선택을 한다는 것은 내가 선택하지 않은 것은 포기한다는 뜻입니다. 이때 '자기정체성'이 잘 확립된 사람들 경우에는 내가 스스로 선택한 교직에 대해서 충직하게 그 의미를 견지하면서 일할 수 있어요. 그런데 내가 누구인지에 대한 고민도 없이 그저 주위 사람들의 권유에 따라 교직을 선택한 경우에는 자신이 할 수 있었던 다른 일에 대한 미련이 계속 남아 있을 수 있는 것입니다.

이렇게 미련이 많은 사람이 고등학교 동창회라도 갔다 오는 날에는 자기 직업에 대한 회의에 빠지게 되지요. 사업하는 친구를 만나면 "내가 사업을 했다면 돈을 많이 벌었을 텐데, 지금 박봉에 코흘리개 아이들 데리고 사는 게 내 인생 맞아?" 하는 고민을 할 테고요. 의사를 보면 나도 의대 갈 수 있는 성적이었는데, "내가 교대 안 가고 의대 가서 의사 되었으면 돈도 많이 벌고 존경도 받을 텐데" 하고 생각하는 것이지요. 그러니까 이 사람은 자신이 하는 일에 대해 충직하지 못하고 항상 미련을 가지고 사는 겁니다. 얼마나 혼란스럽고 행복하지 못하겠어요? 그런데 자기가 스스로 선택해서 교사가 된 사람이라면, 자기 직업에 대한 충직성이 있기 때문에 상대방의 직업을 인정하면서도 '넌 그걸 잘해라. 난 이걸 잘 한다'가 되는 것입니다. 삶에 혼란이 없는 것이지요.

제가 아는 사람들 중에 사업하는 사람들이 있어요. 가끔 이들과 만나 저녁식사를 하는데 끝날 때쯤에 물어봅니다. "요새 교수 월급은 얼마나 되나?" 하고. 본인들이 사업을 하니 돈이 있다는 것이지요. 그러면 저는 이렇게 말하지요. "네가 버는 거에 비하면 형편없지. 그러니까 오늘 저녁 값은 네가 내." 돈 자랑하고 싶어 하는 사람에게는 돈 쓰라고 슬슬 꼬드겨주면 행복해하거든요. 저는 사업하는 사람들은 돈을 벌어야 한다고 생각합니다. 하지만 집에 돌아오면서 그 친구가 크게 부럽지 않아요. 왜냐하면 저는 사업하는 사람들하고는 다른 보람을 느끼며 사니까요.


## '왜'가 '어떻게'를 앞서야

10여 년 전에 미국에서 유학을 하고 온 한 교수가 서울에서 자기 아버지를 살해한 사건이 있었어요. 이 사람은 교수를 하면서 동시에 사업을 했는데 사업이 실패를 했단 말이에요. 한 가지 일하는 것도 힘든데 두 가지 일을 하려니 잘될 수가 없었지요. 그래서 아버지에게 사업자금을 더 대달라 했더니, 사업가였던 아버지가 사업도 못하는 주제에 무슨 사업을 또 하려느냐고 비난을 퍼붓자 화가 나서 죽인 것이지요. 사건의 근본을 살펴보면 이 사람은 '자기정체성'이 제대로 확립이 안 되었다는 데서 문제가 발생한 것입니다. 한 가지만 열심히 해도 제대로 될까 말까 한 세상에서 두 가지를 다 잘하려고 했으니 '역할혼미'가 일어난 것이지요.

또 이런 경우도 있었어요. 1995년 서울대 법대에 위탁교육중인 육

사출신 현역 하모 육군대위가 4700여만 원의 경마 빚을 갚기 위해 소총을 들고 은행에 침입, 돈을 강탈하다 붙잡혀서 군당국은 물론 온 국민을 충격에 빠뜨린 사건이 일어났지요. 하 중위는 이에 앞서 이날 오전 10시쯤 육군사관학교로 들어가 수업을 하느라 생도들이 내무반을 비운 사이 총을 훔쳤습니다. 하 중위는 검거 직후 "남들처럼 빨간 고급승용차를 타고 예쁜 여자들과 놀러다니고 싶었다"고 말했답니다. 하 중위도 심한 경쟁률을 뚫고 서울대에 위탁교육을 받으러 간 엘리트 장교였어요. 그런데 이 친구가 서울대에서 위탁교육을 받으면서 보니까 같은 학생들이 돈을 잘 쓰더란 말이지요. 이 친구는 육군대위 소득으로 그 씀씀이를 따라갈 수 없는데 똑같이 돈을 쓰다가 빚을 지게 된 거예요. 그래서 빚 갚으려고 처음에는 경마 도박을 하다가 안 되니까 총을 들고 은행에 들어가 강도짓까지 하게 된 것이지요. 참 안타까운 일이었어요.

모두 정체성이 확립 안 되어서 그런 불행한 결과가 발생한 것입니다. 군대의 존재 이유는 외침으로부터 '나라와 국민을 지키는 것'인데, 그렇다면 군인은 바로 그 명예를 목숨처럼 귀하게 여기고 나라와 국민을 지킨다는 보람으로 모든 고생을 이기고 살아가야 하는 것이지요. 만약 그 생활이 싫었다면 직업 군인이 되기 위해 사관학교에 가면 안 되는 것이고요. 군인이면 군인으로서의 긍지를 가지고, 그 대신 군인으로 살아가는 데 불편한 것은 받아들이고 감수해야 하는데, 그것을 받아들이지 못하고 '명예'도 가지고 '좋은 차와 예쁜 여자들도 가지려 하니 사달이 난 것이지요. 이런 것이 '역할혼미'입니다.

충직하지 못한 사람들은 직장 또한 자주 바꾸지요. 이거 했다가 저게 좋아 보이면 저거 했다가 또 어려우면 다른 것 하고. 별로 바람직하지 않은 삶입니다.

그래서 젊은이들에게 자신이 누구인가를 확실히 알도록 강하게 훈련시켜주는 일이 중요합니다. 그래야 정말로 자신에게 맞는 것을 찾을 수 있고, 그래야 스스로 무엇인가를 결정했을 때 그것을 밀고 나가는 힘이 나오니까요. 19세기의 유명한 실존주의 철학자 프리드리히 니체는 이러한 이치를 이렇게 표현했지요. "'Why to'를 아는 사람은 'how to'를 저절로 안다." 내가 세상을 왜 사는지를 분명히 아는 사람은 어떻게 살아가야 할지를 저절로 알게 된다는 말이지요. 그런데 요새는 전부 다 'how to'만 알려 하고 'why to'가 없으니까 삶의 의미가 없어지는 것 아닐까요?


## 절절하면 이루어지나니

저는 제주도를 가면 가능하면 들러보는 곳이 있는데, 서귀포에 있는 이중섭 미술관입니다. 제게는 갈 때마다 감동을 주는 곳이거든요. 이 미술관에서 특히 매번 감동을 받는 작품이 바로 담뱃갑 은박지에 못으로 그린 그림이에요. 이중섭이라는 화가는 상당히 가난하게 살았지요. 그래서 그림을 그리고 싶어도 그릴 재료가 없었던 거예요. 그러다 보니 제일 많이 사용한 재료가 '모래'였습니다. 서귀포 앞바다에 나가서 일본에 있는 자기 아내랑 아이를 생각하면서 모래밭에다 그림을 그린 것이지요. 그렇게 그려놓고 나면 파도가 다 쓸고 가서 하나도 안 남은 작품이 모래 그림이에요.

정말 그림을 그리고 싶은 마음이 절절하면 재료가 없어서 못 그린다는 것은 말이 안 되는 소리입니다. 어떻게든 그리게 돼요. 이중섭이 모래에 그린 것처럼 말이에요. 그리고 모래에 그림을 그리던 이중섭은 친구가 피우고 간 빈 담뱃갑 안에 은박지가 있는 것을 보고는 거기에 못으로 그림을 그립니다. 이게 은박지화예요. 은박지가 무슨 기발한 그림 재료라서 거기에 그린 것이 아니라 궁여지책으로 거기에 그린 것이지요. 어떻게든 그리고 싶었으니까요.

은박지화를 보면서 늘 감동받는 것이, 인간은 절절하게 하고 싶은 것이 있으면 반드시 그것이 이루어진다는 사실입니다. 그것을 어떻게 이룰 수 있을까 하는 것은 다음 문제예요. 그런데 그 절절함이 없는 사람들이 자신만의 절절한 '그것'을 찾으려 하지 않고 자꾸 무엇으로 할까 하는 수단을 찾으니까 문제가 생기는 것이지요. 자신이 정말 하고 싶은 것을 찾는 것이 아니라 다른 사람들에게 성공한 삶이라고 인정받을 일을 하려고 하고, 그 일에 자기를 맞추려 하다 보니 모든 젊은이들이 같은 길을 가려 하는 겁니다.

나만의 것을 하게 되면 다른 사람과 같은 길을 갈 수 없고 또 갈 필요도 없지요. 사람마다 다 다르니까요. 그런데 내 것이 아닌 타인이 원하는 일을 찾아 그 길을 가려고 하니까 '만인의 만인에 대한 투쟁'이 되는 것입니다. 그리고 그 길에 들어가지 못하면 두려워지고 불안해지는 것이지요. 내가 잘못 살고 있는 것이 아닌가 싶어서요. 정체성이 바르게 형성되지 못해서 생기는 이런 문제는 유독 우리나라에서 심하게 나타나요. 왜 그럴까요?

우리나라 문화는 기본적으로 개인의 정체성을 찾게 해주는 문화가 아닙니다. 우리는 관계 중심의 문화거든요. 영어 교과서 맨 처음에 나오는 것은 "I am Tom, You are Mary"이지요. 나는 톰이고 너는 메리라는 것은 '나'와 '너'의 정체를 드러내는 말입니다. 내가 누구이고 너는 누구인지가 중요한 것이지요. 그런데 우리나라 초등학교 1학년 국어교과서 맨 처음에 나오는 것은 '나, 너, 우리'입니다. 나는 누구이고 너는 누구라는 것 없이 나하고 너하고 더하면 우리가 된다고만 나와 있어요. 이 둘의 차이를 아시겠지요? 이것이 바로 한국 문화입니다.

이런 특징이 있는 한국 문화에서는 자기정체성을 만들어가는 게 어렵지요. '나'는 '우리'의 이전 단계일 뿐이니까요. 그러니까 '나'를 찾는 것보다 '우리' 안에서 내가 할 역할이나 몫은 무엇인지를 고민하는 문화인 거예요. '모난 돌이 정 맞는다'는 속담이 있지요. "두각을 나타내면 남에게 미움을 받게 되니 조심하라"고 충고하는 말이지요. '나'를 드러내는 것보다 다른 사람과 잘 지내는 것이 더 중요한 문화는 앞으로 빨리 변화되어야 합니다. 다른 사람과 좋은 관계를 맺는 것이 중요하지 않다는 것이 아니라 '나'와 '너'로 좋은 관계를 맺는 것이 중요하다는 말입니다. 그렇지 않으면 자아정체감에서 혼란을 겪는 사람들이 계속 양산될 것입니다. 대학 입시도 그렇고, 대학 들어온 학생들이 취업 준비한다고 한 길로 몰려가는 것도 그렇고 문제는 '나는 누구인가'라는 질문과 해답의 부재인 것입니다.


## 오리보다는 무소의 뿔처럼

정체성 형성에 공들이지 않는 문화이다 보니 우리나라는 전문가를 별로 대접하지 않습니다. 음식점을 봐도 '중화요리 전문점'이라는 곳에서 콩국수를 판다고 크게 써놓아도 아무도 이상하다고 생각하지 않아요. 그저 "이 집은 여러 가지 하는 집이구나" 하고 좋게 생각하지, "아니 어떻게 중화요리를 전문으로 하는 집에서 콩국수를 해" 이렇게 생각하지 않는 것이지요. 그러니까 우리 문화가 두루뭉술한 문화인 것입니다. 이것저것 대충 다 잘해야 하거든요. 한 가지만을 잘하는 것이 오히려 부정적인 것으로 여겨집니다. 어느 것을 시켜도 다 할 줄 알아야 하는 것이지요.

어느 체육학과 교수가 이런 문화를 빗대서 우리나라에서 동물올림픽을 개최하면 '오리'가 금메달을 딴다고 말하는 것을 들었어요. 오리는 물에서 헤엄도 치고, 뭍에서 뛰어다니기도 하고, 급하면 하늘을 날기도 하잖아요. 육·해·공을 다 '커버'하니까 오리가 금메달감인 것이지요. 우리나라 교육도 마찬가지란 말입니다. 수학 잘하는 아이에게 수학만 해보라고 하지 않고 "이제 수학은 잘하니까 그만하고 못하는 영어해라" 이렇게 됩니다. 내신이라는 것이 바로 이런 시스템이지요. 두루두루 잘해야 좋은 성적이 나오는 것이잖아요.

그래서 고등학교 졸업하면 조금씩은 다 잘하지만 아무것도 진짜 제대로 잘하는 게 없는 인간이 만들어지는 것입니다. 미국이나 다른 교육 선진국에서는 한 가지를 잘하면 더 이상 다른 것을 시키지 않아요. 그런데 우리는 하나 잘하면 '이제 됐어, 그럼 다른 것' 하고 뺑뺑이를 돌리잖아요. 그래서 오리가 금메달 따는 문화라고 하는 것입니다. 그런데 올림픽이라는 것은 원래의 표어가 '더 빨리, 더 멀리, 더 높이'예요. 종목 별로 최고 기록을 낸 선수가 금메달을 따는 것이란 말이지요.

현재 우리나라 고등학생들이 공부하기 힘든 이유는 각 과목의 수준이 높아서 그런 것이 아니라 잘해야 할 과목이 너무 많아서입니다. 국어, 영어, 수학은 물론이고 여러 과목을 다 잘해야 내신성적이 좋으니 이게 학생들을 지치게 하는 것이지요. 그러니까 진짜 내가 잘하는 것 하나만 하고 싶은 아이들은 '오리'를 양산하는 한국의 중고등학교 교육 시스템에서는 낙오될 수밖에 없어요. 그리고 전부 다 개성 없는 사람들이 성공하게 되어 있는 것이지요.

하지만 그럼에도 불구하고 이제 우리나라도 차츰 남들하고 다르게 자기 개성을 드러내는 사람이 성공하는 사회가 되어가고는 있어요. 그 대신 개성 강한 아이는 불안하고 외로운 시기를 이겨나갈 배짱이 있어야 하지요. 가수 싸이 같은 사람을 봐도 저는 그 사람이 지내왔을 불안과 외로움의 시기가 떠올라요. 그래도 그것을 이겨나갈 배짱과 용기가 있었으니까 견뎌내고 성공한 것이지요. 자기가 하고 싶어 선택한 그 '무엇'이 있었으니까요.

우리 자녀들에게는 주위의 영향에 흔들리지 않고 우직하게 가는 지혜를 가르쳐야 합니다. 불경 《수타니파타》에 있는 "그물에 걸리지 않는 바람처럼, 소리에 놀라지 않는 사자처럼, 진흙에서 피어나는 연꽃처럼, 칭찬과 비판에 흔들리지 말고 무소의 뿔처럼 혼자서 가라"는 말씀처럼 자신만의 삶을 살아갈 수 있도록 도와주어야 합니다.

그렇게 우직하게 가야 하는 것이지요. 그렇게 우직하게 갈 수 있는 능력이 충직성인 것입니다. 가지 않은 길에 대한 미련이나 지금의 선택에 대한 불평이 나오지 않을 수 있는 성품인 것이지요. 이런 충직성이 있어야 마음이 안정된 삶 속에서 행복할 수 있지 않겠어요? 그렇지 않고 다른 사람의 삶을 기웃거리면서 '저것이 내 길인데' 하며 평생을 산다면 얼마나 불행하겠어요.


## 나를 주고 너를 받는 '친구'

삶의 정체성을 갖기 위해서는 부모에 이어 교사가 중요하다는 말씀을 드린 것이고요. 그다음에는, 교사 다음에는 누구의 역할이 클까요? 누가 나의 삶을 곤고히 하는 데 도움이 될까요? 바로 친구입니다. 이성보다 먼저 동성의 친구가 중요합니다. 우리들 삶에서는 각각의 시기마다 그 시기에 잘 만나야 할 사람들이 정해져 있어요. 그래야 그때 삶의 '발달'이 순조롭게 이루어지는 것이지요.

그렇다면 청소년기에 친구라는 존재는 왜 중요한 것일까요? 이전의 부모와의 관계에서나 교사와의 관계에서나 아이는 이제껏 내리사랑을 받고 살았습니다. 그런데 친구를 통해서 처음으로 수평적 관계에서, 자기와 동등한 상태에서 '주고받는' 것을 배우게 되는 것입니다. 이제는 내가 상대방에게 뭔가를 주어야지 상대방도 나한테 뭔가를 준다는 것을 알게 되는 것이지요. 어른이 된다는 것은 '너'와 '나'가 서로 수평적 위치에서 좋은 관계를 맺을 수 있는 능력이 생겼다는 것이니까요. 만약 이 능력을 키우지 못하고 계속 다른 사람과의 관계에서 '내리사랑'만을 요구한다면 이런 사람은 몸은 어른일지라도 마음은 아직 어린아이인 '성인아이'인 것입니다. 이런 사람들을 다른 말로 '마마보이' 혹은 '공주병 환자' 등으로 부르는 것이지요.

　평등한 관계 형성을 위해서 사귀어야 하는 대상이 바로 친구입니다. 친구의 기본적 특성 중 하나는 서로 나이가 비슷하다는 것에요. 즉 수평적 관계라는 것이지요. 그리고 수평적 관계의 특성은 '주고받는' 관계라는 것입니다. 수평적 위치에서는 좋은 관계를 맺기 위해서 무언가 줄 것이 있어야 합니다. 그래야만 상대방으로부터 무언가를 얻을 수 있기 때문이지요. 그리고 중요한 것은 '주는' 것이 '받는' 것보다 먼저 일어나야 한다는 것입니다. 이 관계는 줄 줄 모르는 사람은 얻을 수가 없는 냉정한 관계입니다.

　그리고 수평적 관계에서는 먼저 동성의 친구를 사귀는 것이 중요합니다. 동성 간의 관계일 때 주고받는 것을 배우는 것이 훨씬 쉽거든요. 서로 같은 나이이고 같은 성이기 때문에 상대방이 무엇을 원하는지 알기 쉽고 또 주기도 쉽습니다. 청소년들은 친해지면 서로의 집에서 자기도 하고, 자신의 옷 등을 서로 공유하는 것을 좋아하잖아요. 이런 행동은 동성일 때 훨씬 더 자연스럽고, 주위에서도 이런 행동을 인정하고 권유해줄 수 있어요.

이렇게 동성 사이에서 서로 주고받는 것을 배운 후에는 이성 간의 관계가 이루어집니다. 이성 사이도 친밀한 관계가 되기 위해서는 '주고받는' 것이 기본입니다. 이 관계도 수평적 관계이기 때문이지요. 자신과 같은 동성의 친구와도 주고받는 관계를 맺지 못하는 사람은 이성과 좋은 관계를 맺기가 어렵겠지요. 이성 사이의 주고받는 관계는 훨씬 더 섬세하고 어렵기 때문이지요.

청소년들이 이성과 좋은 관계를 맺기 위해서는 '친밀감'이라는 자아의 역량을 키워야 합니다. 대인관계에서 이 친밀감은 대단히 중요한 덕목이에요. 친밀감은 '다른 사람 특히 이성과 가깝게 지낼 수 있는 능력'을 말하는데, 이 친밀감 역시 자기정체성이 잘 확립된 사람이 쉽게 얻을 수 있는 것이지요. 수많은 이성 중에 특정한 한 사람을 '애인'으로 삼는 것 또한 자율적으로 선택한 것입니다. 따라서 이 선택에 대해 충직해져야 친밀감이 나오거든요.

자기정체감이 잘 발달된 사람은 나하고 다른 사람도 잘 인정할 줄 압니다. 스스로에 대해 자신이 있고 자신이 하는 일에 대해 긍지를 느끼고 있는 사람은 자신과 다른 일을 하고 있는 사람도 흔쾌히 인정해줍니다. 그런데 자기정체감이 확립이 안 된 사람들은 그렇지를 못하지요. 또한 동성과도 친밀한 관계를 맺지 못하는 사람이 이성과 좋은 관계를 맺을 수는 없겠지요. 그래서 대개의 경우 청소년들의 이성관계를 '풋사랑'이라고 부릅니다. 그리고 이 '첫사랑'은 안타깝게도 깨지기 마련이고요. 아직 이성과 친밀한 관계를 맺을 만큼 자아가 성숙하지 못한 채 만났으니 깨지는 것이 당연하지요. 하지만 첫사랑이 깨지는 아픔을 통해 성숙해가는 것입니다.

그런데 이성과의 친밀한 관계가 훨씬 더 어렵고 조심스러운 이유는 바로 '생식의 능력'이 있기 때문입니다. 신체적인 측면에서 어른이 된다는 것은 '자식'을 만들어낼 수 있는 몸을 갖추는 일이지요. 그러니 젊은 남녀 사이에서 주고받는 가장 중요한 것이 무엇이겠어요? 그리고 그 결과는 무엇이겠어요? 바로 새로운 생명을 잉태하는 것이지요. 그러니 자식을 잉태한 남녀가 서로 친밀한 감정을 느끼고 그 관계를 계속 유지해나가는 일은 매우 중요합니다.

그런데 이성하고 친밀감을 가진다는 것은 둘이 완전히 하나가 되는 일이 아니에요. 하나가 되려고 해도 될 수가 없어요. 너무 하나가 되려고 의식적으로 노력하거나, 상대방에게 강요한다면 오히려 친밀감이 훼손되고 그 관계가 깨집니다. 그렇게 되면 서로 속박당하는 느낌이 들거든요. 어쨌든 인간은 각자가 독립적인 인격체니까요. 이나명님의 시 〈사이가 좋다〉에 다음과 같은 구절이 있습니다.

" (중략) / 사이가 있어 너에게 손을 뻗고 포옹하고 / 사이가 좁아 다시 숨이 막히면 다시 사이를 만든다 / 사이가 있어 네가 있고 내가 있다 / (중략) / 사이가 있어 전화를 하고 문자를 띄우고 이메일을 보낸다 / (중략) / 사이가 있어 너는 내게로 오고 나는 네게로 간다 / (중략)

/별과 별 사이에 꽉 차 있는 어둠을 바라본다 / 어둠과 어둠 사이에 내가 있다 / 깜깜한 어둠 사이에서 내가 꿈틀거린다 살아 있다.”

두 사람 사이에 어둠을 두어야 서로 꿈틀거리며 살아 있다는 생명력을 느낄 수 있는 법이에요. 나하고 다른 것을 인정해주고 '너하고 나는 다르다'는 사실을 앎에도 불구하고 가깝게 지낼 수 있는 능력, 그것이 바로 친밀감인 것입니다.

성숙한 사람과 미성숙한 사람의 차이를 영어로 하면, 성숙한 사람은 '~임에도 불구하고in spite of'의 정신으로 사는 것이고, 미성숙한 사람은 '~때문에because of'의 변명으로 일관된 삶을 사는 것이지요. 성숙한 이성 사이의 사랑은 '너와 나는 다름에도 불구하고' 사랑하는 것이에요. 반면에 미성숙한 사랑은 '너와 나는 같기 때문에' 사랑하는 것이고요. 하지만 사실 이것은 사랑도 아니지요. 왜냐하면 이런 사랑은 '너와 내가 다르다'는 사실을 깨닫는 순간 깨지고 마는 사랑이니까요.


## 외로움이 크면 사랑도 큰 법

친밀감이라는 것은 너하고 나하고 본질적으로 다를 수밖에 없음에도 불구하고 가까운 것인데, 성숙한 사람들은 이 사실을 알지만 미성숙한 사람들은 이 사실을 모릅니다. 너하고 나하고 같기 때문에 친밀하다고 생각해요. 이 사람들은 너하고 나하고 다르다면 더 이상 친밀한 관계를 유지할 수 없다고 생각하지요.

그런데 생각해보세요. 우리가 어떤 사람과 아무리 가까워진다고 해도 우리는 혼자 있는 느낌을 버릴 수 없어요. 아무리 내가 너와 가깝다고 해도 나는 혼자 고립되어 있는 느낌을 안 가질 수가 없다는 말이지요. 그럼에도 불구하고 가까운 관계를 만들고 그로 인해 위안받고 살 수 있는 능력이 친밀감인 거예요. 그런데 인생은 원래 다 혼자서 살아가는 것이기 때문에 친밀한 관계 따위 다 부질없는 짓이라고 생각하고 친밀한 관계를 포기하면 이 사람은 '고립감'에 빠져 살아가는 사람이 되는 겁니다.

우리가 보통 이런 이야기를 하지요. 부부가 얼굴을 마주보고 있으면 세상에서 제일 가까운 거리인데 서로 등을 돌리고 있으면 다시 서로 상대방의 얼굴을 보기까지 지구 한 바퀴를 돌아야 한다고. 항상 제일 가깝다는 것은 제일 멀다는 것도 포함하고 있다는 말이지요. 그러니까 촌수를 따지기 좋아하는 한국 문화에서 부모 자식 간은 1촌인데 부부간에는 촌수가 없잖아요. 부부간은 서로가 하나이면서 동시에 남인 관계란 말이지요. 아무리 가깝다고 할지라도 문득 "결국 삶이라는 것은 내가 혼자 가야 하는 몫이 있구나" 하고 깨달아야 하는 것입니다.

김승희 시인이 나라의 모든 근심과 걱정이 해결된다는 전설상의 피리인 만파식적을 인용한 〈만파식적 - 남편에게〉라는 시도 이 점을 잘 지적하고 있는 것 같아요.

"더불어 살면서도 / 아닌 것같이, / 외따로 살면서도 / 더불음같이, /

그렇게 사는 것이 가능할까? / 간격을 지키면서 / 외롭지 않게, / 외롭지 않으면서 / 방해받지 않고, / 그렇게 사는 것이 아름답지 않은가? / 두 개의 대나무가 묶여 있다. / 서로간의 기댐이 없기에 / 이음과 이음 사이에 투명한 빈 공간이 생기지. / 그 빈자리에서만 / 불멸의 금빛음악이 태어난다. / 그 음악이 없다면 결혼이란 악천후, / 영원한 원생동물처럼 / 서로 돌기를 뻗쳐 / 자기의 근심으로 / 서로 목을 조르는 것… (중략)…외따로 살면서도 / 더불음같이 / 죽순처럼 광명한 아이는 자라고 / 악보를 모르는 오선지 위로는 / 자비처럼 서러운 음악이 흘러라."

참 아름답게도 시인은 친밀감은 "외따로 살면서도 더불음같이" 살때 "죽순처럼 광명한 아이"가 자라지만, 그렇지 않으면 "결혼은 서로 돌기를 뻗쳐 자기의 근심으로 서로 목을 조르는 악천후"처럼 불행하고 서로에게 피해를 주는 결혼생활을 할 수밖에 없다는 것을 잘 표현하고 있어요.

'서로 다름에도 불구하고', '서로 떨어져 있음에도 불구하고' 그럼에도 불구하고 친밀감을 느낄 수 있다는 것, 이게 중요한 것입니다. 또 이렇게 '그럼에도 불구하고'라는 것이 견지가 된다면 고립감이 강할수록 친밀감을 느끼는 정도는 더 커지기 마련이고요. 내가 외로운 만큼 다른 사람과 더 가까운 관계를 유지하려고 하는 느낌이 더 강해질 테니까요. 그래서 이 친밀감을 잘 발달시킨 사람들이 가지게 되는 좋은 덕성이 '사랑'입니다. 사랑이 여기에서 나오는 것이지요.

에릭슨은 사랑을 '서로 본질적으로 다름에도 불구하고 헌신할 수 있는 능력'이라고 정의했습니다. 사랑, 얼마나 좋은 말입니까? 아마 우리 인생에서 이보다 의미가 큰 말이 또 무엇이 있을까 싶습니다. 대중가요를 봐도 제일 많이 나오는 것이 사랑이지요. 물론 남녀 간의 사랑이 대세지만요. 그다음으로는 어머니에 대한 사랑 등이 있고요. 하지만 모든 친밀한 관계의 본질은 사랑입니다. 우리는 집에서 기르는 애완동물도 사랑하잖아요.

그런데 왜 사랑이 특별히 중요한 것일까요? 사랑에는 사람을 변화시킬 수 있는 힘이 있으니까 그렇습니다. 우리 주위에서도 어렸을 때부터 빗나간 삶을 살아서 교도소에 간 사람이 그 안에서 특별한 인연으로 밖에 있는 좋은 여성을 만나 사랑을 주고받으며 새사람이 됐다는 감동적인 사연을 가끔 듣잖아요. 더욱이 그가 출옥해서 종교 지도자가 됐다는 사연까지 들으면 사랑의 힘이 정말 위대하다고 놀라게 되지요.

부모나 선생님과의 사랑, 동성 친구끼리의 우정, 이성 간에 주고받는 사랑, 이 중에 제일 에너지가 충만한 감정 상태는 단연 이성 간의 사랑이지요. 이 이성 간의 사랑이 사람을 변화시킬 수 있는 능력이 제일 크다는 것입니다. 그 에너지와 능력이 어느 정도이냐 하면 죽을 수도 있을 만큼입니다. 나라를 위해 죽는 것을 순국이라고 하지요. 종교를 위해서 죽는 것은 순교라고 하고요. 그런데 부모를 위해서 죽는다거나 선생님을 위해서 죽는다는 표현은 없습니다. 친구를 위해서도 그렇고요. 그런데 이성에 대한 사랑 때문에 죽는 것은 있습니다. 그게 바로 '순애'이지요.

## 더 이상 타인의 삶을 바라보지 마세요

그렇게 죽을 수 있을 만큼의 에너지가 있기에 젊은 시절에 정말로 좋은 이성 간의 사랑을 경험한다면 모든 것이 바뀔 수 있어요. 열등감에서 근면함으로, 역할혼미에서 정체감 확립으로. 이렇게 바뀌면서 충직성과 유능감을 얻는 것입니다. 정말 좋은 사랑을 경험했다면 그 대상에 대해서 충직해질 것이고 그러한 사랑을 가질 수 있는 자기 자신에 대해 뿌듯하고 자신감이 생길 것입니다. 삶이 온통 긍정적 에너지로 가득 차게 되는 것이지요. 삶의 중간 지점에서 올바른 터닝 포인트가 될 수 있는 것입니다. 이후에는 우리 삶에서 이렇게 크게 인생을 바꿀 만한 에너지가 한꺼번에 나오는 시기가 별로 없어요.

그런데 이제껏 긍정적으로 삶을 잘 발달해온 사람과 부정적인 습성만 발달해온 사람 둘 중에서 진실한 사랑을 만나고 그로 인해 삶이 더욱 행복해질 수 있는 확률은 어느 쪽이 클까요? 당연히 긍정적 삶을 살아온 사람이 사랑을 만나고 사랑에 빠져 더욱 긍정적으로 변할 확률이 크지요. 하지만 그럼에도 불구하고 부정적 삶을 살아왔던 사람도 좋은 대상을 만나면 얼마든지 변할 수 있다는 것이 사랑의 위대함 아니겠습니까?

그런 아름다운 사랑을 만나셨나요? 그렇지 못했다면 지금 몇 살이든 관계없이 더 나이가 들기 전에 그런 사랑을 경험해야지요. 그런 사랑 한번 못해보고 죽는다면 이 삭막한 세상을 살면서 너무 억울하지 않나요? 하지만 이런 사랑을 만나기 위해서라도 한시바삐 '나'만의 진짜 삶을 마련해야 합니다. 나이에 관계없이 여전히 '나는 누구인가'가 해결되지 못한 상태라면, 지금이라도 이 질문에 몰두해서 더 이상의 방황하는 삶을 막아야 해요. 이제 타인의 삶을 훔치거나 동경하는 일을 그만두어야 하는 거지요. 그렇지요. 우리에게는 '당신들의 천국'보다는 '나만의 꽃밭'이 필요한 겁니다.

# 삶의 의미는
# 스스로 만드는 것

## 위기에 찾아오는 성숙

한 사람의 독자적 존재로 태어나 다른 사람과 관계를 맺는다는 것,
삶에서 너무도 중요한 일이 아닐 수 없습니다. 그런데 살아가면서 맺
는 관계는 크게 두 가지로 나뉠 수 있어요. 하나는 내가 선택할 수
있는 관계이고 다른 하나는 내가 선택할 수 없는 관계이지요.

예를 들면, 부모나 자식 관계는 내가 선택할 수 있는 관계가 아닙
니다. 우리는 부모를 선택해서 태어날 수도 없고 자녀를 선택해서 낳
을 수도 없어요. 학교에서도 일반적으로 교사는 학생을, 그리고 학생
은 담임선생님을 선택할 수 없지요. 그래서 이 관계는 '강요된 관계'
또는 '정해진 관계'라고 부릅니다.

이런 관계는 거의 '수직적' 관계라는 특징이 있습니다. 다시 말하면

'내리사랑'을 주고받는 관계라는 것이지요.

반면에 내가 선택할 수 있는 관계도 있어요. 대표적으로 부부관계나 친구 관계가 이런 유형의 관계이지요. 이 관계는 우리가 선택하고 만들어가는 관계이기 때문에 '성취된 관계'라고 부릅니다. 내가 만든 관계라는 뜻이지요. 성취됐다는 것은 이 관계를 만들지 못했으면 이 관계는 우리 삶에 없는 관계라는 뜻이기도 합니다. 그리고 이 관계는 '수평적' 관계라는 특징이 있습니다. 다시 말하면 '주고받는' 사랑을 나누는 관계이지요.

내가 선택할 수 없는 부모와의 관계로부터 우리는 세상을 살아가는 기본적인 신뢰, 자율성, 주도성을 배우게 됩니다. 그리고 학교에 들어간 후 교사와의 관계에서 근면성을 배우지요. 그다음에 친구와의 관계에서 충직성이 나타나고, 배우자나 연인과의 관계에서 나오는 것이 친밀성입니다. 그리고 이후 자녀하고의 관계에서 드러나는 것이 '배려'이고요. 이런 것들이 대인관계에서 우리가 획득해야 하는 가장 중요한 긍정적인 측면들이지요.

이 중에서 가장 기본은 부모와의 관계입니다. 어렸을 때 부모하고 어떤 관계를 가졌느냐 하는 것이 앞으로의 관계를 형성하는 데 바탕이 되니까요. 다시 말하면, 태어나서 처음 만나는 중요한 사람과의 '관계의 질'이 앞으로의 대인관계에서의 모델이자 전형이 된다는 것이지요. 그래서 어렸을 때 특히 어머니하고의 관계가 잘못되면, 이것을 바꾸어주지 않는 한 앞으로 사람들을 사귀는 데 똑같이 잘못된 패턴이 되풀이된다는 이야기입니다. 예를 들면, 어머니와의 관계에서

'신뢰'를 형성하지 못한 사람은 앞으로 만나는 사람들을 신뢰하기 어렵다는 것이지요.

그래서 만약 어머니하고의 관계가 잘 안 되었을 때는 다른 사람, 예컨대 아버지가 도와주어야 합니다. 그러면 변할 수 있는 것이지요. 아버지하고도 안 되었을 때는 교사가 도와주면 변할 수 있는 것이고요. 우리 삶이란 그냥 나이가 든다고 저절로 성숙해지는 것이 아니라 매 시기마다 위기를 맞는 것입니다. 계속해서 삶의 터전이 달라지면서 내가 만나야 할 중요한 사람이 달라진다고 하는 것은 언제나 우리들의 삶을 불안전하게 만들어주는 일이니까요.

그런데 불안전하다는 것은 좋게 이야기하면 변화 가능성이 높아진다는 뜻일 수 있습니다. 만약에 어떤 것이 완고하게 딱딱한 상태로 굳어져 있다면, 이것은 깨지기 전까지는 변화되기가 어렵잖아요. 그런데 쉽게 깨질 수 있는 것이라면 그만큼 쉽게 변할 수 있다는 것입니다. 그래서 우리들의 삶이 성숙할 수 있는 기회라는 것은 항상 위기와 더불어 찾아오는 것이지요. 다만 그 위기를 얼마나 본인이 잘 넘기느냐에 따라서 우리들 삶의 질이 달라지는 것입니다.


## 내 몫이 무엇인지 깨닫는 삶

그 누구의 삶을 추적해보아도, 소위 성공한 삶을 살아가는 사람들일지라도 살면서 어려움을 겪지 않는 사람은 아무도 없어요. 우리는 보통 비교적 성공적인 삶을 사는 사람들은 어려움이 비껴가는 삶을 산다고 생각하는데, 그렇지 않지요. 우리가 원하건 원하지 않건 삶에서는 어떤 관계를 통해서든 계속해서 위기가 찾아오는데 문제는 위기가 오느냐 안 오느냐, 어려움이 있느냐 없느냐가 아닙니다. 이미 찾아와버린 그 위기와 어려움에 '어떻게 대처하느냐'가 문제인 것이지요.

저는 야구 경기를 관람하는 것을 좋아합니다. 모든 운동경기가 재미있는 것은 이기는 팀과 지는 팀을 미리 예측할 수 없다는 데 있습니다. 미리 승부를 알고 보는 경기는 정말 재미없지요. 그래서 잘하는 팀과 못하는 팀이 경기하는 날에는 관중이 별로 없잖아요. 언젠가 정말 흥미 있게 본 경기가 있었는데, 그때는 승부가 나지 않아서 연장전에 돌입했어요. 그런데 제가 응원하는 팀에서는 더 이상 포수로 기용할 선수가 없자 한 번도 포수를 해본 적이 없는 내야수를 포수로 기용해서 이기는 것을 보았어요. 그때 새삼 느낀 것이 "인생은 정말 마지막까지 살아봐야 하겠구나" 하는 것이었지요. 포수가 없는 절박한 상황에서도 어떻게 대처하는지에 따라 승리를 얻을 수 있으니까요. 중요한 것은 어떤 상황을 방지하는 것이라기보다 결국은 벌어진 그 상황에 적절히 대처하는 일이란 말이지요. 그에 따라 승패가 갈라지는 것입니다.

앞서 소개한 너클볼을 던져서 전설적인 투수가 된 필 니크로가 자신의 성공 비결로 꼽은 것이 바로 '마음의 통제' 아니었겠습니까.

내가 성공적인 삶을 사느냐 안 사느냐는 내가 통제할 수 없는 그 일이 못 일어나게 하는 것에 달려 있는 것이 아니고 그에 대해 잘 반응할 수 있는 능력에 달려 있는 것입니다. 그게 가능해지면 메이저리그에서도 300승 이상을 할 수 있는 것이지요. 그런데 보통 우리는 필드에서 일어나는 어떤 사건을 통제하려고 노력하지 않습니까? 하지만 그것은 내 몫이 아님을 알아야 합니다. 내 몫은, 내가 통제할 수 없는 일이 발생했을 때 어떻게 반응을 할 것인가 하는 것입니다. 그게 우리가 이제껏 말해온 방어기제가 되는 것이고요. 이래서 "세상만사는 마음먹기에 달려 있다"고 하는 것이지요.

## 지루한 것은 못 참아

성숙한 삶이라는 것은 변화하는 삶이라고 했습니다. 미성숙한 방어기제, 신경증적 방어기제를 사용하던 마음이 성숙한 방어기제를 사용하게 되는 것이지요. 그런데 우리 마음이라는 것은 '최소 노력의 원리'에 따라 움직이는 것이라 사실상의 고통이 찾아오지 않으면 새롭게 변화하려는 노력을 하지 않아요. 변화할 필요가 없는데 왜 변화하려고 하겠어요? 변화한다는 것 자체가 에너지가 필요한 일이거든요. 우리는 변화가 필요 없는 일에 에너지를 투입하려고 하지 않지요.

그런데 할 일이 없어 너무나 심심할 때, 이때 인간은 변화를 일으키기 위해 할 수 없이 일을 저지르기도 합니다. 그 최초의 예가 성서에 나오는 '아담과 이브' 이야기예요. 아담과 이브가 에덴동산에서 선악과를 따먹었다는 이야기는 기독교를 믿는 일과 관계없이 널리 알려져 있는 이야기입니다. 모든 좋은 것이 다 갖추어져 있는 '지상낙원'에서 사는 아담과 이브는 진정 행복하기만 했을까요? 오늘날도 우리 모두는 에덴동산에서 살고 싶다고 비유적으로 이야기하곤 하잖아요.

제가 '사이코드라마'와 '드라마치료'에 관심이 많습니다. 한번은 상담에 관심이 있는 분들과 함께 성서에 나오는 '선악과' 사건을 즉흥극으로 무대에 올린 적이 있었습니다. 사이코드라마는 대본이 없고 예행연습이 없습니다. 그냥 그 자리에서 배우를 정하고 즉흥적으로 극을 끌어가게 합니다. 극중에서 이브에게 선악과를 따먹으라고 유혹한 뱀의 역할을 맡은 여대생에게 제가 이렇게 물었어요. "왜 이브에게 신의 명령을 어기라고 그렇게 유혹했나요?"

저는 그 여학생의 대답을 듣고 큰 충격을 받았습니다. 이렇게 말했거든요. "너무 심심해서요. 모든 것이 다 갖추어져 있는 에덴동산에서 사는 것이 지루하고 재미가 없었어요. 그래서 뭔가 하지 말라는 걸 하면 재미있는 일이 생길 것 같았어요." 오해하지 마세요. 성서에 나오는 뱀이 진짜 그런 이유로 이브를 유혹했다는 것은 물론 아닙니다. 하지만 대본도 없는 즉흥극에서 그 배역을 맡은 여대생의 깊은 마음이 표현됐다는 것은 사실이지요. 그리고 그 마음이 많은 사람들이 공통적으로 가지고 있는 속마음일 수도 있고요.

사람은 지루하고 재미없는 것을 견디지 못합니다. 일상생활에서도 이런 예는 쉽게 찾아볼 수 있어요. 예를 들면, 바둑을 아주 잘 두는 고수가 이제 막 바둑을 배우기 시작한 초보자하고 바둑게임을 한다고 하면 어떻게 되겠어요? 처음 한두 번은 모르지만 계속 하지는 않겠지요. 그 고수의 입장에서는 두기만 하면 이기는 게임을 지속할 흥미가 없어지니까요. 그런 경우에는 변화를 주어야지요. 상대방에게 몇 점을 미리 두게 하고 게임을 하는 것이지요. 그러면 실수하면 질 수도 있으니 게임에 몰입하게 되고 재미도 있게 되는 것이지요.

심리학 실험 중에 재미있는 것 하나로 '지루함을 얼마나 견디는가' 하는 것이 있어요. 대학생 지원자들에게 하얀 벽으로 둘러싸인 외부와 완벽하게 차단된 곳에서 아무것도 하지 말고 놀라고 주문합니다. 자고 싶으면 자고 먹고 싶으면 먹고 하면서 편히 지내라고 하는 거예요. 그리고 하루 지낼 때마다 돈을 주기로 한 것이지요. 이들이 얼마나 견딜 수 있을 것 같은가요? 이틀 정도까지 견디던 학생들이 3~4일이 지나면서부터는 지루해서 몸부림을 치게 됩니다. 그러다 환청이 들리고 환상을 보는 지경에 이르지요. 외부의 자극이 차단되어서 아무 자극이 없으면 우리는 스스로 자극을 만들어내는 존재거든요. 안 그러면 살아갈 수가 없어요.

이 실험은 심리학 교과서에도 실린 아주 유명한 실험인데, 이 실험이 뜻하는 바는 아무런 자극이 없고 아무것도 할 필요가 없는 상태가 인간에게 파라다이스가 아니라는 것입니다. 마찬가지로, 모든 것이 다 갖추어진 삶을 사는 사람은 마냥 행복하고 즐거울 것 같지만 그렇지 않다는 것이지요. 그런 사람은 말썽을 일으켜서라도 자극을 받기를 원합니다.

예컨대 집안이 경제적으로나 모든 면에서 이미 다 충족되어서 자녀에게 아무 스트레스를 주지 않고 하고 싶은 대로 그냥 두는 집이 있어요. 그런데 의외로 이런 집안 아이들 중에 말썽부려서 경찰서를 들락거리고 심지어는 소년원에까지 가는 애들도 있지요. 이 애들의 얼굴에는 '사는 것이 심심하다'는 표정이 역력하지요. 요즘 유행하는 한 코미디 프로에 나오는 세계 최고의 갑부 외아들의 표정이 바로 그렇지요.

그런 의미에서 보면 괴로움이 없는 즐거움은 없는 거예요. '눈물 젖은 빵을 먹어보지 못한 사람하고는 삶을 논하지 말라'는 격언도 비슷한 교훈을 주고 있는 것이지요. 살아가면서 고통을 경험해보지 못하면 성숙할 수 없는 것이고, 삶의 진정한 즐거움을 모르게 되니까요. 그런 점에서 보면 고통은 성숙에 필요한 에너지 공급처이기도 하지요.

'젊어 고생은 사서도 한다'거나 '귀한 자식일수록 여행을 보내라'라는 옛어른들의 말씀도 다 같은 뜻입니다. 시장에서 바쁘게 장사하시는 한 상인이 이런 말씀을 하셨어요. "먹고살기도 바쁜데 지루할 틈이 어디 있어요?" 또 다른 분은 "사는 재미요? '재미 타령'하는 거 그거 다 배부른 사람들이 하는 짓거리들이에요." 정말 재미있게 사는 사람들은 재미있는지 따져볼 겨를도 없고, 정말 성숙하게 사는 사람들은 자신이 성숙한지 돌아볼 필요도 없을지 모르지요.

## 나를 키우는 고난의 의미

사실 뒤집어보면, 갈등과 고난이 있는 삶이라야 살아가는 재미가 나오는 것입니다. 그렇지 않으면, 에덴동산 같은 '지상낙원'에서는 재미 없어서 못 살아요. 스스로 현실과 맞닥뜨리며 사는 방법과 재미를 모르는 어린아이들은 어머니의 품에서 사는 것처럼 평온하게 살기를 바랍니다. 이런 삶은 아무리 편하다고 해도 결국 '온실' 속에서 사는 것이지요. 그 안에 있는 동안은 아무 걱정과 고생이 없을지 몰라도, 온실 밖으로 나오는 순간 아주 무능력한 상태가 되는 것이지요. 혼자서 비바람을 피해가며 결실을 얻는 훈련을 받지 못했으니까요. 즉 자아가 성장하지 못한 것이지요.

어려움 없이 사는 삶을 추구하는 것은 미성숙한 사람의 태도입니다. 성숙한 삶이라는 것은 어려움은 상수로 두고, 즉 당연히 일어날 일이라고 전제하고 거기에 내가 어떻게 잘 대응하면서 살아갈 것인가를 고민하는 삶입니다. 그래야 어려운 일이 일어나도 헤쳐나갈 수 있는 힘과 능력이 길러지는 거예요.

생각해보세요. "이것은 당연히 나한테 올 것이었어" 하고 문제와 맞닥뜨리는 것과 "이것은 나한테 올 게 아닌데 재수 없어서 온 것이야"라고 생각하는 것, 어느 쪽이 현실 적응력을 더 잘 키우겠습니까? 우리는 자꾸 아무런 어려움이 없는 삶이 좋은 삶이라고 생각하는데 그렇지 않다는 것을 빨리 깨달아야 합니다. 아무 어려움이 없는 사람은 자기가 일부러 말썽을 피운다고 했지 않습니까? 그렇게 스스로 만들어서라도 고민하면서 살아가는 것이 인간입니다. 인생 밑바닥에 고민을 깔고 사는 것이 삶이니까요. 그래서 '삶은 고통의 바다'라고 종교에서 가르치잖아요.

그러니까 내가 지금 힘든 것이 나에게 찾아온 어려움 때문이 아니라는 점을 명심하시기 바랍니다. 다만 그 문제에 내가 적응을 잘 못해서 그렇다고 생각하셔야 합니다. 그래야 훨씬 더 우리들의 삶을 현실적으로 바라보면서 삶의 행복을 누릴 수 있어요. 성숙함이라는 것은 즐거움에 반응하는 능력이 아니라 괴로움에 반응하는 능력이거든요. 사실상 즐거움에 반응하는 것은 가르쳐주지 않아도 알아서 다 합니다. 문제는 어려움에 반응하는 능력이지요.

어려움에 반응하는 능력을 키워가는 것이 성숙한 삶으로의 길입니다. 그래서 모든 종교가 심사숙고하는 것이 바로 '고난의 의미'인 거지요. 왜 이런 시련이 내게 닥쳤는지에 대해 고민하지 즐거움에 대해 그 의미를 찾으려고 노력하지는 않습니다. 그런데 여기서 '의미'라는 것이 중요합니다. 인간만이 유일하게 의미를 찾아가는 존재 아닙니까?


## 의미는 찾는 것이 아니라 만드는 것

사실 '의미를 찾는다'는 표현은 자칫 오해를 불러일으키기 쉬워요. 그 오해의 원인은 '찾는다'는 것에서 비롯됩니다. 일반적으로 '찾다'라는 말은 사전적으로 '현재 주변에 없는 것을 얻으려거나 모르는 것을 알아내려고 애쓴다'는 뜻입니다. '길을 잃은 어린이가 엄마를 찾고 있다'라거나 '사건의 실마리를 찾다'라는 표현으로 쓰이는 것이지요. 즉, 어머니가 주위에 '없어서' 찾는 것이고, 또한 사건의 실마리를 '몰라서' 찾는 것이지요. 그래서 의미를 '찾다'는 표현을 쓸 때도 무엇인가가 없거나 모른다는 것을 전제로 하는 것이지요.

'삶의 의미를 찾는다'는 표현을 쓸 때도 마찬가지입니다. 일반적으로 삶의 의미가 없을 경우나, 삶의 의미를 모를 경우에 쓰는 말입니다. 독일 시인 카를 부세의 시 〈산 너머 저쪽〉은 이런 마음을 잘 표현하고 있습니다. "저 산 너머, 또 너머 저 멀리에 / 모두들 행복이 있다고 말하기에 / 남을 따라 나 또한 훌훌히 찾아갔건만, / 다만 눈물을 흘리며 되돌아왔네. / 저 산 너머, 또 너머 저 멀리에 / 모두들 행복이 있다 하건만……."

이 시의 주인공은 다른 사람들처럼 행복은 저 멀리 어딘가에 있는 것이라고 생각하고 찾아나섰지요. 하지만 결국 찾지 못하고 눈물만 흘리며 돌아옵니다. 아직도 사람들은 조금 더 멀리 가면 행복을 찾을 수 있을 것이라고 말하고요.

벨기에의 극작가이자 평론가인 모리스 마테를링크의 〈파랑새〉라는 작품은 초등학교 때 거의 모든 어린이들이 접하는 유명한 아동극입니다. 이 작품은 나무꾼의 어린 남매가 크리스마스 이브에 꾼 꿈의 내용을 극으로 한 것이지요. 치르치르와 미치르 남매가 방의 창문을 통해 즐겁고 화려한 부잣집의 크리스마스 이브를 내다보고 있을 때

요술쟁이 할머니가 들어와서 병을 앓고 있는 자기 딸을 위해서 '파랑새'를 찾아달라고 부탁합니다. 그때부터 남매는 여러 나라에서 신비롭고 불가사의한 체험을 하게 돼요. 그리고 남매가 '파랑새'를 찾는 기나긴 여행을 끝내고 꿈에서 깨고 보니 바로 크리스마스 날이었고요. 꿈속의 체험을 통해 남매에게 부모는 한층 더 부드럽고 자기들의 방은 이상스럽게 아름답게 보였지요. 그리고 자기들의 새장 속 비둘기를 보니 비둘기는 이상스럽게 파랗게 보였고요. 그때서야 남매는 "우리들이 찾고 있던 것이 이것이구나. 먼 곳까지 찾으러 갔으나 여기 있었구나" 하며 알아차립니다. 이때 이웃에 있는 노파가 들어옵니다. 노파의 병든 딸에게 그 비둘기를 주니 딸은 몸이 완쾌되었지요.

이 아동극의 주제도 바로 파랑새는 집에 있었다는 것이지요. 삶의 진정한 의미는 어디엔가 있는데 우리가 찾지 못하고 있는 것이 아닙니다. 바로 '지금 여기에' 있는데 우리가 그 사실을 알지 못하는 것뿐이지요. 바로 지금 여기에 있는데 공연히 다른 곳에서 찾아 헤매고 있으니 찾을 수도 없을 뿐만 아니라 고생만 하게 되는 것이지요.

그렇다면 바로 지금 여기에 있는데 왜 우리는 삶의 의미를 다른 곳에서 찾을까요? 우리는 '삶의 의미'가 분명히 있는데 우리가 모르고 있다고 생각하는 경향이 있습니다. 분명히 있을 것 같은데 자신은 모르고 있으니 다른 곳에 가면 찾을 수 있을 것이라고 생각하는 것이지요. 하지만 그 어디를 가도 우리가 찾는 '삶의 의미' 같은 것은 없어요. 우리가 삶의 의미를 모르는 것이 아닙니다. 우리의 삶과 별개로 존재하는 '삶의 의미'란 원래부터 없습니다.

그렇다면 삶의 의미를 어떻게 찾을까요? '삶의 의미'는 찾는 것이 아니라 우리가 만드는 것입니다. 다시 말하면, '의미 찾기meaning-finding'가 아니라 '의미 만들기meaning-making'가 되어야 하는 겁니다. 내 삶의 의미는 내가 만들어야 한다는 뜻이지요. 물론 "내 삶의 의미를 왜 내가 만들어?" 하고 의아하게 생각할 수도 있습니다. 왜냐하면 지금까지 우리는 삶에는 무엇인가 우리가 쉽게 이해할 수 없고 찾을 수 없는 오묘한 의미가 있다고 교육받아왔기 때문이지요. 그리고 그 의미는 오랫동안 탐구해온 종교인이나 학자들만이 알 수 있는 것이라는 생각을 해왔고요.

우리는 단지 그들이 알려주는 삶의 의미를 잘 이해하고 그대로 살아가면 된다고 배웠습니다. 철학 공부를 더 열심히 하고 종교생활을 열심히 하면 인생을 값지고 의미 있게 살 수 있다고 배웠습니다. 그래서 우리가 스스로 찾아야 한다고 하면 당황하게 되는 겁니다.

《죽음의 수용소에서》, 《삶의 의미를 찾아서》라는 책으로 우리에게 잘 알려진 오스트리아의 정신의학자 빅터 프랭클은 이 방면에서는 타의 추종을 불허하는 대가입니다. 유대인 신경정신과 의사였던 그는 1942년 부모님과 아내, 형제, 친구들과 함께 아우슈비츠 강제 수용소로 끌려갔고, 그곳에 도착하자마자 가족들은 모두 뿔뿔이 흩어졌습니다. 결국 그들은 굶주림과 질병으로 그리고 가스실에서 모두 죽고 말았습니다. 그는 책으로 내려고 했던 소중한 원고들을 독일군에게 빼앗기고 언제 죽음의 가스실로 끌려가게 될지 모르는 공포를 겪으며 몹시 절망해 있었습니다. 그때 누군가가 건네준 죄수복 안에는 "진심으로 네 영혼과 힘을 다하여 하나님을 사랑하라"라는 성서 구절이 쓰여 있는 작은 종이쪽지가 있었습니다. 그 구절을 보는 순간 그는 무슨 일이 닥치더라도 열심히 살아서 하나님이 주신 삶의 목적을 찾아야겠다고 결심했습니다.

언제 죽을지 모르는 두려운 상황에서도 그는 긍정적인 마음가짐을 잃지 않는 태도를 선택했습니다. 결국 그는 수용소에서 살아남았고, '의미치료logotherapy'라는 심리치료 이론을 주창하면서 삶의 의미를 찾지 못하고 '실존적 공허감'을 느끼며 괴로워하는 전 세계의 많은 사람들에게 큰 도움을 주었습니다.

프랭클에 따르면 사람은 가치와 의미를 추구하고 실현하는 존재입니다. 사람은 본질적으로 '의미에의 의지will to meaning'를 가지고 태어나기 때문이지요. 인간은 견딜 수 없고 변화시킬 수 없는 절망적인 운명에 직면하더라도 그 상황에 대해 어떤 태도를 취할 수 있고 그가 취하는 태도에 따라서 어떤 가치를 실현할 수 있는 존재입니다. 인간은 절망적 상황 속에서도 의미 있는 태도를 취할 수 있고 의미 있는 행동을 할 수 있어요. 자유와 책임의 주체인 인간에게 있어서 가장 중요한 것은 인생에 대해 어떤 태도를 취하고 어떻게 살아가느냐 하는 것입니다.

프랭클에 따르면 "인생의 의미가 무엇인가?"라는 질문은 잘못된 것입니다. 인생에는 원래 의미가 없기 때문이지요. 오히려 인생이 우리에게 "무슨 의미를 가지고 살아가고 있는가?" 질문하고 있습니다. 그렇기 때문에 우리는 진지하고 성실하게 우리의 삶에게 "나는 이런 의미를 가지고 살아가고 있다"고 대답해야 할 의무가 있습니다. 이 대답 내용에 따라 우리의 삶이 달라지는 것이지요. 그리고 그 의미는 우리 자신의 삶에 우리 스스로가 부여하는 것이고요.

의미는 어떻게 만들어지는 것일까요? 어떤 일 또는 사건의 의미는 그것이 누구 또는 어떤 상황과 관련이 있는지에 따라 만들어집니다. 예를 들면, 대부분의 부부들이 결혼할 때 선물을 주고받잖아요. 어느 가난한 부부가 돈이 없어서 길에서 파는 싸구려 반지를 교환했습니다. 이 반지는 다른 사람들에게는 아주 하찮은 물건일 뿐이지요. 아마도 이 물건을 산 다른 사람은 한두 번 사용하고는 버리고 다른 물건을 살 것입니다. 왜냐하면 굳이 소중히 생각할 필요 없는 싸구려니까요.

하지만 이 부부에게는 이 반지가 세상의 어느 반지와도 바꿀 수 없는 귀한 반지입니다. 결혼식 때 변치 않을 사랑을 약속하며 주고받은 결혼예물이니까요. 후에 이 부부가 큰돈을 벌어 비싼 다이아몬드 반지를 구입한다고 해도 그것은 결혼예물이 될 수 없습니다. 그렇기 때문에 설령 싸구려 반지일지언정 그들의 반지는 세상에 둘도 없는 귀한 반지입니다. 혹시 결혼생활을 하면서 서로 의견이 달라 갈등할 때면 그 반지를 보면서 다시 신혼의 마음을 느끼며 화해할 수 있을 것입니다. 서로 그 반지의 의미를 알고 있으니까요.

길에서 파는 똑같은 반지라도 누가 언제 무엇 때문에 그 반지를 샀는지에 따라 그 의미는 달라집니다. 친구끼리 우정을 다짐하기 위해 샀다면 그 반지는 '우정'을 의미하게 될 것입니다. 그 반지를 볼 때마다 친구를 떠올리며 흐뭇한 미소를 지을 테지요. 또한 연인끼리 애정을 확인하기 위해 샀다면 그 반지는 '사랑'을 의미하게 될 것입니다. 그 반지를 볼 때마다 사랑스런 애인의 모습이 떠올라 저도 모르게 얼굴이 붉어질 테지요. 혹은 이미 헤어졌다면 그 반지를 볼 때마다 이미 떠난 애인을 생각하며 마음이 아플 테고요.

길에서 파는 반지에는 원래 아무런 의미도 없습니다. 그냥 싸구려 반지일 뿐이지요. 하지만 그 반지의 주인이 어떤 의미를 부여하느냐에 따라 다양한 의미를 가질 수 있어요. 그에 따라 세상에 둘도 없는 귀한 반지가 될 수도 있고, 한번 쓰고 버리는 하찮은 반지가 될 수도 있지요. 가격과 가치는 전혀 다른 것입니다.

사람도 마찬가지예요. 아무 관련이 없는 사람의 눈으로 보면 길거리를 오가는 수많은 갑남을녀 중의 한 사람인 김 씨 아저씨도 자식에게는 존경스러운 아버지이고 부인에게는 둘도 없는 남편인 것입니다.

의미는 내가 만드는making 것입니다. 우리는 살면서 어떤 사건에 부닥쳤을 때 종종 그 일을 '재수 없는 일'과 '재수 있는 일'로 구분하는 습성이 있는데, 그것은 우리가 사회에 세뇌당한 측면이 있어서 그런 것입니다. 사회가 그렇게 의미를 부여하도록 우리를 세뇌시킨 것이란 말이지요. 그렇든 저렇든 의미는 만들어지는 것이지 일 자체에서 재수 없는 일이라는 것은 없습니다.

## '의미'로부터 '희망'을

상담의 역할은 바로 다른 방식의 '의미 만들기'입니다. 성숙한 의미를 만듦으로써 성숙해지는 삶을 살아가는 것이지 성숙해진다고 인생이 확 달라져서 어려운 일이 하나도 없어지는 것이 아닙니다. 의미 만들기의 주체가 되는 내가 달라져서 나만의 성숙한 의미를 만들어내야 하는 것이지요.

이제껏 부모와의 관계를 시작으로 많은 관계에 대한 이야기를 했는데, 한마디로 이야기하면 좋은 관계를 가지면 잘살고 나쁜 관계를 가지면 살기 힘들다는 것이 요지입니다. 모든 관계가 다른 의미를 만드는 매개체 역할을 하기 때문에 각각의 관계에서 충실한 것이 좋은 의미를 만드는 길이 되는 것이지요.

아무리 부부 사이가 가깝다 해도 배우자에게는 이야기하지 못해도 친구에게 이야기할 수 있는 것들이 있어요. 그리고 아무리 가까운 친구 사이라도 이야기하지 못하는 것을 부부끼리는 이야기할 수 있는 내용이 있고요. 각각의 모든 관계에서는 이야기할 수 있는 것이 있고 이야기할 수 없는 것이 있습니다. 그런데 우리는 삶에서 자신을 표현해야 하고 드러내야 한다고 했습니다. 그렇다면 나의 표현의 대상이 되는 관계가 많으면 많을수록 나는 감출 것이 없고 다 드러내는 삶을 살게 되겠지요. 상황에 따라 다르게 이야기할 수 있는 대상이 모두 내 곁에 있으니까요.

이 모든 관계들의 시작인 부모와의 관계부터 원만히 잘 이루어진다면 이후 삶에서 맺게 되는 관계가 좋아질 확률이 높은데, 그렇지 못하더라도, 앞선 관계가 좋지 못했더라도 다른 관계를 잘 만나게 되면 언제든지 좋은 쪽으로, 행복한 삶으로 갈 수 있다는 것이 심리학적으로 우리가 품을 수 있는 희망입니다. 그래서 우리는 죽는 마지막 순간까지도 좋은 관계에 대한 염원이 있어야 하는 거고요.

그래서 종교가 희망이기도 한 것이지요. 모든 인간관계에서 절망적인 마지막 순간에라도 절대자와 관계를 잘 맺으면 그 막강했던 절망이 순식간에 희망으로 바뀌기도 하니까요. 우리는 어떻게든 희망을 놓치지 않아야 하는 존재란 말입니다.


## 진정 '성숙하다는 것'의 의미

지금까지 마음의 건강과 성숙한 삶에 대해 긴 여행을 했습니다. 마음이 건강한 삶은 다른 사람과의 관계에서 극명하게 드러납니다. 다시 말하면 다른 사람과 좋은 관계를 맺는 것이 마음 건강의 제일 중요한 표시라는 거지요. 그런 면에서 마음 건강의 문제는 사회적 측면이 강해요. 여기서 '다른 사람'은 그 누구여도 마찬가지입니다.

제 주위에는 아무리 어려운 여건이지만 부모와 좋은 관계를 유지하고 사는 자녀도 있지만, 풍요한 조건에서도 1년에 한 번도 부모와 연락 안 하고 사는 자녀도 있어요. 부부간의 관계도 그렇고 자녀와의 관계도 마찬가지입니다. 물론 친구와의 관계, 직장 동료와의 관계도 마찬가지고요.

　한 사람의 마음 건강 여부를 알아볼 수 있는 제일 쉽고 정확한 기준은 원만한 대인관계입니다. 그런데 원만한 대인관계를 맺는다는 것은 알고 지내는 사람이 많다는 것을 의미하지는 않아요. 물론 친분이 있는 사람이 많은 것이 알고 지내는 사람이 하나도 없는 것보다는 훨씬 좋겠지요. 하지만 중요한 것은 '양'이 아니라 '질'입니다. 즉 알고 지내는 사람의 '수'가 중요한 것이 아니라 관계의 '깊이'가 중요하단 말이지요. 단 한 사람을 알고 있다고 하더라도 깊은 속마음을 서로 공유하면서 사귀는 관계가 많은 사람과 피상적인 관계를 맺는 것보다 더 중요하다는 말입니다.

　어느 시인이 이런 말을 했습니다. "제 시를 천 명이 한 번씩 읽는 것보다 한 분이 천 번을 읽는 것을 더 바랍니다"라고요. 아마도 이 말이 관계의 질에서도 그대로 적용될 것입니다. 비난과 처벌의 두려움 없이 마음을 터놓고 아무 이야기나 할 수 있는지의 여부가 중요한 것이지요. 속상하고 화나고 불안한 마음을 속 시원히 표현할 수 있는 대상이 있는지의 여부가 마음 건강을 유지하는 데 필수적입니다.

　앞에서도 언급한 프롬은 명저 《사랑의 기술》에서 우리가 사랑을 못하는 것은 적당한 '대상'을 찾지 못해서가 아니라 사랑할 수 있는 '능력'이 부족하기 때문이라고 주장했습니다. 그에 따르면 미성숙한 사람은 "나는 네가 필요하다. 그래서 너를 사랑한다"고 말하지만 성숙한 사람은 "나는 너를 사랑한다. 그래서 네가 필요하다"고 말합니다. 사랑하기 때문에 대상이 필요한 관계, 바로 이 관계가 마음 건강의 증표인 겁니다.

성숙한 삶은 완벽한 삶이 아닙니다. 많은 사람들이 도덕적으로 윤리적으로 완벽한 삶을 사는 것이 성숙한 삶이라고 오해하고 있는데 그렇지 않아요. 만약 그렇다면 과연 누가 성숙한 삶을 살 수 있겠습니까? 불완전한 것이 '인간'의 속성인데요. 존경하던 분이 불미스런 일을 저질렀을 때, 그를 추종하던 많은 사람들이 안타까워하면서 "그분도 결국 사람이구나" 하고 탄식을 합니다. 이 말에는 사람은 결국 불완전한 존재라는 전제가 깔려 있는 겁니다.

성숙한 삶은 완벽한 삶이 아니라, 완벽을 지향하는 삶입니다. 자신의 미성숙함을 감추거나 방어하거나 직면하기를 회피하는 삶이 아닙니다. 미성숙한 것을 감춘다고 해서 성숙해지는 것이 아닙니다. 그것은 성숙함을 위장하는 것에 불과하지요. 물론 주위 사람들이 잠시 동안 속을 수는 있겠지요. 하지만 오래 속지는 않습니다. 아무리 감추려고 노력해도 부지불식간에 드러나게 마련이니까요.

성숙한 삶을 사는 첫 번째 단계는 자신이 미성숙하다는 것을 솔직히 인정하는 것입니다. 2007년에 개봉된 영화 〈밀양〉의 여주인공은 자신의 외아들을 납치해 살해한 범인을 종교의 힘을 빌려 용서했다고 생각했습니다. 그리고 그 사실을 범인에게 알려주려고 교도소로 면회를 가지요. 하지만 이미 용서를 받았다고 말하면서 미소까지 지으며 편안한 자세를 보이는 범인을 마주하고는 자신의 마음, 아직 제대로 용서하지 못한 마음과 직면합니다. 그리고 교도소 마당에서 졸도하지요.

그녀에게 안타까운 점은 용서하기 전에 충분히 미워하고 분노하지 않았다는 것입니다. 그리고 자신이 그 범인을 증오한다는 것을 충분히 인정하지 않았다는 것이지요. 우리에게 필요한 것은 용서했다고 자신을 속이는 것이 아니라, 미워하고 있는 자신을 있는 그대로 인정하는 것입니다. 그리고 그 사실을 진실하게 표현하는 것이고요. 자신의 진정한 마음을 진솔하게 만나야 합니다. 그다음에 용서가 따라야 하는 겁니다.

성숙한 삶은 자신과 진실되게 만나는 삶입니다. 우리는 보통 사회적으로 부정적이라고 분류되는 감정을 느낄 때, 그 감정을 만나고 느끼기보다는 숨기고 억압하고 없는 척합니다. 하지만 없는 척하는 것은 없는 것과는 다릅니다. 오히려 없는 척하는 데 사용되는 심리적 에너지를 없애기 위해 노력하는 것이 더 현명한 삶입니다. 그렇게 되기 위해서는 먼저 자신의 감정을 만나고 느끼고 표현해야 합니다.

현실과 비현실의 세계가 조화를 이루는 삶, 다른 사람과 화목하고 친밀한 관계를 맺는 삶, 양심과 욕구를 적절히 표현하는 삶, 그리고 이 모든 것이 현실 속에서 왜곡되거나 억압되지 않고 균형잡힌 삶을 살아가는 것, 이것이 성숙한 삶입니다. 그리고 이렇듯 성숙한 삶의 결실은 다른 사람들로부터 사랑받는 것, 그 따뜻함으로 나타나지요. 이 책을 읽는 모든 분들에게도 내면이 성숙과 따뜻한 결실이 있기를 바랍니다.

# 속이 후련한
# 마음 처방전을 드립니다

우리는 몸의 건강을 위해서 정기적으로 검진을 받습니다. 아프기 전에 미리 아플 것을 예방하는 것이지요. 그런데 마음은 어떤가요? 사실 우리는 살아가면서 특별한 경우가 아니라면 몸이 아프기보다 마음이 아픈 경우가 더 많지 않나요?

인간의 마음이라는 것이 눈에 보이지 않으니까, 손에 잡히지 않으니까 그렇겠지요. 그래서 끝내는 견딜 수 없는 통증으로 이상 행동을 나타낼 때까지 방치되기 쉬운 것이지요. 그런데 우리 마음에도 가끔씩 건강검진이 필요하답니다. 그래서 이 책을 통해 내면이 힘든 분들의 마음을 들여다보고, 제 마음을 잠시 빌려드리려고 한 겁니다.

오래된 유행가 가사에 "네가 나를 모르는데 난들 너를 알겠느냐"라는 구절이 있지요. 그만큼 사람의 마음을 이해하기 어렵다는 뜻인데, 그 마음을 제대로 들여다보기 위해서는 할 일이 많아요. 지금껏 돌보지 않았으니 얼마나 저마다의 상처가 깊은 두께로 마음속 저 아래 구석에 켜켜이 쌓여 있겠어요. 그 상처의 진상을 들여다보는 일이 무엇보다 시급합니다. 그래야 나를 이해할 수 있거든요.

왜 나는 미워하는 그 사람에게 밉다고 말하는 대신 도리어 꽃 한 다발을 선물하는지, 왜 가끔씩 기괴하고 심술궂은 행동이 나도 모르게 튀어나오는지, 왜 사랑하는 그 사람을 보고 싶은 마음을 드러내기보다 꽁꽁 숨기고 살게 되는지 말입니다. 원인을 알아야 처방이 가능한 것 아니겠습니까? 그래야 나를 짓누르는 습관적인 상처와 고통으로부터 자유로워지는 것입니다.

그렇다고 현재 내 마음을 점령하고 있는 상처와 고통과 완전히 결별할 필요가 없습니다. 그 무엇과도 결별할 필요가 없단 말이지요. 성숙한 삶은 완벽한 삶이 아닙니다. 부정적 감정들을 모두 내 밖으로 내보내고 예쁘고 착하고 좋은 감정들하고만 친하게 지내는 삶이 아닙니다. 성숙한 삶이란, 부정적인 것을 이길 수 있을 만큼의 긍정의 힘을 갖는 일이니까요.

정신적으로 건강한 삶의 모습은 마치 좋은 씨앗이 적합한 조건에서 성장해서 꽃을 피우듯 내게 주어진 삶이란 조건에 잘 적응해서 내가 타고난 잠재력을 성숙시켜가는 것입니다.

이 책에서는 주로 '방어기제'라는 프리즘으로 우리들 마음의 건강을 심리학적으로 분석했습니다. 마음속 저 밑바닥의 무의식으로 잠입해 들어간 것이지요. 어떠신가요? 내 마음의 길을 통해 '나'를 제대로 이해하고 사랑하게 되는 '나만의 처방전'을 손에 쥐게 되셨나요?

우리 모두 마음속 무의식에 꽁꽁 싸매져 있는 온갖 감정들을 끄집어내 그것들을 햇볕에 한번 쨍쨍 말려보자고요. 그러고 난 후 보송보송해진 감정들일랑 다시는 마음 밑바닥으로 돌려보내지 말고 내 가까이에 두고 함께 행복하게 살아보자고요. 그것이 제가 드릴 수 있는 마음의 처방전입니다.

　마음의 건강도 꾸준한 노력이 필요합니다. 하루 이틀 운동한다고 해서 갑자기 몸이 건강해지는 것은 아니지요. 마음의 건강도 마찬가지입니다. 하루아침에 마음이 건강하고 성숙해지는 '요술방망이'는 없습니다. 꾸준히 노력하면 어느덧 '큰바위 얼굴'이 되는 것이지요.

KI신서 5775

# 심리학자의 마음을 빌려드립니다

**1판 1쇄 발행** 2014년 11월  4일
**1판 5쇄 발행** 2023년  1월 27일

**지은이** 한성열
**펴낸이** 김영곤  **펴낸곳** (주) 북이십일 21세기북스
**디자인** 김수아 전지선
**출판마케팅영업본부 본부장** 민안기
**출판영업팀** 최명열 김다운
**제작팀** 이영민 권경민

**출판등록** 2000년 5월 6일 제406-2003-061호
**주소** (우 10881) 경기도 파주시 회동길 201(문발동)
**대표전화** 031-955-2100  **팩스** 031-955-2151  **이메일** book21@book21.co.kr

**(주)북이십일** 경계를 허무는 콘텐츠 리더

21세기북스 채널에서 도서 정보와 다양한 영상자료, 이벤트를 만나세요!
페이스북 facebook.com/jiinpill21    포스트 post.naver.com/21c_editors
인스타그램 instagram.com/jiinpill21  홈페이지 www.book21.com
유튜브 www.youtube.com/book21pub
서울대 가지 않아도 들을 수 있는 명강의! 〈서가명강〉
유튜브, 네이버, 팟캐스트에서 '서가명강'을 검색해보세요.